Ethik der Liebe

Kleine Schriften
des Fachbereichs Evangelische Theologie
der Goethe-Universität Frankfurt am Main

Band 8

Lukas Ohly

Ethik der Liebe

Vorlesungen über Intimität und Freundschaft

EVANGELISCHE VERLAGSANSTALT
Leipzig

Lukas Ohly, Jahrgang 1969, studierte Evangelische Theologie und Philosophie in Frankfurt am Main, Marburg und Heidelberg. 2000 promovierte er im Fach Medizinethik. 2007 folgte die Habilitation zur Bioethik. Ohly ist Gemeindepfarrer in Nidderau, Hessen. Seit 2013 ist er zudem apl. Professor für Systematische Theologie und Religionsphilosophie an der Goethe-Universität Frankfurt am Main.

Bibliographische Information der Deutschen Nationalbibliothek
Die Deutsche Nationalbibliothek verzeichnet diese Publikation in der Deutschen Nationalbibliographie; detaillierte bibliographische Daten sind im Internet über http://dnb.dnb.de abrufbar.

Printed in Germany · H 8043

Das Buch wurde auf alterungsbeständigem Papier gedruckt.

Cover: Kai-Michael Gustmann, Leipzig
Satz: Jochen Busch, Leipzig
Druck und Binden: Hubert & Co., Göttingen

ISBN 978-3-374-04533-4
www.eva-leipzig.de

Für die unendlichen tragischen Bindungen,
die sich nie in Partnerschaften vollendeten.

Vorwort

Mit der vorliegenden schriftlichen Ausarbeitung meiner Vorlesung aus dem Sommersemester 2015 versuche ich, die Theologische Ethik wieder anschlussfähig zu machen an die philosophische, soziologische und politische Debatte zur Ethik der Intimität. Forschungsgeschichtlich auffällig ist es, dass die Theologische Ethik zur Sexualethik oder Ehe seit dem Zeitpunkt der 1960er Jahre ihre Forschung weitgehend eingestellt hat und sich allenfalls in Lehrbüchern dazu äußert. Dies ist zu einem Zeitpunkt geschehen, als die Ehescheidungsraten stark angestiegen und neue intime Lebensformen praktiziert worden sind. Seitdem hat sich die Theologische Ethik in diesem Gebiet nahezu nur noch auf das Thema der Homosexualität reduziert. Dass in den letzten fünf Jahren wieder neue Anläufe unternommen werden – allerdings weniger von Ethikern[1], sondern von Praktischen Theologen (Isolde Karle) oder EKD-Initiativen[2] –, könnte daran liegen, dass die anscheinend wissenschaftspolitisch als heikel bewertete Assoziation mit

1 Das Buch von P. Dabrock/R. Augstein/C. Helfferich u.a.: Unverschämt – schön: Sexualethik: evangelisch und lebensnah; Gütersloh 2015, bildet mit seinem Zuschnitt auf gemeindepädagogische Aufgaben keine wirkliche Ausnahme, auch wenn es wichtige ethische Differenzierungen vornimmt.

2 Dazu zähle ich zum einen das Familienpapier »Zwischen Autonomie und Angewiesenheit« sowie den begonnenen und dann im Jahr 2014 abgebrochenen Versuch der EKD, ein neues Papier zur Sexualethik zu

dem Feminismus durch einen nüchterneren Diskurs abgemildert worden ist.

Durch das lange theologische Schweigen haben sich allerdings Allgemeinplätze im kirchlichen und religionspädagogischen Denken des Themas ergeben, die ich hier kritisch prüfe oder revidiere.

Etliche Rückmeldungen meiner Hörer bezogen sich kritisch darauf, dass ich zu einem erheblichen Teil philosophische Argumente entwickelt und weniger theologische Denkfiguren bedient hätte. Das ist dem Umstand geschuldet, dass die Theologische Ethik Nachholbedarf hat, bestimmte Fragen wieder zu stellen, und sie sich anderer Denkfiguren bedienen muss. Theologisch wird das Buch dadurch, dass ich das Verliebtsein als Widerfahrnis rehabilitiere, das eine Offenbarungsqualität besitzt. Ethisch sind Probleme der Liebe sogar trinitarisch strukturiert.

Mit dieser Heuristik der philosophisch-theologischen Argumentation lassen sich biblizistische Verkürzungen vermeiden, wie sie sich bei moralischen Themen auf dem Gebiet der romantischen Liebe stärker zeigen als irgendwo sonst. Zudem lässt sich die ambivalente kirchliche Traupraxis rechtfertigen, dass Ehen einerseits für ein Leben lang geschlossen werden, aber andererseits auch Wiederverheiratete nach einer Ehescheidung getraut werden. Ethisch werden Kriterien phänomenologisch profiliert, mit denen sich problematische Formen der Intimität kritisieren lassen. Vor allem das theologisch-ethische Kriterium des zwingenden Charakters von Liebe aufgrund bleibender Anwesenheit des geliebten

verfassen, das nun teilweise in das Buch von P. Dabrock u.a. eingeflossen ist.

Menschen ermöglicht, auch Freundschaft als ethisches Thema überhaupt erst in der Theologie zu entdecken. (Das Neue Testament hat sich ethisch mehr mit Feinden beschäftigt als mit Freunden.)

Der Schreibstil des vorliegenden Buches liegt dicht an der mündlichen Ansprache und möchte damit Dialogizität herstellen, weil das Thema eine dialogische Rollenbeschreibung geradezu empfiehlt, die den Lesern Identifikationsräume bietet.

Ich danke dem Fachbereich Evangelische Theologie der Goethe-Universität Frankfurt am Main und den Herausgebern für die unkomplizierte Befürwortung, die vorliegende Ethik der Intimität in dieser Reihe zu publizieren. Dabei hat der Fachbereich die Publikation sogar mit einem beträchtlichen Druckkostenzuschuss gefördert. Ebenso danke ich den kritischen Hörerinnen und Hörern der Vorlesung, die mich mit ihren leidenschaftlichen Diskussionen während und nach den Sitzungen zu weiteren Präzisierungen gedrängt haben. Insbesondere hat mich das starke Engagement von Anne Gilly gefreut, das sich an Diskussionen während und nach den Sitzungen sowie sogar an der kritischen, präzisen und feinfühligen Durchsicht des Manuskripts zeigte. Ihr gilt mein besonderer Dank.

Lukas Ohly

Inhaltverzeichnis

Einleitung

Inzwischen hat sich bei allerlei öffentlichen Rednern herumgesprochen, dass die Liebe die größte ist. Es gibt wahrscheinlich kein Wort, das in Predigten häufiger verwendet wird (außer »Gott«), als das Wort Liebe. Und da sich ja auch herumgesprochen hat, dass Gott die Liebe ist, gibt es also kein größeres Wort im christlichen Glauben als die Liebe. Die Liebe muss für alles herhalten: für den Weltfrieden, für die Auferstehung der Toten (weil die Liebe bleibt), für die Moral (etwa bei der Ansprache zu einer Eheschließung) – eben für alles Mögliche.

Das kann man nur deshalb tun, weil man die Liebe für etwas ethisch Gutes hält – sogar für das Beste, da ja die Liebe die größte ist. Glaubt man den Predigten von den meisten Kanzeln, brauchen wir angeblich mehr Liebe. Und je mehr Liebe, desto besser. Das ist übrigens nicht nur der Glaube von Predigern, sondern auch des Volksglaubens: Taufpaten suchen Texte aus, wo es nur um die Liebe geht und dass das alles ist. Und wenn Sie Ihre Freunde bitten, bei Ihrer Trauung einmal das Fürbittengebet zu halten, dann hören Sie auch von ihnen vor allem, dass die Liebe gesegnet werden soll. Es besteht in solchen öffentlichen Reden kein Zweifel, dass die Liebe ethisch so gut ist, dass es noch besser ist, wenn es noch mehr Liebe gibt.

Ist es aber wirklich besser, wenn es mehr Liebe gibt? – Diese Frage kann zweierlei bedeuten: Bin ich ein besserer Mensch, wenn ich mehr liebe? Ich liebe meine Frau, meine Kinder, meine Familie – man könnte sagen: über alles. Wie kann ich da noch mehr lieben, wenn ich qualitativ schon am Limit bin (»über alles«)? Doch wohl nur, wenn ich noch mehr Menschen liebe. Also nehme ich mir noch eine Geliebte. Dann liebe ich endlich noch mehr. Bin ich dadurch schon ein besserer Mensch? Sie könnten antworten: Nein, ich liebe dann zwar eine Geliebte, aber ich liebe ja dann meine Frau weniger. Aber dann würden Sie sagen, dass ich gar nicht noch mehr lieben kann. Ich dagegen würde einwenden: Ich nehme mir jetzt vor, meine Frau wieder mehr zu lieben und gleichzeitig noch meine Geliebte zu lieben. Dann liebe ich noch mehr. Also bin ich ein besserer Mensch. Es sei denn, es ist doch falsch, wenn mehr Liebe schon besser ist.

Sie könnten wiederum antworten: Nein, unter Liebe meinen wir ja nicht mehr Sex und mehr intime Partnerschaft. Sondern wir meinen mehr Nächstenliebe und mehr Feindesliebe. Dann also unterscheiden Sie zwischen verschiedenen Formen von Liebe. Sie würden einräumen: Manchmal ist weniger Liebe besser als mehr Liebe, aber nur bei bestimmten Arten von Liebe. Insgesamt aber wäre mehr Liebe doch besser, weil wir vor allem mehr Nächstenliebe meinen. Von Nächstenliebe kann man nie genug haben.

Ich antworte darauf so: Nehmen wir an, ich hätte einen Feind, den ich aber liebe. Dann liebe ich doch weniger, als wenn ich zwei Feinde hätte und diese beiden lieben würde. Also wäre es doch besser, wenn ich zwei Feinde hätte, die ich liebe, als nur einen geliebten Feind zu haben. Es wäre also gar nicht wünschenswert, dass ich gar keinen Feind habe, weil ich nur so meine Liebe steigern kann, dass ich noch mehr Feinde habe.

Ich nehme an, dass die meisten von Ihnen darauf antworten würden: Nein, denn bei der Feindesliebe tue ich ja nichts anderes als bei der Nächstenliebe. Also ist es gleichgültig, ob die Menschen, denen ich meine Nächstenliebe angedeihen lasse, Freunde sind oder Feinde oder »neutrale« Personen. Meinetwegen! Gehen wir davon aus, dass wir bei der Feindesliebe dasselbe tun wie bei der Nächstenliebe. Würden Sie damit sagen, dass wir gar nicht merken, ob jemand ein Nächster ist oder ein Feind? Also würden Sie sagen, dass wir nichts anderes fühlen? Ich denke, dass in den Gefühlen sehr wohl ein Unterschied vorliegt. Die Gefühle sind irgendwie kostbarer, wenn ich meinem Feind etwas Gutes tue. Aber dann hätten wir wieder dasselbe Problem: Mehr Feinde brauchen mehr Liebe. Also bin ich ein besserer Mensch, je mehr Feinde ich habe.

Ich gehe noch einmal einen Schritt zurück: Der Slogan »Je mehr Liebe, desto besser« kann noch etwas anderes meinen: Je mehr Liebe in der Welt ist, desto besser wird die Welt. Dann hätten Sie aber das zusätzliche Problem, dass dann die Überbevölkerung ein ethischer Top-Zustand ist, weil je mehr Menschen auf der Welt leben, umso mehr auch lieben können und geliebt werden können.[3] Zur Überbevölkerung kämen Sie auch bei der individualethischen Interpretation: Ich wäre ja auch ein besserer Mensch, wenn ich nicht nur mit sieben Milliarden Feinden zusammenleben muss, die ich liebe, sondern mit acht Milliarden. Sie sehen also, was man alles anrichten kann, wenn man meint, dass Liebe gut ist und dass mehr Liebe besser ist.

Wie löst man nun das Problem? Ich werde vorschlagen, Liebe nicht selbst für einen ethischen Wert zu betrachten. Liebe

[3] Das gilt übrigens auch, wenn »mehr Liebe« zunächst ein qualitatives Mehr meint, da eine Feindesliebe, die ein qualitatives Verhältnis meint, immer auch quantitativ steigerbar bleibt.

kann für bestimmte Menschen etwas sehr Wertvolles sein, für andere aber etwas Schreckliches. Ihr Partner hat eine neue Geliebte: Das ist vielleicht für Ihren Partner eine unglaublich wertvolle Erfahrung, für Sie aber schrecklich. Oder eben: Sie lieben Ihren Feind, aber Sie leiden zugleich darunter, dass er Ihr Feind ist. Es wäre für Sie besser, Sie würden weniger lieben, zum Beispiel wenn er nicht mehr Ihr Feind wäre und Sie ein entspannteres Verhältnis hätten. Oder es wäre besser, wenn Sie nüchterner wären: Sie behandeln Ihren Feind zwar rücksichtsvoll und menschenwürdig, aber nur so, als ob Sie ihn lieben würden, während er Ihnen in Wirklichkeit völlig gleichgültig ist. Das tut ihm besser und Ihnen auch.

Meine These heißt also: Vorsicht damit, in der Ethik mit der Liebe zu argumentieren! Wir sollten die Liebe nicht wie einen ethischen Wert betrachten oder gar als ein ethisches Prinzip. Verstehen wir die Liebe eher als eine pure Gegebenheit: Wir nehmen hin, dass es sie gibt – genauso wie wir viele andere Fakten hinnehmen, die wir uns nicht ausgesucht haben und die uns manchmal glücklich machen und manchmal unglücklich. Wir nehmen hin, dass es Liebe gibt, und versuchen, ethisch damit umzugehen.

Dazu müssen wir zunächst untersuchen, ob die Liebe ethisch neutral ist, wenn sie nicht als solche schon gut ist. Ich werde die These begründen, dass ich Liebe für ein sogenanntes vor-moralisches Phänomen halte, das heißt: Liebe ist nicht selbst ethisch gut oder schlecht, sie gibt aber unserm ethischen Urteilsvermögen eine bestimmte Richtung vor. Sie prägt unser moralisches Urteilsvermögen, ohne selbst moralisch richtig oder falsch zu sein.

Diese These wird uns helfen zu verstehen, warum wir Liebe zwar wollen, aber manchmal auch verachten (etwa nachdem unsere Partnerin eine Affäre hatte). Wir werden außerdem verstehen, warum wir alle ein sehr freies Verhältnis zum Thema Freundschaft haben. Vermutlich stimmen Sie mir zu, wenn ich behaupte: Wir haben unseren Freunden gegenüber bestimmte Pflichten. Aber wir sind nicht dazu verpflichtet, Freunde zu haben. Aber was bedeutet das? Bedeutet das nicht auch, dass wir nicht dazu verpflichtet sind, eine Freundschaft zu halten?

Ein Beispiel dazu: Vermutlich fühlen wir uns moralisch verpflichtet, ein Geheimnis für uns zu behalten, das uns ein Freund anvertraut hat. Unsere Freundschaft schließt also bestimmte Pflichten ein, etwa zur Vertraulichkeit. Wir sind jedoch nicht verpflichtet, eine Freundschaft zu halten. Wir könnten uns auseinanderleben; der Freund könnte wegziehen oder wird langweilig. Die meisten Menschen fühlen sich nicht verpflichtet, mit jemandem befreundet zu bleiben, wenn sie sich auseinandergelebt haben – selbst dann nicht, wenn er ihnen etwas anvertraut hat. Und dennoch gibt Freundschaft als ein vor-moralisches Phänomen die Richtung vor, wie man sich hier moralisch richtig verhält. Aber umgekehrt zwingt uns die Ethik nicht, das vor-moralische Institut der Freundschaft zu halten.

Vielleicht hilft meine These von der Liebe als vor-moralisches Phänomen auch zu verstehen, warum wir trotzdem so große Probleme mit Untreue haben. Das ist vor allem das Problem, das bislang in der Geschichte unter dem Stichwort Sexualethik behandelt worden ist. Das Problem besteht nicht in der Frage, warum Untreue schlecht ist, sondern warum wir manche Handlungen für Handlungen der Untreue bezeichnen. Treue ist ein Wert, den man ethisch begründen kann. Vielleicht ist Treue kein unbedingter Wert, aber immerhin ein Wert, der ethisch gerechtfertigt ist.[4] Aber: Vielleicht machen uns manche Handlungen gar nicht untreu, obwohl man sie so versteht. Es ist zum Beispiel nicht von vornherein klar, ob Ehebruch bereits ein untreues Verhalten ist: Bin ich notwendigerweise untreu, wenn ich eine Geliebte habe, aber weiterhin mit meiner Frau verheiratet bin? Verlangt also der Wert der Treue wirklich, dass jemand ein Monopol auf mich hat, also einen alleinigen Anspruch, mit mir Sex zu haben? Ich werde in diesem Buch Argumente vorstellen, dass ein solcher Monopolanspruch selbst ethisch fragwürdig ist. Wir haben kein Recht darauf, jemanden zu besitzen. Also können wir daraus ethisch auch nicht ableiten, dass Beischlaf mit einer dritten Person unmoralisch ist. Es könnte allerdings sein, dass wir dabei vor-moralische Verbindlichkeiten verletzen. Liebe würde uns dann die Richtung zum moralischen Denken vorgeben. Somit ist es möglich, dass wir bei einer Affäre zwar keine Probleme bekommen mit der Moral, aber mit der *Koexistenz* zwischen Moral und der vor-moralischen Liebe. Zumindest reicht es nicht hin, Sex mit Dritten nur moralisch zu verurteilen. Denn moralisch gibt es sogar gute Gründe, weshalb der Beischlaf mit Dritten erlaubt ist – die ich im Laufe dieses Buches noch nennen werde. Und trotzdem könnte es sein, dass wir auf einmal wählen müssen: Wollen wir moralisch sein *oder* eine Liebesbeziehung führen? Denn es könnte sein, dass wir beides nicht zusammen leisten können.

Ich verhandle hier den Liebesbegriff sehr weit: Dabei untersuche ich die ethischen Probleme der Intimität und der

---

4 L. Ohly: Anwesenheit und Anerkennung. Eine Theologie des Heiligen Geistes; Göttingen 2015, 86f. Ders.: Schöpfungstheologie und Schöpfungsethik im biotechnologischen Zeitalter; Berlin 2015, 217.

Freundschaft. Dazu gehört auch die Frage: »Could Lovers Be Friends?« Können die Partner einer intimen Beziehung zugleich Freunde sein? Und umgekehrt: Darf in einer Freundschaft romantische Liebe oder gar sexuelle Intimität ins Spiel kommen? Warum ich in diesem Buch auch das Thema Freundschaft verhandle, liegt daran, dass wir dieselben moralischen Probleme mit Freundschaften haben wie der Liebe. Wir wechseln unsere intimen Partner ähnlich unverbindlich wie unsere Freunde. Beide Konzepte scheinen ebenso auf Freiwilligkeit zu beruhen – und damit auch eine gewisse Unverbindlichkeit zu bergen. Niemand verpflichtet uns, in einer Intimbeziehung zu bleiben – ebenso wenig, wie wir verpflichtet sind, Freunde zu bleiben.

Das legt nahe, Freundschaft und Liebe sogar zu identifizieren. Die traditionelle Philosophie hat das getan. Bei Platon sind Liebende Freunde. Und in der gegenwärtigen katholischen Moraltheologie scheinen auch beide wieder identifiziert zu werden. Dafür spricht, dass die Probleme ähnlicher Natur sind. Warum fällt es uns beispielsweise so schwer, mit unseren ehemaligen Intimpartnern befreundet zu bleiben? – Ich habe jedoch mit dieser Bemerkung noch nicht entschieden, dass sich Freundschaft und Liebesbeziehung auf dasselbe Phänomen beziehen, sondern nur begründet, warum beide in diesem Buch behandelt werden.

Dagegen werde ich andere Arten der Liebe nicht eigens verhandeln, die Liebe zwischen Eltern und Kinder und Geschwisterliebe ebenso wenig wie die Nächsten- und Feindesliebe. Diese Arten führe ich zwar hin und wieder heran, um sie mit der intimen Liebe zu vergleichen. Sie sind aber nicht eigens ein Thema dieses Buches. Die Gründe umreiße ich zum Abschluss dieser Einleitung kurz.

Die Liebe unter Familienmitgliedern ist einerseits intimer als Freundschaft: Man küsst sich hier öfter und kuschelt im Bett. Zugleich teilen beide Liebesarten eine bestimmte Eigenschaft: Sie sind beide inklusiv, sie schließen also die Liebe derselben Art zu anderen Personen nicht aus. Ich kann ebenso mehrere Freunde haben wie auch mehrere Kinder lieben und meine beiden Eltern (manchmal sogar zusätzlich die Stiefeltern und Schwiegereltern; ich kann also sogar mehr Eltern lieben als nur meine leiblichen Eltern). Zugleich besitzen diese Liebesarten eine eher natürliche Verbindlichkeit. Man hat sich nicht freiwillig dazu entschieden, die eigenen Eltern zu lieben. Man findet sich vielmehr in der familiären Bande vor. Ich räume zwar ein, dass inzwischen einige Flexibilisierung der Liebe in diesen Beziehungen in Gange ist: so zum Beispiel die rechtliche Erleichterung, die eigenen Kinder abzugeben, zur Adoption freizugeben oder auch mit den eigenen Eltern zu brechen. Allerdings sind diese Brüche mit sehr hohen emotionalen Kosten verbunden, die die natürliche Bindung eher bestätigen als zurücknehmen. Kein Kind ist bloß freiwillig an seine Eltern gebunden ebenso wenig wie die Eltern an die Kinder. Man könnte hier sogar von natürlichen Pflichten sprechen und damit eine *naturrechtliche* Tradition bedienen.

Dasselbe ist der Fall, wenn eine solche Beziehung in eine andere Art der Liebe wechselt: Manche Geschwister werden im Lauf ihres Lebens beste Freunde. In diesem Fall kann beides zugleich zutreffen: Die Freiwilligkeit der Freundschaft kann irgendwann dazu führen, dass die Freundschaft wieder zerbricht. Aber auch dann bleiben sie immerhin Geschwister, was eine gewisse natürliche Verpflichtung füreinander impliziert. Dieses Phänomen verschärft sich sogar, wenn Familienmitglieder intim werden: Inzest ist kulturübergreifend ein Tabu, also eine natürliche Grenze, die zwar gelegentlich überschritten wird, aber dann auch mit einer natürlichen Empörung einhergeht. Das ist vor allem der Fall, wenn ein Geschwisterpaar eigene Kinder bekommt oder wenn ein Elternteil mit einem seiner Kinder Sex hat. Ich spreche hier nicht schon von Päderastie, die ihre eigene Empörung hervorruft. Das eigene Kind kann nämlich auch bereits erwachsen sein. Und trotzdem befremdet uns der Anblick von Elternteil und Kind als eines Liebespaars. Wir würden wahrscheinlich sagen, dass hier irgendetwas in der Erziehung schiefgegangen sein muss. Das sagen wir deutlich seltener, wenn sich ein Mann aus dem Show-Business mit einer 40 Jahre jüngeren Frau verheiratet. Was uns bei der Intimität zwischen Eltern und ihren Kindern befremdet, ist die Verwirrung einer natürlichen Liebesbeziehung, die in eine nichtnatürliche Beziehung der freien Wahl überführt wird. Wir trauen dieser Freiheit nicht und halten diese Liebe für aufgezwungen. Wir empfinden also, dass die natürlichen Pflichten zwischen Eltern und Kindern verletzt werden.

Auch familiäre Beziehungen haben ethische Probleme. Aber diese Probleme liegen auf einer anderen Ebene als die Probleme der intimen Beziehung oder der Freundschaft. Deshalb werden sie hier weitgehend ausgeklammert.

Das trifft auch auf die Nächstenliebe und Feindesliebe zu. Die gegenwärtige Bibelexegese, soweit ich sie überblicke, geht zwar davon aus, dass mit diesen Liebesarten kein Sympathiegefühl verbunden sein muss. Liebe heißt vielmehr Verantwortung und betont eine Haltung zu einem menschenwürdigen Handeln. Ich räume ein, dass man zwar durchaus Gefühle bei der Nächstenliebe und Feindesliebe hat: Der barmherzige Samariter hatte ein intensives Gefühl von Mitleid (Lk 10,33). Und ich habe oben bereits festgestellt, dass die Feindesliebe sehr wohl von einem intensiveren Gefühl begleitet wird als die Nächstenliebe zu jemandem »Neutralen«. Allerdings muss weder Mitleid noch Feindesliebe mit Sympathie verbunden sein. Das Gebot der Nächsten- und Feindesliebe macht jedenfalls ein solches Sympathiegefühl nicht zur Bedingung.

Intime Beziehungen dagegen oder Freundschaften sind wesentlich davon geprägt, dass man sich wünscht, mit der geliebten Person oder der Freundin (zumindest öfter) zusammen zu sein oder in Kontakt zu stehen. Diese Liebesarten sind daher mit einem *Begehren* nach Nähe verbunden.

Man könnte daher sagen, dass dieses Buch sich mit der Liebe beschäftigt, die einerseits durch *Begehren* und zum anderen durch einen Anteil an *freier Wahl* konstituiert wird.

	Natürliche Liebe	Liebe durch freie Wahl mitkonstituiert
Durch Begehren*	Liebe zwischen Eltern und Kindern, Geschwisterliebe	**Intime Partnerschaft, Freundschaft**
Begehren nicht-konstitutiv		Nächstenliebe, Feindesliebe

* Der Ausdruck »Begehren« bezieht sich nicht auf das sexuelle Begehren, sondern auf den starken Wunsch, mit jemandem verbunden zu sein.

Zunächst werde ich mich mit klassischen Vorurteilen auseinandersetzen, die der Liebe einen positiven moralischen Wert geben (Kapitel 1). Im zweiten Kapitel werde ich dagegen zeigen, wie Liebe als vor-moralisches Phänomen dennoch ethische Verbindlichkeiten erzeugt. Dabei skizziere ich die theologischen Kategorien, die für das Liebesphänomen von

Bedeutung sind. Anschließend werden im dritten Kapitel verschiedene Formen von sexueller Intimität ethisch beurteilt, die oft in der Öffentlichkeit Ablehnung erfahren. Das Kriterium zur Bewertung dieser Formen ist das Recht auf Freiheit, das durch keine sexuelle Praxis eingeschränkt werden darf. Dieses Kapitel hat deshalb auch einen liberalen Duktus, der Sexualität von Liebe so stark unterscheidet, dass sexuelle Intimität auch ohne Liebe praktiziert werden darf. Es liegen sogar im Vergleich einige ethische Vorzüge sexueller Praktiken außerhalb einer Liebesbeziehung vor. Das widerspricht den klassischen theologisch-ethischen Positionen, die Sex an Liebe binden. Deshalb ist für die Frage nach Sex und Liebe ein eigenes Kapitel reserviert, das dabei auch die Grenzen sexueller Freizügigkeit ermittelt (Kapitel 4). Wird nun grundsätzlich in diesem Buch eine liberale Sexualethik vertreten, so stellt sich die Folgefrage, ob sich der Ehebruch überhaupt ethisch ausweisen lässt. Denn wenn Sex auch ohne Liebe vollzogen werden darf, dürfen dann Liebespartner auch Sex mit Dritten praktizieren? Im fünften Kapitel diskutiere ich mehrere klassische Einwände zum Ehebruch aus Theologie und Soziologie, bevor ich eine phänomenologische Einschätzung gebe, warum sich der Ehebruch trotz aller Liberalisierung als ethisches Problem zeigt und wie mit ihm ethisch umgegangen werden kann.

Im sechsten Kapitel wechsle ich das Thema und komme auf die ethischen Probleme der Freundschaft zu sprechen. Dabei zeige ich auf, inwiefern sich die Ethik der Intimität von der Ethik der Freundschaft unterscheidet, aber auch, wo sich beide treffen. Dabei werden Ressourcen der Konfliktlösung unter Freunden gefunden, die im siebten Kapitel auch für Konflikte unter Liebespartnern einsetzbar sind. Auch wenn ich Vorbehalte dagegen habe, dass Liebesbeziehungen enden dürfen, stelle ich im siebten Kapitel ethische Regeln zur Trennung vor. Denn viele Liebesbeziehungen werden nun einmal von Partnern beendet. Das macht aber Trennungsprozesse aus ethischer Hinsicht nicht unterschiedslos gleich. Deshalb lohnt sich die Suche nach Regeln der Trennung.

Ein kurzes Kapitel über den theologischen Charakter der vorliegenden ethischen Überlegungen schließt das Buch ab. Es hat damit einen methodisch zusammenfassenden Zweck. Da ich theologische Momente in Erfahrungen verorte, werden auch Nicht-Christen diese Momente in ihrem Lebenskontext wiederentdecken können. Zwar werden sie damit keine theologischen Ansprüche verbinden, können aber leichter zustimmend nachvollziehen, warum sich die Ethik der Liebe auf eine Transzendenz in Immanenz bezieht, die in der Theologie mit Gott identifiziert wird.

1 Die klassischen Hauptirrtümer der Ethik in Sachen Liebe

Zu Beginn meiner Untersuchung möchte ich begründen, warum Liebe ethisch ambivalent ist und warum wir aufhören sollten, vorschnell mit der Liebe als ethischem Wert zu argumentieren. Ich halte viele klassische ethische Argumente mit der Liebe für Phantasiegebilde: Man redet von einer Liebe, die es so nicht gibt. Eine solche Phantasieliebe soll angeblich selbstlos sein, den anderen um seiner selbst willen lieben und schließlich universalisierbar sein. Ich werde diese drei Hauptirrtümer in diesem Kapitel als solche überführen.

1.1 Die angebliche Selbstlosigkeit der Liebe

Die griechische Sprache unterscheidet bekanntlich drei Arten von Liebe: die Philia (Freundschaft), den Eros und die Agape. Das Gebot der Nächstenliebe benutzt das Wort »αγαπαω«. Nach Martin Luther und Sören Kierkegaard setzt dieses Gebot eine selbstlose Liebe voraus.[5] Nun hatte ich bereits gesagt, dass Nächstenliebe etwas anderes ist als intime Liebe, weil bei der Letzteren das Begehren wesentlich dazukommt. Die Nächstenliebe macht dagegen das Begehren nicht erforderlich. Insofern kann sie als selbstlos charakterisiert werden. Ich hat-

---

[5] A. Peters: Der Mensch (Handbuch Systematische Theologie Bd. 8); Gütersloh 1979, 179.

te allerdings auch gezeigt, dass die Nächstenliebe durchaus von Gefühlen begleitet und insofern auch interessegeleitet ist. Nach Paulus ist die Liebe als Agape das größte (1Kor 13,13). Paulus räumt dabei ein, dass auch die Agape interessegeleitet ist. Bei ihm ist das Interesse nach Erkenntnis mit der Agape verbunden: »erkennen, wie ich erkannt bin« (1Kor 13,12; vgl. Kap. 8,3). Die sogenannte »agapeische Liebe« hat also durchaus ein Interesse und schließt daher sehr wohl auch ein Selbstinteresse ein.

Dennoch dominieren in etlichen Beiträgen die Betonungen der Selbstlosigkeit in der Liebe: Das, was da »die größte« genannt wird, sei angeblich selbstlos. So unterscheidet Wilfried Härle in seiner Dogmatik die Agape vom Eros in genau dieser Hinsicht: Dabei wird die erotische Liebe sogar abgewertet, weil sie angeblich den geliebten anderen instrumentalisiere.[6] Härle hat diese Position in seiner Ethik 16 Jahre später bestätigt: Die erotische Liebe sucht das Glück für den Liebhaber, während die Agabe nichts für sich selbst will.[7] Für Härle ist die erotische Liebe in einer Liebesbeziehung nur dann gut, wenn sie mit der Agape zusammen besteht. Die Agape ist ethisch die tragende Liebe, die erotische Liebe die getragene.[8] Der Eros bedarf der Agape, aber nicht die Agape des Eros.[9]

Entsprechend zurückhaltend ist Härle bei der ethischen Beurteilung des erotischen Anteils in einer Intimbeziehung. Es gebe in einer Partnerschaft keinen Anspruch auf erotische Liebe.[10] Wenn einer der Partner öfter Sex haben will als

---

6 W. Härle: Dogmatik; Berlin/New York 1995, 240f.

7 W. Härle: Ethik; Berlin/New York 2011, 334, 340.

8 W. Härle: Ethik, a.a.O., 334f.

9 Ebd.

10 W. Härle: Ethik, a.a.O., 340f.

der andere, dann muss der andere folglich diesem Drängen nicht nachgeben. Auch zum Küssen oder zu erotischen Berührungen ist keiner der Partner verpflichtet. Ich nehme an, dass Sie diese Auffassung teilen. Ich werde aber noch die Folgeprobleme dieser Auffassung diskutieren, nämlich dass hier die Freiheit eines Partners gegen die Freiheit des anderen steht und dass bei diesem Freiheitskonflikt derjenige Partner zurückstehen muss, der mehr Erotik haben möchte. Das aber ist nicht selbstverständlich, sondern begründungsbedürftig.

Ein Folgeproblem könnte schon darin bestehen, dass Erotik und Sexualität in einer Intimbeziehung überhaupt keine Rolle spielen müssen, solange die Agape eine Liebesbeziehung begleitet. Dann aber wird der spezifische Charakter nicht mehr deutlich, der zwischen der Liebe von Intimpartnern besteht und worin er sich von der Liebe etwa von Eltern und Kindern unterscheidet. Diese Irritation kann aber nur entstehen, wenn man meint, dass Liebe eigentlich selbstlos ist.

Es ist interessanterweise Platon, der dieser Auffassung widersprochen hat, dass die Liebe eigentlich selbstlos sei. Das ist deswegen interessant, weil man für gewöhnlich Platon zur Unterstützung der selbstlosen Liebe anführt. Wir reden von der »platonischen Liebe«. Aber das, was wir darunter verstehen, ist das genaue Gegenteil von dem, was Platon unter Liebe versteht. Bei platonischer Liebe denken wir an zwei Menschen, die sich sehr gern haben, sehr viel Zeit miteinander verbringen und sich alles anvertrauen; die sich auch liebevolle Sätze sagen – aber die sich nicht heftig küssen und auch nicht miteinander schlafen wollen. Da spürt man ein solches Ideal von selbstloser Liebe, die in ihrer Lust gezähmt ist und sich allein an gemeinsamen inhaltlichen Projekten erfreut.

Das hat aber mit Platon nichts zu tun. Und Platon würde auch Härle entschieden widersprechen. Für Platon ist nämlich der Eros die treibende Kraft des Lebens. Der Eros wird in seinen Dialogen der Urheber höchster Güter genannt.[11] Er ist nach seinem Protagonisten Sokrates ein Dolmetscher zwischen Gott und Mensch.[12] Sein Begehren treibt den Menschen an, ein dienstbares Leben zu führen.[13] Platon denkt also den erotischen Trieb mit dem tugendhaften Leben zusammen. Man lebt demnach gerade dann ethisch, wenn man dem erotischen Trieb nachgibt.

Es ist allerdings schwierig, aus Platons Dialogen ein schlüssiges Konzept der erotischen Liebe zu rekonstruieren. Die Dialogform zwingt den Leser permanent, einmal erkannte Einsichten wieder umzuwerfen. Sokrates wird ja eben als Philosoph dargestellt, der weiß, dass er nichts weiß. Deshalb versanden auch manche Dialoge in einer gewissen Verwirrung. Der Prozess der Weisheitsbildung ist für Platon wichtiger als ein feststehender Gehalt von Weisheit. Aber genau darin entspricht die Dialogform der Dynamik des Eros.

Noch eine Einschränkung muss ich vornehmen: Wenn Platon von Liebe spricht, bezieht er sich auf andere Arten als wir. Für ihn ist die hervorgehobene Liebe die zwischen einem Mann und einem Jungen in der Pubertät – also das, was wir heute Päderastie nennen würden. Zwar umschließt Platon in seinen Liebesdialogen durchaus auch die Liebe zwischen

---

11 Platon: Das Gastmahl 177E–178D (in: Sämtliche Werke Bd. I; Berlin o.J., 657–728, 667).

12 Platon: Das Gastmahl 202C–203 A (a.a.O., 699).

13 Platon: Phaidros 251D–252C (in: Sämtliche Werke Bd. II; Heidelberg o.J., 409–482, 443).

Mann und Frau. Aber diese Liebe spielt eher eine randständige Rolle. Wir sollten daher fragen, ob wir einem Philosophen trauen sollten, der Sklaverei selbstverständlich gut hieß, wenn er über Liebe spricht, und Eros mit Ethik verbinden kann. Und wir müssen uns fragen, ob wir seine Ansichten auch für unsere Ethik übernehmen können, wenn er den sexuellen Kontakt mit Minderjährigen für die höchste Ausgestaltung der Liebe hält. Das sage ich einschränkend am Anfang. Und trotzdem muss sich unsere Skepsis an den Texten selbst bewähren. Und an den Texten selbst können wir testen, was trotz allem überzeugend ist. Was überzeugend sein könnte, ist Platons Phänomenologie der Liebe. Ihr gilt mein Hauptinteresse.

In seinem Dialog Phaidros unterhält sich Sokrates mit eben demselben Phaidros, einem Jüngling (vielleicht auch ein Minderjähriger) über die Liebe. Phaidros führt zunächst alle Argumente an, die die Skepsis gegen die erotische Liebe verstärken sollen. Verliebte Menschen verhalten sich oft krankhaft, sie können um der Liebe willen Böses tun und sind oft bereit dazu.[14] Nichtverliebte Menschen dagegen sind besonnen, sie tarieren ihr Verhalten nach der Vernunft aus, sie sind nicht eifersüchtig, sondern tugendhaft.[15] Solche Statements könnte auch die heutige Psychologie von verliebten Menschen abgeben. Beim Verliebtsein wird der Hormonhaushalt so sehr durcheinandergebracht, dass eine verliebte Person kaum zurechnungsfähig ist.[16]

Was Sokrates im Lauf des Gespräch entgegensetzt, ist aber Folgendes: Auch die Nichtverliebten müssen begehren,

---

14 Platon: Phaidros 231A–231E (a.a.O., 416).

15 Platon: Phaidros 231E–233D (a.a.O., 417f).

16 Sektion 2.1.

weil sie sonst nämlich das Schöne nicht achten würden.[17] Der Nichtverliebte treibt nicht zur vollen Höhe dessen, in welche Richtung man begehren soll, nämlich zur Höhe des Göttlichen und Unsterblichen. Deshalb hat der besonnene Mensch nur Sterbliches auszuteilen.[18] Sokrates räumt ein, dass verliebte Menschen »wahnsinnig« sind: Sie sind von einem Wahn getrieben. Aber es gibt für Sokrates auch einen Wahnsinn als göttliche Offenbarung[19] – etwa eine Art von Ekstase. Und einen solchen Wahnsinn dürfen Menschen nicht verachten.

Sokrates beweist, dass die erotische Liebe eine Suche nach Gott ist.[20] Dabei setzt er an bei der Unsterblichkeit der Seele: Die Seele ist unsterblich, weil sie sich stets bewegt. (Wir können nie aufhören zu denken oder zu fühlen.) Damit ist sie Gott verwandt, der nämlich alles bewegt und dabei auch sich selbst bewegt. Deshalb findet die Seele zu sich selbst, wenn sie besonders stark in Bewegung ist. Und dazu kommt sie, wenn sie sich auf das bewegende Prinzip bezieht, nämlich wenn sie liebt. Man könnte sagen, dass die Liebe ein reflexiver Prozess ist, eine Kreisbewegung der Seele, bei der die Seele gerade dadurch in Bewegung ist, dass sie sich auf ihr Bewegtwerden bezieht.

Gott ist selbst nicht geworden, weil er alles bewegt (also auch das Werden). Nun bezieht sich die Seele auf ihr Bewegtwerden und entdeckt damit das Prinzip der Bewegung: Dieses Prinzip der Bewegung ist nicht selbst geworden, sondern ewig. Es ist ewig bewegend und ewig beweglich.[21] In der eroti-

17 Platon: Phaidros 237B–238A (a.a.O., 424).

18 Platon: Phaidros 256B–257B (a.a.O., 449).

19 Platon: Phaidros 243E–244D (a.a.O., 433).

20 Zum Folgenden s. Platon: Phaidros 245C–257B (a.a.O., 435ff).

21 Platon: Phaidros 247A–248C (a.a.O., 437f).

schen Liebe entdeckt die Seele dieses Prinzip und wird daher in seiner Bewegung mit dem Prinzip der Bewegung eins.

Zugespitzt ausgedrückt, begehrt die erotische Liebe eigentlich Gott. Und dieses Begehren ist eine geistige Tätigkeit der Seele, eine Erkenntnis, die zugleich das *wird, was* sie erkennt: nämlich Bewegung. Wenn man also sagen will, dass das Vernünftige und Geistreiche gut ist, dann muss man diesen Wahnsinn zulassen. Denn dieser Wahnsinn treibt auch die vernünftige Seele gerade an.

In ihrem Begehren Gottes sucht die erotische Liebe Medien, in denen sich diese Kraft der Bewegung zeigt. Und diese Medien sind das Schöne. Der verliebte Mensch erblickt die Schönheit und sehnt sich dann in jedem Augenblick nach ihr. Der Anblick des Schönen überwindet den Schmerz der Trennungen.[22] Denn das Schöne schafft die Einheit zwischen meinem Bewegtwerden und der Bewegung, die mich bewegt.

Platons Argument hat mythische Elemente und macht Annahmen, die uns nicht mehr selbstverständlich sind, etwa die Unsterblichkeit der Seele und wie sie begründet wird. Was aber plausibel erscheint, ist die Beobachtung, dass wir mehr Lebenskraft haben, wenn wir mehr von etwas bewegt sind. Statt »Seele« kann man heute vielleicht eher »Gemüt« sagen: Unser Gemüt wird angerührt und entwickelt dann Begeisterung. Ein völlig in sich ruhendes Wesen hat dagegen keine Leidenschaft und wird deswegen auch nichts hervorbringen.

Es ist aber noch nicht hinreichend geklärt, warum ausgerechnet das Schöne bei uns diese Selbstbewegung des Gemüts besonders stark freisetzt. Warum nicht zum Beispiel die Meditation oder das Gebet zu Gott? Platon meinte ja: Wir entde-

---

22 Platon: Phaidros 251D–252C (a.a.O., 443).

cken unser Bewegtwerden von dem Beweger, der sich selbst bewegt, also von Gott. Und diesen Beweger entdecken wir in unserem Bewegtwerden, also indem wir auf uns selbst achten. Also steigern wir unsere Lebenskraft gerade durch den reflexiven Prozess der Selbsterkenntnis, indem wir uns in uns selbst vertiefen. Der Anblick des Schönen kommt dagegen von außen. Warum ist er jetzt doch stärker als der Blick in mich selbst?

Weil ich das Werden begehre und nicht das, was ich bin! Deutlicher wird dieser Zusammenhang in Platons Dialog »Das Gastmahl« (oder »Symposion«). In diesem Dialog benutzt Sokrates weniger mythische Argumente als Hilfsmittel. Er analysiert vielmehr diese Seelenbewegung. Der Mensch begehrt, was er nicht besitzt.[23] Deshalb kann ich (die Seele) auch nicht durch meditatives Versinken in mich selbst genauso wirksam die Kraft finden, die mich bewegt. Denn sonst könnte ich sie schnell verwechseln mit dem, was ich bin. Die Kraft, die mich bewegt, ist das, wodurch ich werde, und nicht das, wodurch ich bin. Ich begehre also letztlich zu werden und nicht bloß zu sein. Vermittelt wird mir dieses Werden also durch etwas anderes, eben das, was ich nicht bin.

Die Begegnung mit dem Schönen ist schöpferisch. Das leuchtet sofort ein, wenn Sie an Fortpflanzung denken: Man entdeckt diese Schaffenskraft in einer Begegnung, die selbst »eine Zeugung« ist.[24] Platon erwähnt deshalb auch die Fortpflanzung als Ausdruck für die Schaffenskraft der Begegnung mit dem Schönen. Aber er legt sich nicht nur auf die Fortpflanzung fest. Die entscheidende Tätigkeit ist für

---

23 Platon: Das Gastmahl 200A–200D (a.a.O., 695).

24 Platon: Das Gastmahl 206A–206D (a.a.O., 704).

ihn »die Zeugung im Schönen, dem Körper wie dem Geiste nach«.[25] Also auch wenn Liebende zu Dichtern werden,[26] wenn sie schöne E-Mails an den Geliebten schreiben, zeigt sich hier eine Zeugungskraft, die im Menschen steckt, aber durch die erotische Liebe freigesetzt wird. Auch Weisheit ist eine Zeugung im Werden.[27]

Was wir begehren, wollen wir dauerhaft besitzen.[28] Damit wollen wir das Werden dauerhaft besitzen: also das andere, das uns zum Werden bringt und mit dem wir dann vereint sind: Wir wollen sein, was wir werden.[29] Unser Begehren ist die Schaffenskraft, die wir durch das Schöne werden.

Deshalb kann für Platon die Liebe nicht selbstlos sein. Denn sie begehrt das Schöne, das sie nicht besitzt. Sie begehrt also das andere für sich selbst, nämlich um seine Schöpferkraft zu besitzen. Es soll zwischen mir und dem anderen eine schöpferische Einigkeit bestehen.

Platons Liebesverständnis klingt auf den ersten Blick egoistisch. Insofern würde Härles Kritik an der erotischen Liebe auf Platon auch zutreffen: Dort liebt man nur, um sich in ge-

---

25 Ebd.

26 Platon: Das Gastmahl 196B–196E (a.a.O., 690).

27 Deshalb kommt Sokrates' Kritik am geschriebenen Wort in einem Liebesdialog vor: Buchstaben werden Vergessenheit herbeiführen. »Nicht also für das Erinnern, sondern für das Gedächtnis hast du ein Hilfsmittel erfunden. Von der Weisheit aber bietest du den Schülern nur Schein, nicht Weisheit dar« (Platon: Phaidros 274E–275D [a.a.O., 475]).

28 Platon: Das Gastmahl 206A – 206D (a.a.O., 704).

29 Deshalb ist das Werden und Sein im Schönen vereint: Das Schöne ist ein »beständig Seiendes« (Platon: Das Gastmahl 210D–211C [a.a.O., 710]). Ich füge hinzu: Es ist ein Seiendes im Werden und deshalb beständig.

wisser Weise selbst zu finden. Aber bei Platon schließt diese Selbstbewegung der erotischen Liebe den anderen voll ein. Ich begehre Gott, den sich selbst bewegenden Beweger in mir. Ich begehre ihn deshalb, weil ich ihn nicht besitze, denn ich »bin« nur jetzt augenblicklich und kann für meine Zukunft nicht bürgen. Gott ist das Werden in mir, das ich begehre. Und ich begehre es im Schönen, denn gerade in der Begegnung mit dem Schönen erwacht die Zeugungskraft. Das Begehren ist bereits Zeugungskraft, die vom Schönen geweckt wird, den ich begehre. Aber das Schöne zeugt noch andere Zeugungskräfte: die Kreativität beim Verliebtsein, die Fortpflanzung, die Schwangerschaft, Weisheit, Selbsterkenntnis.

Auch wenn daher Platon einen egoistischen Ansatz genommen hat, führt seine Liebestheorie zu einer universalistischen Ethik, die alle Menschen einschließt: Im Gastmahl nämlich sagt Sokrates, dass wir unverständig wären, wenn wir nicht die Schönheit in allen Körpern als die eine und dieselbe Schönheit entdecken würden.[30] Der weise Liebhaber kann also niemanden geringschätzen, auch dann nicht, wenn man selbst eine bestimmte Person nicht schön findet. Selbst dann muss der weise Liebhaber einräumen, dass das Werden auch bei einer Person präsent ist, die man selbst nicht schön findet. Diese Einsicht entdeckt in jedem Menschen seine geistige Schönheit.[31] Damit wird Platons Liebestheorie zu einer ethischen Theorie, die alle Menschen gleichermaßen als liebenswert anerkennt, auch dann, wenn man nicht jeden Menschen selbst schön findet.

---

30 Platon: Das Gastmahl 210A–210D (a.a.O., 709).

31 Ebd. – Geistige Schönheit meint keinen Gegensatz zur körperlichen, sondern erstreckt sich vielmehr auf alle Körper, allerdings vermittelt über eine geistige Einsicht.

In Platons Liebestheorie fehlt allerdings eine Eigenschaft, nämlich die Exklusivität. Man kann mehrere Geliebte haben. Sokrates selbst war verheiratet, äußert sich aber in den Liebesdialogen so, dass er vor allem von jugendlichen Jungen angesprochen ist. Dabei schmeichelt er mehreren zugleich. Im Gastmahl wird zum Schluss erzählt, dass er einen jungen Mann für sich begeistern konnte und die beiden auch zusammen ins Bett gegangen sind. Aber dort hat Sokrates keinen sexuellen Kontakt mit dem Mann gehabt.[32] Sokrates führte also offene Beziehungen, ohne dabei wild zu werden. Das Schöne ist eine universale Eigenschaft, die alle Menschen miteinander verbindet. Deshalb kann Sokrates sich sowohl achtsam verhalten als auch offene Beziehungen führen. Er lebt keine selbstlose Enthaltsamkeit um des anderen willen, weil er das Schöne in allen anderen anerkennt und daher auch in vielen Menschen findet.

Diese Theorie des Eros unterscheidet sich völlig von der theologischen Hochschätzung der Agape. Wenn Paulus sagt, dass die Liebe nicht das ihre sucht (1Kor 13,5), betont er, obwohl er das Erkenntnisinteresse einräumt, dass Liebe selbstlos ist. Und Härle hat diese Position auch auf die intime Partnerschaft bezogen. Trotzdem sind beide Theorien universalistische ethische Theorien. Man kann auch den anderen anerkennen, gerade weil man das Schöne begehrt und besitzen will. Es kann also auch einen ethischen Zugang der Liebe ohne Selbstlosigkeit geben. Umgekehrt halte ich Platons Argumente für stark, dass eine selbstlose Liebe letztendlich auch blutleer und leidenschaftslos ist – und daher auch ethisch schlechter.

---

32 Platon: Das Gastmahl 221D–222C (a.a.O., 725).

Hat Paulus also Unrecht und Platon Recht? Dahinter steckt aber die Frage, ob Paulus überhaupt eine konsequente ethische Theorie der Selbstlosigkeit vertreten hat, wenn er die Agape dem Eros vorzieht. Ich meine nicht. Er hat sich aber auf den Erkenntnisaspekt der Liebe bezogen und weniger auf den Begehrensaspekt: Ich erkenne mich am besten, wenn ich erkannt werde. Lieben heißt für Paulus: von jemandem erkannt zu werden. Wäre ich völlig selbstlos, dann wäre mir diese Erkenntnis aber auch völlig unwichtig. Paulus setzt dieses Begehren zur Erkenntnis voraus, ohne jedoch darauf seine Liebestheorie aufzubauen. Eine Ethik der Selbstlosigkeit folgt aber bei ihm nicht.

1.2 Den anderen um seiner selbst lieben[33]

Der zweite Hauptirrtum, der in der Ethik der Liebe auftaucht, ist die Phantasie, dass wir unsere Geliebten um ihrer selbst willen lieben. Genauer gesagt, besteht der Irrtum noch nicht in dieser Phantasie, sondern eher darin, dass wir damit unsere Liebe begründen wollen. Denn in Wirklichkeit begründen wir nichts damit, dass wir jemanden um seiner selbst willen lieben.

Ich kann gut verstehen, dass wir aus einer moralischen Intuition heraus so etwas ausdrücken wollen, dass wir jemanden um seiner selbst willen lieben. Denn damit deuten wir an, dass wir ihn mit unserer Liebe nicht instrumentalisieren wollen. Wir würden ihn dagegen instrumentalisieren, sobald

[33] L. Ohly: »Um seiner selbst willen«. Kritik einer ethischen Begründungskategorie; ETHICA 22/2014, 327–345.

wir ihn um eines anderen Zweckes willen lieben. Wenn ich also jemanden liebe, um sein Geld zu bekommen, dann instrumentalisiere ich meine Liebe für einen höheren Zweck. Und weil wir das nicht wollen, sagen wir, dass wir ihn um seiner selbst willen lieben.

Andererseits ist es für die geliebte Person wenig schmeichelhaft, wenn wir sie völlig grundlos lieben. Aber genau das tun wir, wenn wir sie um ihrer selbst willen lieben. Wenn ich einen Menschen um seiner selbst willen achte, weiß ich zu wenig über die Achtungsgründe. Und wenn Liebe sogar einem Menschen um seiner selbst willen gilt[34], bleibt sie ein bewusstloses Geschehen, dem die liebende Person völlig ohnmächtig ausgeliefert ist. Vor diesem Hintergrund erstaunt es nicht, dass inzwischen auch der Sexualakt »um seiner selbst willen«[35] vollzogen wird. Wäre dieses Verhalten echt, so würden die Sexualpartner nicht verstehen, dass sie ihn vollziehen wollen. Das Wählen selbst wäre vielmehr »um seiner selbst willen« gewollt[36] und würde alle Bedeutungen verschleiern, die Sexualität, Liebe und auch das autonome Füreinander-Entscheiden haben können.

Denn wenn ich etwas um seiner selbst willen begehre, verstehe ich nicht, warum ich es begehre, weil Inhalt und Zweck ineinander fallen und damit hier das Explanans und das Explanandum. Das Verstehen kommt hier an ein Ende, an dem es nur mit der bloßen Tatsache konfrontiert ist, dass es so ist.

---

34 E. Jüngel: Der Tod als Geheimnis des Lebens; in: Ders.: Entsprechungen. Gott – Wahrheit – Mensch; München, Chr. Kaiser, 1986², 327–254, 352.

35 E. Illouz: Warum Liebe weh tut. Eine soziologische Erklärung; Frankfurt a.M. 2012, 97.

36 E. Illouz: Warum Liebe weh tut, a.a.O., 44.

Wenn wir also wirklich andere Menschen um ihrer selbst willen lieben, machen wir etwas völlig Grundloses, was wir selber nicht verstehen. Daraus lässt sich aber dann kaum ethisch etwas ableiten. Wir könnten nicht einmal sagen, dass es gut ist, jemanden zu lieben – und noch viel weniger, dass Liebe etwas Gutes ist. Wir müssten dann die Liebe aus der Ethik verbannen, weil man mit ihr nichts vernünftig begründen kann und weil wir nicht einmal verstehen könnten, was daran ethisch gut oder schlecht sein könnte.

Es gibt nur eine Verwendung dieser Formel »um seiner selbst willen«, die ethisch sinnvoll ist, die aber dieser Formel eine nur sehr begrenzte Gültigkeit gibt. Ich möchte Ihnen diese Verwendung kurz vorstellen. Sie stammt von dem Urheber dieser Formel, der sie aber trotzdem ganz anders verwendet hat als wir, wenn wir sagen, dass wir jemanden um seiner selbst willen lieben.

Aristoteles war der Erste, der diese Formel »um seiner selbst willen« in der Ethik benutzt hat. Er hat sie dabei auf drei Begriffe bezogen: auf die Glückseligkeit[37], den Freund[38] und die theoretische Betrachtung.[39] Die Formel wird dabei auf Sachverhalte bezogen, die entweder begehrt oder geliebt werden. Die Formel »um seiner selbst willen« hat dabei die argumentationsstrategische Funktion, dem Begehren eine Bedeutung zu geben. Aristoteles versucht, den Eindruck zu vermeiden, dass wir grundlos die Glückseligkeit begehren und dem Freund etwas Gutes wünschen. Das, was um seiner

---

37 Aristoteles: Nikomachische Ethik, I, 2, 1095a 18.

38 »τῷ δὲ φίλῳ φασὶ δεῖν βούλεσθαι τἀγαθὰ ἐκείνου ἕνεκα.« (Aristoteles: Nikomachische Ethik, VIII, 3, 1155b, 30–31.

39 Aristoteles: Nikomachische Ethik, X, 6–7, 1177a–1177b.

selbst willen begehrt wird, bewahrt nämlich vor einem infiniten Regress, der als solcher kein hinreichendes Ergebnis abgeben könnte: »Wenn wir nicht alles wegen eines anderen uns zum Zwecke setzen – denn da ginge die Sache ins Unendliche fort, und das menschliche Begehren wäre leer und eitel –, so muß ein solches Ziel offenbar das Gute und das Beste sein.«[40] Aristoteles schlägt also seine Formel »um seiner selbst willen« vor, um das Begehren vor einer grundlosen bloßen Tatsache zu retten. Die Formel möchte eine Begründung für das Gute bieten: Weil die Glückseligkeit um ihrer selbst willen begehrt wird, ist sie das Gute.

Nun ist aber diese Bestimmung des Guten entweder eine axiomatische Setzung: In diesem Fall begründet sie nichts, sondern unterstreicht, dass es sich eben einfach so verhält. Oder das Gute hat etwas mit dem *Begehren* selbst zu tun, also nicht allein mit der Glückseligkeit, sondern mit der subjektiven Beziehung zur Glückseligkeit. Dann wird das höchste Gut mit der Reflexivität des Begehrens begründet. In diesem Fall wiederum zeigt die Formel »um seiner selbst willen« die Art der Begründung auf, die sie gibt. Sie gibt nämlich keinen objektiven Grund dafür, dass das um seiner selbst willen Begehrte ein Gut ist, sondern zeigt die *subjektive Unvermeidlichkeit* auf, ein solches Begehrtes nicht anders als das Gute auffassen zu können.

Ein solcher Aufweis aber zeigt eine *bloße Tatsache* an: Es verhält sich eben einfach so, und es gibt keine objektiven Gründe dafür. Das Gute ist kein Gegenstand, der objektiv nachweisbar wäre, sondern der subjektive Vollzug, der nicht am Guten

---

40 Aristoteles: Nikomachische Ethik, I, 1, 1094a, 20–22.

dessen zweifeln kann, worauf er sich richtet, wenn er etwas um seiner selbst willen begehrt. Denn ansonsten könnte er es nicht um seiner selbst willen begehren.

Ich behaupte also, dass Aristoteles' Argumentationsrichtung genau umgekehrt verläuft: Er erklärt nicht, dass es einen Gegenstand geben muss, der um seiner selbst willen begehrt wird, damit alles Begehren nicht leer und eitel zu werden droht. Vielmehr erklärt er, dass und unter welchen Umständen das *Phänomen des Begehrens (von etwas) um seiner selbst willen* auftritt: nämlich unter der Voraussetzung, dass der *Antrieb oder Vollzug* des Begehrens auch sein *Inhalt* ist. Wer also begehrt (Vollzug), muss das Begehren (Inhalt) begehren, und zwar »um seiner selbst willen«.

Dies ist der Hintergrund, vor dem nun Aristoteles auch von der Liebe zu einem Freund spricht. Die Formel »um seiner selbst willen« wird bei ihm thematisch ebenfalls auf die Freundschaft bezogen. Nun aber nicht so wie in vielen modernen Beiträgen[41], dass die geliebte Person um ihrer selbst willen geliebt wird! Bei Aristoteles ist nicht davon die Rede, dass man den Freund um seiner selbst willen »liebt«. Vielmehr *wünscht* man dem Freund um seiner selbst willen *Gutes.*[42] »Dem Freunde aber, sagt man, muß man um seiner selbst willen das Gute wünschen.«[43]

---

[41] S. Lynch: Philosophy and Friendship (2005), 99, 182; M.-D. Philippe: Die Philia-Liebe bei Aristoteles; G. Kugler/D. Borel (Hg.): Entdeckung der Freundschaft. Von Philia bis Facebook, Freiburg, Herder, 2010, 46–53, 51.

[42] So auch Aristoteles: Nikomachische Ethik, VIII, 4, 1156b, 9; VIII, 7, 1157b, 31–32.

[43] Aristoteles: Nikomachische Ethik, VIII, 2, 1155b, 30–31.

Aristoteles nennt nun *zwei unabhängige* Sachverhalte, die um ihrer selbst willen gewollt sind: einmal die Glückseligkeit und zum anderen das Gute für den Freund. Das führt aber zu einem Widerspruch, weil Aristoteles die Glückseligkeit als das letzte Ziel bezeichnet hat, um einen infiniten Regress zu vermeiden. Dazu darf dann aber die Freundschaft nicht in Konkurrenz treten.

Das Problem kann gelöst werden, wenn Aristoteles auch hier wieder eine Reflexivität aufbaut, wonach der *Vollzug* des Wunsches sein *Inhalt* ist, nämlich die *Glückseligkeit*. Könnte nicht Aristoteles im Hinblick auf Freundschaft die gleiche reflexive Struktur im Sinn haben wie vorher beim Begehren der Glückseligkeit? Oben hatte ich diese Reflexivität so interpretiert: Wer begehrt (Vollzug), muss das Begehren (Inhalt) begehren »um seiner selbst willen«. In dieser Reflexivität ist für ein Objekt des Begehrens kein Platz, sondern nur für ein reflektiertes Subjekt. Macht sich der Vollzug zum Inhalt, dann nur so, dass er sich spürt, ohne sich voll verobjektivieren zu können. Denn könnte er sich voll zum Inhalt machen, so würde der Vollzug aufhören. Das Begehren erfährt sich jedoch als Begehren, ohne dabei seine Parteilichkeit aufgeben zu können und »über sich« zu reflektieren.

Wird nun der Freund in dieser Weise reflexiv erfasst, so kann er nur Objekt sein, insofern er auch Subjekt ist. Das hat eine weitreichende Konsequenz: Denn damit spürt das Begehren sich selbst als etwas, das sozial konstituiert ist. Ich verdanke mich im Begehren meinem Freund, den ich begehre (Inhalt) und *der in mir begehrt* (Vollzug). Sobald ich den Freund »um seiner selbst willen« begehre, ist der reflexive Prozess vollendet. Dann gleicht sich auch das Ziel des Begehrens an seinen Inhalt an. In diesem Fall wären beide, der Vollzug als auch der

Inhalt, sozial konstituiert, und der Wunsch, den man für den Freund wünscht, würde eingestehen, dass er nicht für sich allein begehren könnte.

Allerdings lässt dieser Vorschlag ein Problem unbeantwortet. Wenn er voraussetzt, dass der Freund das Begehren mitvollzieht, so würde das telepathische Fähigkeiten voraussetzen: Wenn der Freund in mir begehrt, so müsste er tatsächlich dasselbe begehren wie ich, und er müsste auch wissen, dass er es begehrt. Ansonsten würde nicht der Freund mein Begehren mit konstituieren, sondern nur meine Einbildung von ihm.

Aber das tut der *gute* Freund ja auch! Er begehrt dasselbe wie ich, nämlich die Glückseligkeit. Freunde wünschen sich gegenseitig dasselbe, »weil sie diese Gesinnung an sich, nicht mitfolgend, haben«.[44] Ihr Begehren ist das Begehren des Begehrens, das dabei den Freund als den Mitbegehrenden erfährt, ohne ihn verobjektivieren zu können. Dazu muss der Freund nicht wissen, dass er mein Begehren konstituiert; seine Bedingung für mein Begehren der Glückseligkeit kann ihm selbst unklar bleiben, und sie ist auch nicht wichtig dafür, dass sich Freunde als »schlechthin gut«[45] erleben. Dennoch begehren beide die Glückseligkeit, das Begehren, und erleben sich darin füreinander.

Wünsche ich meinem Freund Gutes um seiner selbst willen, so erfahre ich die treibende Kraft des Begehrens von woandersher: Ich begehre die Glückseligkeit nur insofern, als sie mich dazu treibt. Darin bewährt sich Aristoteles' Bemerkung, dass die Glückseligkeit eine *Tätigkeit* ist, die an sich selbst be-

---

44 Aristoteles: Nikomachische Ethik, VIII, 4, 1156b, 10.

45 Aristoteles: Nikomachische Ethik, VIII, 4, 1156b, 13.

gehrenswert ist: Sie selbst treibt ihr Begehren an, das sich auf sie selbst bezieht. Damit ist das Begehren der Glückseligkeit etwas mir Entzogenes: Bevor ich sie begehre, begehrt sie in mir. Bevor ich mich für das Beste des Freundes entscheiden könnte, bin ich selbst für den Prozess des sozial konstituierten Wählens gewählt.

Diese Selbstentzogenheit wird mit der Formel »um seiner selbst willen« ausgedrückt. Als solche bietet diese Formel gerade keine Begründung für das höchste Gut, sondern markiert, dass es keine Begründung dafür gibt – nicht einmal eine Letztbegründung, die einfach mit einem letzten Grund abbricht. Anstelle einer Letztbegründung fungiert das »um seiner selbst willen« vielmehr argumentationsstrategisch als harte Selbstevidenz. Denn das höchste Gut ist nicht als Gehalt gegeben, sondern vollzieht sich als und im Begehren. Seine Reflexivität ist ein hartes Faktum, zu der sich der glückselige oder tugendhafte Mensch letztlich nicht entscheiden kann, sondern die ihm auf natürliche Weise widerfährt.

Als hartes Faktum ist das, was um seiner selbst willen begehrt wird, auch nicht geistig durchdrungen, lässt sich doch der Vollzug des Begehrens nicht vollständig gehaltlich erschließen. Was am höchsten Gut eigentlich gut ist, bleibt dem Begehrungssubjekt verborgen. Es kann zwar nicht anders, als es zu begehren, weiß aber nicht, warum. Und was den Freund liebenswert macht, kann es sich ebenso wenig erschließen. Denn beide, das Begehren und der Freund, laufen einer geistigen Durchdringung voraus und vollziehen sich ohne sie.

Die Ethik ist gut beraten, die Formel »um seiner selbst willen« argumentationsstrategisch nicht zu überstrapazieren. Es mag ja sein, dass wir andere Menschen um ihrer selbst willen lieben. Es mag also sein, dass wir eine ästhetische, »zweckfreie« Relation zu diesen Menschen haben. Nur sollten wir dafür keine moralischen Gründe anführen, etwa ein scheinbares Instrumentalisierungsverbot. Und es lassen sich dann daraus keine moralischen Konsequenzen ziehen. Wer einen Menschen um seiner selbst willen liebt, weiß entweder nicht, warum er liebt, oder er verwechselt den rohen Zwang einer Tatsache (»Ich liebe x«) mit dem Objekt innerhalb dieser Tatsache (x). In beiden Fällen kann kaum von einem moralisch zurechnungsfähigen Liebenden gesprochen werden.

Moralisch zurechnungsfähig ist der Liebende dagegen dann, wenn er die geliebte Person um des Guten willen liebt, das er in ihr findet oder das er ihr wünscht. So scheint es Aristoteles zu meinen: Der Liebende liebt die Geliebte, *weil er sich dem rohen Zwang der Liebe verpflichtet fühlt.* Dabei erlebt er die geliebte Person so, dass sie seine Liebe zu ihr mit konstituiert. Er erlebt also, dass seine Liebe von woandersher kommt als von ihm selbst. Da der gute Mensch sich freiwillig dem rohen Zwang des Begehrens unterwirft, unterwirft er sich in der Liebe freiwillig dem Guten der geliebten Person, das sein Liebesbegehren mit konstituiert. Die Liebe wird reflexiv und spürt dabei die soziale Konstitution durch den Freund, auf den sie sich richtet. – Die moralische Zurechnungsfähigkeit, die hier zum Tragen kommt, besitzt eine paradoxe Struktur: Sie besteht nämlich in dem *freien* Eingeständnis, für die Liebe nicht verantwortlich zu sein, sich aber für die eigene Einschränkung verantwortlich zu machen.

Zwei abschließende Bemerkungen dazu: Zum einen wird Ihnen vielleicht aufgefallen sein, dass Aristoteles ganz ähnlich argumentiert wie Platon. Ähnlich sind sich beide nämlich in ihrer prozessualen Liebestheorie: Die Liebe entfaltet ihren

Sinn und ihren Gehalt durch den Vollzug des Begehrens. Das Begehren wird zum Gehalt des Begehrens. Bei Platon trifft sich hier das menschliche Bewegtwerden mit dem göttlichen Beweger. Bei Aristoteles liebe ich mit einer Liebe, auf die ich keinen Einfluss habe, sondern die von woandersher kommt. In beiden Liebestheorien wird meine Liebe durch andere Menschen mit konstituiert und durch etwas, was mir widerfährt: eine göttliche Offenbarung (darauf komme ich gleich zurück). Ich finde interessant, dass den beiden Hauptirrtümern einer Ethik der Liebe mit Platon und Aristoteles widersprochen wird, und zwar obwohl ein Irrtum auf einer aristotelischen Redewendung beruht. Vielleicht liegt das daran, dass der christliche Einfluss beim gegenwärtigen Denken der Liebe heidnische Einflüsse zurückgedrängt hat, nur weil sie heidnisch waren.

Damit komme ich zur zweiten Bemerkung. Die theologische Ethik tut sich keinen Gefallen, wenn sie daran festhält, dass wir einen Menschen um seiner selbst willen lieben. Es könnte ja sein, dass wir durchaus Gründe haben, warum wir jemanden lieben. Und das muss nicht schon schlimm sein, nur weil wir diesen Menschen damit instrumentalisieren. Vielleicht ist es ja schon so, dass wir jemanden lieben, weil sie uns so gut versteht – oder weil wir so viel mit ihm lachen können – oder weil ihr Blick uns ganz tief trifft – oder schließlich weil wir den besten Sex mit ihm haben. Das mögen sogar erschöpfende Gründe sein. Sie führen aber nicht zwingend zur Konsequenz, dass sich die Liebe zu dieser Person dann auch irgendwann erschöpft. Wir sollten daher solche Gründe nicht verschleiern, und zwar aus ethischen Gründen nicht. Jemand, mit dem ich guten Sex habe und den ich deshalb liebe, ist mir nicht gleichgültig – auch in Momenten nicht, an denen ich keinen Sex mit ihm habe. Deshalb kann sich aus dieser Liebe eine ethische Verantwortung aufbauen.

Ein weiterer Grund, warum wir Menschen lieben, deutet sich bei Aristoteles und Platon an: Es könnte sein, dass wir jemanden lieben, weil sich in der Begegnung mit ihm etwas ereignet, was uns mit Gott in Berührung bringt. So hat es Platon offensichtlich gedacht. Und Aristoteles scheint zumindest diesen Offenbarungscharakter im Sinn zu haben: Ich begehre jemanden, nicht weil ich mich dazu entschieden habe oder weil ich dafür Gründe hätte, sondern weil mir dieses Begehren widerfahren ist. An der geliebten Person kann ich es also letztlich nicht finden, warum ich sie liebe, weil es das Widerfahrnis der Begierde ist, dem ich ausgeliefert bin. Jemanden lieben würde dann heißen, dem Widerfahrnis zuzustimmen, dass ich diesen Menschen begehre – worauf ich keinen Einfluss habe. In diesem Fall würde ich diesen Menschen lieben, aber nicht um seiner selbst willen, sondern weil ich in der Begegnung mit ihm noch von ganz anderen Dimensionen der Wirklichkeit berührt werde – eben mit einem Widerfahrnis von göttlicher Offenbarungsqualität.

1.3 Die angebliche Universalisierbarkeit der Liebe

Mit Liebe kann man schon deshalb nicht ethisch argumentieren, weil sie exklusiv jemandem gilt. Wenn ich jemanden liebe, dann bringe ich ihm Gefühle und eine Haltung entgegen, die ich für andere nicht habe. Ethik aber will Menschen mit Gründen für eine bestimmte Moral überzeugen. Sie ist also prinzipiell inklusiv. Es ist zwar umstritten, ob jede Ethik universalisierbar sein muss. Dennoch ist ein gutes ethisches

Argument nicht dann gut, wenn es an dir liegt, warum es dich überzeugt, sondern wenn es am Argument liegt – wenn es also richtig ist. Dann aber ist es prinzipiell inklusiv. Es ist zudem wenigstens *implikativ universalisierbar*, das heißt: Für jeden, der sich in dieser bestimmten Situation befindet, erhebt es den Anspruch, richtig zu sein.

Das ist aber bei der Liebe nicht der Fall. Ich komme noch einmal auf das Beispiel, dass ich es gut finde, dass ich mit meiner Frau zusammen bin. Aber vielleicht findet das jemand anderes schlecht, der nämlich gerne auch mit meiner Frau zusammen wäre. Es folgt also nicht aus meiner Liebe zu meiner Frau, dass es schon ethisch richtig ist, dass wir uns lieben. Die Liebe ersetzt kein ethisches Argument und ist auch kein ethisches Argument.

Die israelische Soziologin Eva Illouz hat darüber hinaus eine sehr interessante Beobachtung festgehalten, die auch Rückschlüsse zum Verhältnis von Liebe und Ethik zulässt. Illouz' Untersuchungen belegen, dass Menschen sich schlechter an jemanden binden können, wenn sie dafür rationale Gründe anführen oder wenn sie kognitive Überlegungen zur Beziehung anstellen.[46] Wenn wir rational abwägen, ob unser neuer Freund wirklich der richtige ist, dann werten wir ihn eher ab. Bindung braucht den intuitiven und ganzheitlichen Blick auf einen Menschen. Sie geht dagegen verloren, wenn man ihn rational zergliedert. Frau Illouz erzählt von einem Test, bei dem Versuchspersonen ein Bild von einer fremden Person gezeigt wurde. Die einen Versuchskandidaten sollten sich das Bild nur ansehen, die anderen sollten die Person beschreiben, die sie darauf sehen. Später sollten beide Versuchs-

[46] E. Illouz: Warum Liebe weh tut a.a.O., 174, 178, 184, 292.

gruppen die Person auf Bildern wiederfinden und wiedererkennen. Das Ergebnis ist verblüffend: Die Kandidaten, die die Person beschreiben sollten, konnten die Person signifikant schlechter wiedererkennen als die anderen, die sie nur gesehen hatten. Die Sprache beeinträchtigt also das visuelle Wiedererkennen.[47]

Die These von Frau Illouz lautet also: Sprache und rationales Erwägen zerstören eher Bindungen. Deshalb muss Liebe ein ganzheitlich-intuitives Geschehen sein, das möglichst wenig kognitive und rationale Anteile hat. Wenn das aber so ist, dann schließen sich Liebe und Ethik aus. Denn Ethik ist die rationale Abwägung für die besten Handlungsoptionen. Wer somit ethisch für die Liebe wirbt, zerstört letztlich das, wofür er werben will. Argumentativ wird eine Praxis begründet, die zerstört wird, sobald mit ihr argumentiert wird. Das führt in einen sogenannten performativen Widerspruch, also in einen Ausführungswiderspruch: Ich zerstöre das, was ich aufbaue, indem ich es aufbaue. Bindungen werden gerade dadurch geschwächt, dass man für sie wirbt.

Wir müssen also genauer sein, wenn wir mit der Liebe ethisch argumentieren wollen. Die Universalisierbarkeit der Liebe kann dann vertreten werden, wenn man etwa eine der folgenden Behauptungen aufstellt:

1. Nicht die Liebe zu einer bestimmten Person ist universalisierbar, aber das *Konzept* der Liebe. Gleichgültig, wen wir lieben, wir tun dabei immer im Prinzip dasselbe. Aber auch in diesem Fall wird die geliebte Person argumentativ entbehrlich: Das Konzept der Liebe funktioniert nicht nur, wenn ich

---

47 E. Illouz: Warum Liebe weh tut, a.a.O., 415f.

meine Frau liebe. Also spielt meine Frau nicht die entscheidende Rolle bei meiner Liebe zu ihr. Das ist nicht nur wenig schmeichelhaft, sondern auch wiederum sehr lieblos. Sobald wir also die Liebe konzeptionell für eine universalisierbare Ethik gebrauchen, wird dieses Konzept in gewisser Weise lieblos.

2. Die Liebe zu einer Person richtet sich eigentlich immer auf Gott, die Kraft der Liebe, auf die wir uns reflexiv beziehen. Dann liegt hinter jeder kontingenten Liebesbeziehung ein gemeinsamer Grund, der eigentlich geliebt wird.
3. Die Liebe zu einer Person schließt die Liebe zu allem Schönen oder zur menschlichen Gattung ein (Platon). Dann folgt aus der Liebe der universale Anspruch auf Anerkennung allen Liebenswerten.
4. Liebe ist doch nicht exklusiv. Wenn ich meine Frau liebe, kann ich auch noch eine Geliebte haben. Und ich darf es dann auch, weil Liebe doch universalisierbar ist.

Wenn wir ethisch über Liebe reden, vertreten wir prinzipiell (zumindest implikative) universalisierbare Ansprüche. Dabei können wir allerdings nicht Liebe selbst zu einem universalisierbaren Wert erheben, es sei denn, dass diese Liebe alle Menschen einschließt. Ansonsten aber versteht es sich nicht von selbst, dass Liebe etwas ethisch Gutes oder Richtiges ist.

1.4 Folgerungen

Meine eigene Position zur Liebe besteht daher in folgender These: Liebe ist ein vor-moralisches Phänomen. Sie ist nicht selbst ein ethisches Gut, kann aber unser moralisches Urteils- und Handlungsvermögen ausrichten. Die Leitfrage also muss lauten: Was können wir aus dem Phänomen der Liebe für die Ethik gewinnen? Welche Ressourcen stecken in der Liebe, die ethisch genutzt werden können? Vielleicht ist es ja gerade das lieblose Moment des Konzepts Liebe (oberer Punkt 1), das ethisch bedeutsam ist, vielleicht aber auch seine eventuelle inhärente Inklusivität (Punkte 3 und 4) oder seine religiöse Implikation (Punkt 2), vielleicht aber auch noch etwas anderes.

Um aber die geeigneten ethischen Ressourcen der Liebe zu untersuchen, müssen wir auch ihre Risiken zur Kenntnis nehmen. Keine Frage, dass Liebe auch ethisch schädlich sein kann. Aus Liebe brechen Menschen das Gesetz, werden sie anderen untreu, handeln unachtsam und bringen damit Unbeteiligte in Gefahr (zum Beispiel wenn sie beim Autofahren die Geliebte küssen und dabei nicht mehr auf den Verkehr achten); aus Liebe treiben Menschen Embryonen oder Föten ab; und aus Liebe verschulden sie sich manchmal. Liebe ist also nicht die Lösung auf alle unsere Probleme, wie man manchmal in Sonntagsreden hört und manchmal auch in Klassenräumen armen Schulkindern weismachen will.

Sie ist aber auch nicht das Problem schlechthin. Vielmehr sollten wir die Liebe zunächst nehmen als das, was sie ist: ein zwischenmenschliches Phänomen. Dieses Phänomen macht die zwischenmenschliche Interaktion manchmal reicher und manchmal schwieriger. Die Ethik beschäftigt sich damit, welche Ressourcen für ein friedliches Zusammenleben in der Liebe stecken. Und sie beschäftigt sich natürlich auch mit den ethischen Problemen der Liebe, wie sie sich bewältigen lassen. Vielleicht lassen sich die Probleme der Liebe gerade nicht mit Liebe lösen. Das zu untersuchen ist Aufgabe dieses Buches.

Auf zwei Zwischenergebnisse dieses Kapitels möchte ich an dieser Stelle noch aufmerksam machen, die für den Fortgang noch bedeutsam werden.

Erstens: Die Ressourcen der Liebe für die Ethik können auch dann vorliegen, wenn die Liebe selbst unvollkommen ist. Liebe kann mit der Zeit verblassen. Das heißt aber nicht, dass die ethische Verantwortung verblasst. Es sieht so aus, dass Liebe ethische Verbindlichkeiten im Umgang miteinander weckt. Aber diese ethischen Verbindlichkeiten müssen nicht wieder einschlafen, wenn die Liebe einschläft. Deshalb kann Liebe für die Ethik eine wichtige Ressource sein: Sie kann der Anfang sein, aber nicht unbedingt auch das Ende der Ethik. Sie kann vielmehr die Ethik wecken, die sich dann aber verselbstständigt.

Zweitens: Platon und Aristoteles – zwei heidnische Autoren! – haben dennoch den theologischen Gehalt der Liebe entdeckt. Bei Aristoteles bleibt dieser theologische Gehalt zwar implizit. Bei Platon jedoch bewegt ausdrücklich Gott sich selbst: Er ist der sich selbst bewegende Beweger, während er bei Aristoteles der unbewegte Beweger ist. Dennoch offenbart sich Gott auch bei Aristoteles in bewegenden Erfahrungen. Diese Erfahrung ist das Begehren gewesen, zu dem sich der Mensch nicht entscheiden kann, sondern das ihm als hartes Faktum widerfährt.

Ich werde im Fortgang dafür argumentieren, dass der Widerfahrenscharakter eine theologische Komponente der Liebe ist. Dieser Widerfahrenscharakter zeigt sich insbesondere in der erotischen Liebe und vor allem im Zustand der Verliebtheit. Daher werde ich mit diesem Phänomen fortsetzen.

2 Das Verliebtsein als religiöses Widerfahrnis[48]

Wer verliebt ist, spürt einen stürmischen Drang, der jede Einzelheit erzittern lässt. Dabei begehrt man meistens nur Momente, in denen sich bereits ihr Ende ankündigt. Der Orgasmus etwa ist ein so kurzer Augenblick wie einige Bissen Fleisch im Mund. Zwar muss der Orgasmus ebenso wenig der Höhepunkt des Sexualaktes sein wie der einzelne Bissen eines Genießers. Und doch ist das sexuelle Begehren nach dem Orgasmus gestillt ebenso wie der Appetit nach einer guten Mahlzeit. Vegetarier weisen deshalb darauf hin, dass der moralische Aufwand, Tiere zu schlachten, in keinem Verhältnis steht zum Nutzen, nämlich gerade einmal einen kurzen Moment des Genusses zu haben. Verliebte Menschen wird die Analogie dieses Arguments aber kaum überzeugen. Denn Verliebtsein ist gerade auf das Momenthafte bezogen, nicht auf die eindeutigen Gehalte, sondern auf das Auftauchen des Moments. Dabei ist es also nicht etwa der dauerhafte Bestand des Moments, worum es Liebenden geht. Attraktiv ist vielmehr, wie sich der Moment bildet. Dieser Moment behält seinen geheimnisvollen Zauber, indem er sich bildet, und nicht darin, was sich in ihm bildet.

Schon im Sexualakt wird ein Widerfahrnis gesucht, das sich nicht eindeutig fixieren lässt. Der Orgasmus tritt auf,

---

48 Ausführlicher L. Ohly: Schöpfungstheologie und Schöpfungsethik, a.a.O., 197–216.

ohne dass man seinen genauen Zeitpunkt steuern könnte. Genauso treffen Blicke einen verliebten Menschen nicht als Gehalte, sondern im Moment ihres Bildens. Denn wäre es der Gehalt, wonach sie sich sehnen oder der sie trifft, so müsste bei jedem Mal, wenn sich die Blicke treffen, dieselbe wunderbare Begegnung ereignen. Ebenso ist es mit anziehenden Körpergerüchen oder Berührungen: Nicht jede Berührung ist gleich tief, obwohl sich Liebende in diesem Moment gar nicht dicht genug sein können. Mehr als körperlich eng verschlungen sein können sie nicht. Jacques Lacan hat vom Realen gesprochen, das sich auf der Ebene realer Berührungen gerade nicht finden lässt, sondern schließlich zur Zerstörung des Begehrens führen würde: Wenn ich noch enger mit dem Liebespartner verschlungen sein wollte, würde ich schließlich auf bloßes Fleisch treffen. Das Reale wird so das »grauenhafte Ur-Objekt«[49]. Wonach wir uns also sehnen, lässt sich nicht mit einem Objekt erfassen. Die geliebte Person ist nur geliebt, insofern sie nicht bloßes Objekt ist. Wir begehren vielmehr den Widerfahrenscharakter der Begegnung, der sich zwar am Objekt zeigt, aber als das, was mehr ist als das Objekt.

2.1 Humanwissenschaftliche und theologische Aspekte

In humanwissenschaftliche Studien verliert das Verliebtsein schnell seinen Zauber. Soziologisch fällt seine soziale Instabilität auf, Fakten zu schaffen; psychologisch wird es bisweilen

---

49 S. Žižek: Körperlose Organe. Bausteine für eine Begegnung zwischen Deleuze und Lacan; Frankfurt a.M. 2005, 142.

als Regression beschrieben; aus psychosomatischer Sicht gerät es sogar an den Rand des Pathologischen.

Und auch aus der Selbstperspektive ist es nicht anders: Verliebte erleben nämlich selbst, wie schwierig es ist, verliebt zu sein. Es droht ein Statuswechsel: vom Single-Dasein in eine Beziehung zu wechseln oder sogar von einer Beziehung direkt in eine andere. Mit solchen Statuswechseln sind oft schmerzliche Veränderungen verbunden, und sie können Angst auslösen. Es kann bedrohlich wirken, den Status zu wechseln. Und damit kann es bedrohlich wirken, verliebt zu sein. Wer es bedrohlich findet, verliebt zu sein, hat dann auch gewisse Vorbehalte dagegen, die freie Partnerwahl für moralisch richtig zu halten, wonach sich eine Partnerschaft allein an der Wahl der Liebenden bemessen soll.

Dass eine freie Partnerwahl moralisch richtig ist, ist zudem ein Vorurteil liberaler Gesellschaften. Denn eigentlich sind damit nur die Zwänge verschoben worden. Der Soziologe Niklas Luhmann rekonstruiert als folgerichtige Konsequenz der Wahlfreiheit der Partner die Entstehung eines Mythos: Nach diesem Mythos soll angeblich die Stärke der Bindung über die Stabilität der Partnerschaft entscheiden.[50] Die entscheidende Frage für eine stabile Beziehung lautet seitdem: »Liebe ich genug?« Eva Illouz hat gezeigt, dass historisch selbst in den Anfängen der freien Partnerwahl eine andere Frage entscheidend war, nämlich: »Tut mir der Partner gut?«[51]

Liebesentscheidungen sind aber gar nicht so individuell oder privat, wie sie in diesem Mythos dargestellt werden: Es beteiligen sich an der Diskussion zur Liebeswahl Freunde,

---

[50] N. Luhmann: Soziale Systeme. Grundriß einer allgemeinen Theorie; Frankfurt a.M. 1987, 303.

[51] E. Illouz: Warum Liebe weh tut, a.a.O., 319f.

Familienangehörige und Bekannte der intimen Partner. Ob der neue Freund der besten Freundin wirklich zu ihr passt, kann gefahrlos getwittert werden.[52] Die stellvertretende Partnerwahl der traditionalen Gesellschaften wird in modernen Gesellschaften durch die Macht anonymer Botschaften ersetzt.[53] Kein Wunder, dass inzwischen Verliebtsein in virtuelle Partnerbörsen abwandert: Hier können sich Verliebte sogar voreinander anonymisieren und bewahren daher ihre vollen Freiheiten.[54]

Psychologisch kann das Verliebtsein als Regression beschrieben werden, als ein Rückschritt in der persönlichen Reife.[55] Dies belegen etwa Untersuchungen des Hormonhaushaltes.[56] Danach schüttet das Gehirn beim Verliebtsein Dopamin aus, ein Hormon, das Glücksgefühle verursacht. Zugleich ist das Hormon Serotonin stark herabgesenkt.[57] Serotonin wiederum wirkt sich in innerer Stabilität und Belastbarkeit aus. Wer zu wenig Serotonin besitzt, ist daher schnell niedergeschlagen und zu Tode betrübt. In der Kombination beider Hormonwerte wird der Zustand des Verliebtseins zu einem Pulverfass: Hohes Dopamin und niedriges Serotonin füh-

---

52 E. Illouz: Warum Liebe weh tut, a.a.O., 266.

53 E. Illouz: Warum Liebe weh tut, a.a.O., 41.

54 E. Illouz: Warum Liebe weh tut, a.a.O., 401; Sh. Turkle: Alone Together. Why We Expect More from Technology and Less from Each Other; New York 2011, 152.

55 W. Schmidbauer: Die heimliche Liebe. Ausrutscher, Seitensprung, Doppelleben; Reinbek bei Hamburg 2009[5], 24, 130. Kritisch referierend: E. Illouz: Warum Liebe weh tut, a.a.O., 293ff, 393f, 436.

56 E. Illouz: Warum Liebe weh tut, a.a.O., 301f.

57 D. Marazziti u.a.: Alteration of the Platelet Serotonin; Psychological Medicine 29/1999, 741–745. Fehlerhaft E. Illouz: Warum Liebe weh tut, a.a.O., 301.

ren beim Verliebtsein zu einer hastigen Sehnsucht nach der nächsten Begegnung, wobei jede minimale Zurückweisung unendlich schwer enttäuscht.

An anderer Stelle habe ich diesen humanwissenschaftlichen Ertrag theologisch gedeutet.[58] Dabei interpretiere ich die beiden Neurotransmitter Dopamin und Serotonin als zwei neurochemische Entsprechungen zu zwei komplementären religiösen Phänomenen. Diese religiösen Phänomene sind das *Widerfahren von Widerfahrnissen*, das ich schon vorgestellt habe, und ein neues Phänomen in diesem Buch: die Verlässlichkeit der Wirklichkeit oder auch die *Tatsächlichkeit von Tatsachen*.

Zum Ersten: Ein hoher Dopamingehalt erhöht die Sehnsucht nach Widerfahrnissen, und zwar nicht allein, um mit der geliebten Person zusammen zu sein, sondern eben auch, um dem Widerfahren ausgesetzt zu sein. Man strebt von Widerfahrnis zu Widerfahrnis. Dafür wird man vom Widerfahrenscharakter hormonell belohnt. Zum Zweiten: Das Vertrauen in die Verlässlichkeit der Wirklichkeit ist eine Voraussetzung des menschlichen Lebensvollzugs. Wir müssen uns darauf verlassen können, dass die Wirklichkeit ist, wie sie ist, damit wir uns in ihr orientieren können. Auch mit Veränderungen im Leben können wir nur deshalb umgehen, weil Veränderungen verlässlich sind. Die neue Schönheit in unserem Leben ist eben verlässlich schön. Man kann sich zwar in ihr täuschen, aber wenn man sich täuscht, dann auch nur verlässlich.

Die Verlässlichkeit der Wirklichkeit wird nicht selbst schon durch die Wirklichkeit garantiert. Das würde in einen logischen Zirkel führen, der nichts erklärt: Die Bedingung für

58 L. Ohly: Schöpfungstheologie und Schöpfungsethik, a.a.O., 201–204.

eine verlässliche Wirklichkeit wäre die Wirklichkeit: Weder lässt sich damit begründen, wie die Wirklichkeit auch verlässlich ist (sie könnte ja auch völlig unzuverlässig sein). Noch wird mit einer solchen Scheinbegründung deutlich, was Verlässlichkeit überhaupt bedeutet. Man kann daraus folgern, dass wir von einer verlässlichen Wirklichkeit schlechthinnig abhängig sind. Der Begriff »schlechthinnige Abhängigkeit« ist einer der berühmtesten Begriffe aus der Theologiegeschichte. Er stammt vom Theologen Friedrich Schleiermacher, der ihn in seiner Glaubenslehre verwendet hat. Schlechthinnige Abhängigkeit meint dort das Gefühl, absolut von einer Macht abhängig zu sein, die aber außerhalb der Welt steht. Schleiermacher hat darin also ein Gefühl für Gott gesehen – weil Gott transzendent ist, außerhalb der Wirklichkeit steht. Ebenso verstehe ich das Vertrauen in eine verlässliche Wirklichkeit (oder in die Tatsächlichkeit von Tatsachen) als ein Vertrauen in eine transzendente Macht.[59] So weit die theologische These.

Was hat das nun mit Serotonin zu tun? Ein ausreichend hoher Serotoninhaushalt bewirkt nun eine psychische Ausgeglichenheit mit, um mit den Tatsachen souverän umzugehen. Wir sind dann gelassen und fühlen uns sicher. Das können wir aber auch nur, weil wir uns auf die Wirklichkeit verlassen können. Nehmen wir folgende grausige Situation einmal an: Ich bin entführt worden und habe Panik. Aber unter meinen Entführern befindet sich ein Arzt, der mir Serotonin spritzt. Jetzt kann ich vielleicht noch vernünftig einsehen, dass mein Leben in höchster Gefahr ist. Aber es macht mir nicht viel aus, weil ich mich sogar auf eine Wirklichkeit verlas-

---

[59] L. Ohly: Warum Menschen von Gott reden, a.a.O., 35f.

sen kann, in der mein Leben in Gefahr ist. Beides ist möglich, weil die Verlässlichkeit von keinen Tatsachen abhängt – nicht einmal davon, dass mein Leben bedroht ist. Panik kann ich nur haben, wenn mein Vertrauen in eine verlässliche Wirklichkeit erschüttert ist.

Genau das passiert, wenn der Serotoninhaushalt zu niedrig ist. Der Mensch fängt bei einem niedrigen Serotoninhaushalt an, mit der Wirklichkeit zu hadern. Die Tatsachen werden dann allenfalls resigniert hingenommen, weil man ja doch nichts daran ändern kann. Dieses Gefühl, doch nichts daran ändern zu können, richtet sich aber an die Tatsächlichkeit von Tatsachen. Man hadert mit den Tatsachen, aber im Namen der Tatsächlichkeit: Eigentlich müsste meine neue Liebe doch mit mir jetzt ausgehen wollen; das wäre doch folgerichtig. Aber sie tut es nicht. Die Tatsache, dass sie es nicht tut, erzeugt einen unwirklichen Zustand. Und ich fange an zu hadern oder zu resignieren. Ich begreife dann einfach nicht, worauf ich mich noch verlassen können soll. Ich zweifle an der Tatsächlichkeit.

Daraus lässt sich nun die kühne These vertreten, dass Verliebtsein die Aufmerksamkeit auf zwei Gottesphänomene richtet, nämlich auf den Widerfahrenscharakter von Widerfahrnissen und auf die Tatsächlichkeit von Tatsachen. Normalerweise denken wir über die Tatsächlichkeit von Tatsachen nicht besonders nach, weil wir sie einfach voraussetzen. Das Vertrauen in eine verlässliche Wirklichkeit ist eben eine Voraussetzung für unseren existenziellen Vollzug. Deshalb kann man ihr auch nicht entkommen, wenn man sie leugnet. Dennoch kann es besondere Momente oder Situationen geben, in denen die Tatsächlichkeit von Tatsachen eigens thematisiert wird oder in denen sie sich von selbst aufdrängt: nämlich in Widerfahrnissen. Genau das passiert, wenn wir uns verlieben. Das Verliebtsein bringt uns in einen Zustand, in dem die Wirklichkeit vom einen auf den anderen Moment höchst unzuverlässig erscheinen kann.

Nach meinen Erfahrungen als Seelsorger thematisieren Menschen die Tatsächlichkeit von Tatsachen vor allem in existenziellen Notlagen, wenn »alles unwirklich« erscheint. Ebenso kann Verliebtsein die Wirklichkeit erschüttern, auf die man sich bislang verlassen konnte. Zum einen erzeugt Verliebtsein die Sehnsucht nach dem Widerfahren von Widerfahrnissen. Zum anderen ist Verliebtsein selbst ein Widerfahrnis: Man mag sich zwar noch vornehmen, jemanden interessant zu finden. Aber ob man sich dann auch wirklich verliebt, kann man nicht erzwingen. Wer sich dagegen verliebt hat, hat darüber die Kontrolle verloren, weil ihm das Verliebtsein widerfahren ist. Und dabei widerfährt auch die Tatsächlichkeit von Tatsachen so, dass man sich ihr nicht entziehen kann. Man kann zwar zweifeln, was einem widerfahren ist, aber nur weil das Widerfahren des Verliebtsein selbst unstrittig ist – denn sonst würde man eben nicht *daran* zweifeln. Das Widerfahren des Verliebtseins besitzt also Tatsächlichkeit: Es ist zweifellos, was es ist.

Wie ist dieser Befund theologisch-ethisch zu beurteilen, dass Verliebtsein diese Ambivalenz besitzt? Immerhin könnte meine kühne These ja falsch sein, dass die Kombination des Hormonhaushaltes sich in zwei Gottesphänomenen widerspiegelt, im Widerfahren und in der Tatsächlichkeit. Aber auch in diesem Fall ist die Theologie nicht von der Antwort auf die Frage befreit, wie theologisch das Verliebtsein zu beurteilen ist. Verzerrt es die Realität, oder eröffnet es einen zwingenden und ergreifenden Zugang zur Realität? In beiden Fällen wäre von der Theologie eine Stellungnahme gefordert:

Denn beide Optionen verlangen, dass man angemessen zu ihnen Stellung bezieht. Selbst wenn Verliebtsein den Blick für die Realität verstellt, folgt daraus nicht, dass dieser Blick nicht theologisch-ethisch zulässig wäre. Und umgekehrt: Wenn Verliebtsein religiöse Momente treffend wiedergibt, so folgt nicht, dass eine angemessene Rede von Gott auf das Verliebtsein Rekurs nehmen sollte.

Ein drittes theologisches Grundphänomen muss ich jetzt noch einführen, nämlich das Phänomen der *Anwesenheit*. Der theologische Charakter der Anwesenheit besteht in einer interessanten Paradoxie, die ich an folgendem Beispiel illustrieren möchte: Sie sind verliebt, aber Ihr Partner hat Ihnen den Laufpass gegeben. Er ist nicht mehr da. Merkwürdigerweise ist er aber »überall«: Nämlich überall, wo Sie sind, ist er nicht mehr da. Das klingt trivial, wird aber als etwas Fürchterliches erlebt: Denn überall, wo Sie sind, fehlt er jetzt. Er ist überall abwesend, aber sein Abwesendsein ist schrecklich aufdringlich, so dass Sie ohne ihn kaum einen Gedanken fassen können. Das kann er aber nur, weil seine Anwesenheit etwas anderes ist als sein Anwesendsein. Sogar wenn er abwesend ist, ist er noch überall zu spüren. Seine Anwesenheit übergreift also Anwesendes und Abwesendes. Wäre Ihr Geliebter einfach weg, dann hätten Sie es deutlich leichter. Es würde Ihnen nicht einmal auffallen, dass er weg ist. So aber ist sein Abwesendsein von einer grundlegenden Anwesenheit umfasst.

Anwesenheit hat eine starke Macht. Sie kann Menschen in ihrem Verhalten ausrichten. Anwesenheit erzeugt eine persönliche Evidenz (eine persönliche Unbezweifelbarkeit). Damit meine ich, dass man sich von ihr nicht distanzieren kann, ohne dabei eine andere Person zu werden. Daher ist Anwesenheit für die theologische Ethik relevant, weil sie den

Menschen nach ihrem zwingenden Charakter orientiert. Dieses Phänomen wird gerade auch beim Verliebtsein besonders aufdringlich: Wer verliebt ist, entkommt der geliebten Person nirgendwohin. Sie ist überall präsent, auch wenn sie abwesend ist. Gerade wenn sie abwesend ist, kann sie bedrängend dicht werden. Ihre Anwesenheit beeinflusst daher die Gefühle, den Antrieb, die Aktivität und auch die Handlungsausrichtung eines Menschen maßgeblich.

Dasselbe gilt für andere »Anwesenheitskonstellationen«[60], also nicht nur fürs Verliebtsein. Auch meine Arbeit prägt meine Handlungsdispositionen. Daher können Anwesenheitskonstellationen auch miteinander in Konflikt geraten: Was mich beim Verliebtsein drängt zu tun, kann etwa in Konflikt zur Anwesenheitskonstellation meines Studiums geraten. Eigentlich will ich mit ihr chatten, aber ich habe am Schreibtisch noch zu tun, und mein Prof. sitzt mir wegen des Referats im Nacken. Beide, Professor und Geliebte, lassen ihre Anwesenheit spüren, beide bedrängen mich mit ihrem zwingenden Charakter. Aber wem soll ich jetzt nachgeben?

Deshalb folgt aus dem zwingenden Charakter von Anwesenheit noch nicht, dass er ihn zu Recht besitzt. Die theologisch-ethische Abwägung setzt mit der Anwesenheit ein, ist aber mit ihr nicht abgeschlossen. Der theologisch-ethische Charakter von Anwesenheit besteht aber immerhin darin, dass allen Handlungsdispositionen das evidente Phänomen der Anwesenheit zugrunde liegt. Darin ist eine vor-moralische Bedingung jeglichen Handelns gegeben. Es legt sich daher nahe, ethisch diese Bedingung zu schützen, und zwar

---

60 J. Fischer: Leben aus dem Geist. Zur Grundlegung christlicher Ethik; Zürich 1994, 42.

noch unabhängig vom Inhalt, zu dem die jeweilige Anwesenheitskonstellation drängt. Anwesenheitskonstellationen unterscheiden sich in ihrem moralischen Inhalt voneinander (»Schreibe endlich das Referat!« vs. »Chatte mit ihr!«), aber sie erzeugen alle Verbindlichkeit durch Anwesenheit.

Ein ethisches Kriterium zur Bewertung unterschiedlicher moralischer Zwänge von Anwesenheitskonstellationen liegt nun darin, die »Geister zu prüfen«[61], also den atmosphärischen Zwang, der von ihnen ausgeht. Ich halte den zwingenden Charakter von Anwesenheit für ein Phänomen des Heiligen Geistes. Wenn die Bibel empfiehlt, die Geister zu prüfen, hat sie sich auf solche Anwesenheitskonstellationen bezogen.[62] Doch wie prüft man, ob eine Anwesenheitskonstellation ihren zwingenden Charakter zu Recht ausübt? Wie prüft man also die Geister? Ein wichtiges Kriterium ist zum Ersten die Frage, wie sich eine Konstellation der Anwesenheit zur Dimension von Anwesenheit verhält.[63] Manche Anwesenheitskonstellationen üben ja einen Zwang aus, Anwesenheit zu vernichten. Hier stellt sich dann Anwesenheit gegen ihre eigene Dimension. Das führt in moralisch fatale Handlungsfolgen. Ich nenne ein Beispiel aus einem völlig anderen Bereich: Kriegspropaganda erzeugt eine mächtige Anwesenheitskonstellation, der sich die Bevölkerung eines Landes kaum entziehen kann. Aber Kriegspropaganda zielt auf die Vernichtung von Menschen. Der zwingende Charakter der Anwesenheit richtet sich hier gegen die Dimension der Anwesenheit. Denn wenn im Krieg Menschen getötet werden, so sind sie zwar von jetzt an ab-

61 J. Fischer: Leben aus dem Geist, a.a.O., 255.

62 L. Ohly: Anwesenheit und Anerkennung, a.a.O., 93.

63 Ebd.

wesend, aber ihre Anwesenheit übersteigt ihr Abwesendsein. Sie können ihre Mörder von überall heimsuchen. Studien[64] belegen, dass ein hoher Prozentsatz von Soldaten posttraumatische Belastungsstörungen haben kann, und zwar auch Kriegsverbrecher, die nur mit der Hinrichtung von Zivilisten beschäftigt waren. Ein Trauma ist davon geprägt, dass die Situation von damals mit voller Wucht wieder erlebt wird. Die Opfer kehren zurück. Das ist aber nur deshalb möglich, weil Anwesenheit sogar das Abwesende übersteigt.

Menschen zu töten, vernichtet also nicht ihre Anwesenheit.[65] Deshalb ist es folgerichtig, aus dem zwingenden Charakter von Anwesenheit eine Ethik zu formulieren, die die Verträglichkeit aller Menschen anstrebt, die uns anwesend werden können.

Anwesenheit erzeugt Bindung, die das Verliebtsein selbst noch nicht erreicht. Durch die bleibende Anwesenheit können wir uns nicht voneinander lösen, wenn wir wollen, und auch nicht, wenn es uns schwergemacht wird, zusammen zu sein. Liebe ist Bindung, die wir nicht selbst machen, sondern die sich zwischen uns vollzieht. Darin sehe ich den theologischen Sinn des Trauversprechens: »bis dass der Tod euch scheidet«. Das Versprechen meint nicht, dass man sich nicht scheiden darf – sonst wäre die evangelische Praxis illegitim, Geschiedene erneut zu trauen. Vielmehr wird bekannt, dass man sich selbst dann nicht entkommt, wenn man sich scheiden lässt.

---

64 H.-U. Wittchen u.a.: Traumatische Ereignisse und posttraumatische Belastungsstörungen bei im Ausland eingesetzten Soldaten: Wie hoch ist die Dunkelziffer? Deutsches Ärzteblatt 109/2012 556–568.

65 E. Levinas: Totalität und Unendlichkeit. Versuch über Exteriorität; Freiburg/München 1987, 441; B. Waldenfels: Das leibliche Selbst. Vorlesungen zur Phänomenologie des Leibes; Frankfurt a.M. 2000, 392.

Dieser dreifache theologische Verweis – Widerfahren, Tatsächlichkeit, Anwesenheit – gibt dem Verliebtsein seine theologische Dignität. Denn auch wenn Menschen nur eine begrenzte Zeit lang ineinander verliebt sein können, sind sie darin dem dauerhaft verlässlichen Widerfahren des Verliebtseins ausgesetzt. Ich ordne das Widerfahren der ersten trinitarischen Position zu (Gott der Vater), die Tatsächlichkeit der zweiten (Gott der Sohn) und die Anwesenheit/Evidenz der dritten trinitarischen Position (Gott der Heilige Geist). Warum? weil das Widerfahren von Widerfahrnissen ein Geschehen »aus dem Nichts« ist, also schöpferischen Charakter hat. Die Tatsächlichkeit dagegen markiert den transzendenten Charakter von innerweltlichen Tatsachen, genauso wie Gott unter menschlichen Bedingungen erscheint. Dass Anwesenheit Geist bedeutet, habe ich schon gezeigt. Mit ihr verbunden ist die Evidenz, sich nämlich nicht von der Anwesenheit distanzieren zu können. Diese Nicht-Distanz ist Evidenz.[66]

2.2 Die Vorzeitigkeit des Verliebens

Nicht nur für das Verliebtsein, sondern für alle Gefühle gilt, dass sie widerfahren. Man kann sich kaum frei entscheiden, ein bestimmtes Gefühl zu haben. Sie entstehen auch nicht, weil man etwas betrachtet, es dann bewertet und erst anschließend ein Gefühl bekommt. Das Gefühl entsteht vielmehr beim Wahrnehmen. Es ereignet sich irgendwann darin, ohne dass man den Moment schon vorher wüsste. Ich kann etwas völlig nüchtern betrachten, und plötzlich »steigt« ein

[66] L. Ohly: Schöpfungstheologie und Schöpfungsethik, a.a.O., 77.

Gefühl auf. Aber auch der Mensch selbst kann nicht garantieren, dass man sich in ihn verliebt, sobald man ihm begegnet. Zudem muss der Gegenstand, der mir bisher ein bestimmtes Gefühl hervorgerufen hat, bei der wiederholten Wahrnehmung nicht dasselbe Gefühl hervorrufen. Daher erzwingt also nicht der Gehalt das Gefühl. Ebenso ist es beim Verlieben: Der geliebte Mensch widerfährt also nicht deshalb, weil er bestimmte Eigenschaften hat. Beim Verliebtsein bestimmen sich vielmehr der Gehalt und die sogenannte intentionale Richtung wechselseitig. Man erkennt das Verliebtsein an der intentionalen Richtung des Gehalts.

Der Ausdruck »intentional« stammt aus der Phänomenologie von Franz Brentano. »Intentional« meint, *als was* etwas wahrgenommen wird, worauf sich die Wahrnehmung richtet und wie sie gemeint ist. Ein Gefühl richtet sich nicht einfach auf sich selbst, sondern auf einen intentionalen Gegenstand – selbst wenn es diesen Gegenstand nicht gibt. Denn ohne dass der Gegenstand immerhin intentional gegeben ist, hätte ich das Gefühl nicht. Ich kann nachts nicht schlafen, und diese Wachheit bedeutet Verliebtsein. Ich spüre mein Herz klopfen und nehme es als Verliebtsein wahr. Nicht das Gefühl selbst zeigt, worum es geht. Aber gemeinsam mit der intentionalen Richtung wird es zum Gefühl des Verliebtseins. Der intentionale Gehalt ist dabei der geliebte Mensch.

Ebenso wenig wie bei anderen Gefühlen verliebt man sich also in einen Menschen, indem man ihn irgendwie wahrnimmt und dann nachträglich ein Gefallensurteil ablegt.[67] Sondern es ist immer schon der geliebte Mensch, in den man

---

[67] M. Scheler: Der Formalismus der Ethik und die materiale Wertethik, a.a.O., 230.

sich verliebt: »I do not love you because I find your positive features attractive, but, on the contrary, I find your positive features attractive because I love you and therefore observe you with a loving gaze.«[68] Diese Paradoxie unterstreicht, dass der Widerfahrenscharakter von Widerfahrnissen etwas anderes ist als eine Ursache: Es widerfährt nämlich »aus dem Nichts«: »When something radically New emerges, this New retroactively creates its own possibility, its own causes/conditions ... Falling in love changes the past: it is as if I *always-already* loved you.«[69] Es ist also nicht so, dass das Widerfahren die Liebe verursacht, die ihm dann zeitlich folgt. Vielmehr haben Gefühle und auch das Verliebtsein eine paradoxe Struktur: Es macht sich *rückwirkend* bemerkbar als das, was es *schon vorher* war. Man kann sich also nicht darauf vorbereiten, sich in jemanden zu verlieben oder nicht zu verlieben. Das Verliebtsein ist immer schon geschehen, bevor man sich entscheidet, wie man damit umgehen möchte.

2.3 Die Schuld, sich zu verlieben

Sind Verliebte überhaupt ethisch verantwortungsfähig, wenn hormonelle Begleiterscheinungen beim Verliebtsein Wahrnehmungsverzerrungen erzeugen? Hier ist zu unterscheiden zwischen vor-moralischen Zwängen und ethischer Verantwortung: Verliebte sind zwar in vor-moralischer Hinsicht nicht verantwortlich für ihre Situation und ihre Wahrneh-

---

68 S. Žižek: Event. A Philosophical Journey through a Concept; London 2014, 117.

69 S. Žižek: Event, a.a.O., 99, Herv. S. Ž.

mung der Situation, können sich aber ethisch verantwortlich machen für ihr *eingeschränktes* ethisches Beurteilungsvermögen. Denn sie können die Unterscheidung vor-moralischer Zwänge von ethischer Verantwortung selbst vornehmen.

So ist es zwar eine naive Überzeichnung, einfach anzunehmen: »Ich werde dich immer lieben.« Aber transformiert trifft das ja zu: Die *Anwesenheit* des Geliebten wird immer bleiben, auch dann noch, wenn er nicht mehr geliebt wird. Wer das begreift, kann sich in ein kritisches Verhältnis zu seinen Überzeichnungen stellen und ihre relative Wahrheit zugleich anerkennen. Und so kann der Verliebte einen ethischen Umgang mit dem Geliebten einüben. Er kann damit auch die Freiheit des Geliebten anerkennen, sogar dann, wenn der Verliebte daran manchmal verzweifelt. – Vor-moralische Zwänge und ethische Verantwortung, die bereits beim einfachsten Fall des Verliebtseins auftreten und zu unterscheiden sind, spielen eine umso größere Rolle in komplizierten Rollenbeziehungen des Verliebtseins – etwa bei Dreiecksbeziehungen. Umso wichtiger ist dort, die Unterscheidung zwischen vor-moralisch und ethisch vorzunehmen.

Diese Unterscheidung führt zu einer Differenz von vor-moralischer und moralischer Schuld. Verliebte sind nicht in moralischer Hinsicht dafür verantwortlich, dass sie sich verliebt haben. Allerdings fühlen sie sich manchmal schuldig dafür, etwa wenn sie dabei in eine bestehende Liebesbeziehung eindringen oder ihre eigene bestehende Beziehung erschüttern. Auch die Partner, die sich durch das Verliebtsein ausgebootet fühlen, können eine Schuld empfinden, nicht mehr attraktiv genug zu sein. Keines dieser Schuldgefühle lässt sich auf moralischer Hinsicht angemessen erfassen. Sie lässt sich aber auch nicht beschwichtigen: In einer Rollendynamik von

Verliebten kann man sich nicht davon befreien, der Anwesenheit des anderen ausgesetzt zu sein. Und diese Unfähigkeit zur Befreiung ist es gerade, die das Schuldgefühl real macht. Es ist zwar real, aber nicht realistischerweise moralisch. Vielmehr liegt diese Schuld auf der vor-moralischen Ebene.

Die Theologie hat diese vor-moralische Schuld auf einer Ebene entdeckt, in der man nicht handelnd eingreifen kann. Diese Schuld kann weder wiedergutgemacht noch überhaupt vermieden werden, weil der Mensch in sie hineinrutscht – zum Beispiel wenn er sich verliebt. Die Beschreibung der Sünde bei Paulus, »die in mir wohnt« (Röm 7, 20), ist dem eigenen Handelnkönnen vorgeordnet: »Das Böse, das ich nicht will, das tue ich« (Röm 7,19). Diese vor-moralische Schuld kann daher nur auf derselben Ebene überwunden werden, auf der sie entsteht. Und weil auf dieser Ebene nicht handelnd eingegriffen werden kann, kann nur ein weiteres vor-moralisches Widerfahrnis effektiv dem Konflikt beikommen. Christlich-theologisch wird hier von der unverdienten Gnade Gottes gesprochen. Dabei räumt das Anwesenheitsphänomen selbst Menschen die Möglichkeit ein, auf Anwesenheitskonstellationen einzugehen, ohne für sie bürgen zu müssen. Sie sind davon entlastet und können daher darin immer wieder Neuanfänge erproben. Auf vor-moralische Schuld antwortet vor-moralische Gnade.

Wie sich die vor-moralische Gnade in solchen Konflikten auswirkt und wie mit ihrer Unterscheidung umzugehen ist, wird uns in späteren Kapiteln beschäftigen. Im folgenden Kapitel dagegen wird zunächst eine rein ethische Perspektive eingenommen, wie intime Beziehungen zu beurteilen sind.

3 Problematische Intimität

Manche intime Beziehungen finden wir noch weniger selbstverständlich als die Beziehungen, auf die wir eifersüchtig sind. Diese Beziehungen sind nicht deshalb problematisch, weil bestimmte Personen miteinander intim sind. Vielmehr finden wir, dass pauschal nicht alle Personengruppen und auch nicht alle Personen mit allen Lebewesen miteinander intim sein sollten. Sex mit Tieren ist weitgehend verpönt ebenso wie mit Kindern, inzestuöse Beziehungen und ferner auch Sex mit sich selbst. Darüber hinaus gibt es bis heute einen Kampf um Anerkennung homosexueller Beziehungen. In Deutschland hat sich zwar die Lage entspannt, aber schon in anderen europäischen Ländern werden Homosexuelle stigmatisiert oder sogar verfolgt.

Allen stigmatisierten Intimbeziehungen ist gemein, dass Intimität über Sex oder Erotik definiert ist. In Russland dürfen sich Homosexuelle nicht einmal in der Öffentlichkeit küssen oder gemeinsam Arm in Arm auf der Straße gehen. Es ist aber für die homophoben Menschen kein Problem, wenn homosexuelle Paare zusammen ins Kino gehen oder sich gut unterhalten. Die befürchtete Intimität setzt erst mit der erotischen Dimension ein. Genauso ist es bei Pädophilen: Wahrscheinlich würden wir zwar ungern unsere Kinder einem pädophilen Babysitter anvertrauen. Aber das gemeinsame Spielen mit Kindern ist noch nicht der Akt, den wir ablehnen, sondern erst der Übergriff ins Erotische. Spielen dagegen beunruhigt uns nur im Hinblick darauf, dass wir den erotischen oder sexuellen Übergriff befürchten.

Aber nicht alles, was uns beunruhigt, muss schon ethisch falsch sein. Wir brauchen daher klare Kriterien, um zu überprüfen, welche Intimbeziehungen ethisch abzulehnen sind.

Die Beispiele zeigen aber auch, dass offenbar Intimität selbst ethisch zweideutig ist. Wir haben Probleme mit den genannten Beziehungen, *weil* sie intim sind. Intimität ist also nicht einfach als solches etwas Gutes, sondern braucht den richtigen Rahmen. Ohne diesen Rahmen empfinden wir Intimität als problematisch. Erotik und Sexualität scheinen also nach unseren Intuitionen gezähmt werden zu müssen. Warum ist das so – und zwar selbst noch in einer Zeit hoher sexueller Freizügigkeit?

3.1 Die feministische Kritik an der Intimität

Die Feministinnen Sonja Johnson und Andrea Dworkin gehen sogar noch einen Schritt weiter und behaupten, dass sexuelle Intimität als solche unethisch ist.[70] Sie führt nämlich immer in eine sadomasochistische Situation, der sich Frauen unterwerfen müssen. Johnson und Dworkin führen diese Situation auf den unterschiedlichen Körperbau zwischen Männern

70 C. W. Meline: The Dialectic of Love and Freedom: Does it constitute a fifth form of Love? in: A. L. McEvoy (Ed.): Sex, Love and Friendship: Studies of the Society for the Philosophy of Sex and Love: 1993–2003; Amsterdam, Rodopi, 2011; 349–358, 350. Ähnlich W. L. Lee: Commentary to E. M. Cave's »Marital Pluralism: Making Pluralism Safer for Love«; in: A. L. McEvoy (Ed.): Sex, Love and Friendship, a.a.O., 241–246, 243.

und Frauen zurück. Der Mann übt Macht über die Frau aus, indem er ihr Reproduktionsorgan einnimmt. Frauen fühlen sich dadurch von Männern erobert, in ihrem Freiheitsdrang unterdrückt und als Objekte männlicher Lust stigmatisiert. Laut Dworkin liegt das an der Vagina, die für Frauen eine schutzlose Öffnung sei. Sehr drastisch spricht Dworkin von einem »Loch«, das vom Mann besetzt werden kann. Der enge Vagina-Muskel wird durch den Penis des Mannes entzweit und auseinandergetrieben. Der Mann dringt in die Frau ein, während der Körperkontakt der Frau zum Mann beim Sexualakt dem Mann äußerlich bleibt.

In der Konsequenz fordert Andrea Dworkin Frauen auf, ihre Jungfräulichkeit zu erhalten. Mit der Jungfernhaut ist die Vagina kein Loch, sondern ein Muskel, der mit Haut umschlossen ist. Zum Loch wird die Vagina erst durch den Mann. Dadurch beginnt die Dominanz des Mannes über den Körper der Frau.

Nun könnten Sie einwenden: Wenn man Dworkins Rat befolgt, dann würde es keine Kinder geben, und die Menschheit würde aussterben. Allerdings würden Sie dann einräumen, dass die Menschheit nur deshalb überlebt hat, weil Männer bislang Gewalt über Frauen ausgeübt haben. Und Sie würden die Gewalt über Frauen für wesentlich halten, damit die Menschheit überleben kann. Nun gibt es allerdings inzwischen große Fortschritte in der Reproduktionsmedizin: Frauen können auch ohne Sexualakt schwanger werden. Allerdings können sie keine Kinder austragen, ohne dass sich ihr Körper öffnet (bei der Spontangeburt) oder dass man sogar in sie eindringt (beim Kaiserschnitt). Die volle Emanzipation der menschlichen Reproduktion vom Sexualakt wäre erst erreicht, wenn es künstliche Gebärmuttern gibt – oder wenn alle künstlich gezeugten Embryonen künftig in den Uterus einer hirntoten Frau implantiert werden, die dann das Kind austrägt. Das ist alles sehr kompliziert. Aber Freiheit macht manchmal komplizierte Umwege notwendig. Eine weitere Lösung wäre die homosexuelle Beziehung, die keine Asymmetrie im Körperbau hat und deswegen auch nicht zur Dominanz führen muss.

Schon Jean-Paul Sartre hat übrigens diese Position vertreten, dass Sex schnell in eine sadomasochistische Situation führt.[71] Allerdings hat Sartre die Rolle der Unterdrückten nicht allein bei den Frauen gesehen. Dafür hat er den feministischen Gedanken noch stärker radikalisiert und nicht erst auf den Sexualakt bezogen, sondern auf die Liebesbeziehung als solche.[72] Deshalb unterliegen homosexuelle Beziehungen ebenso der SM-Falle wie heterosexuelle Beziehungen. Der Masochist will die Freiheit des anderen nicht einschränken. Das Einzige, was er will, ist, gemocht und begehrt zu werden. In dieser Situation kann er nur zum Masochisten werden, weil er sich als Objekt der Begierde anbietet. Der Sadist wiederum begehrt den anderen, weil er der andere ist. Er begehrt also die fremde Freiheit des anderen und möchte sie besetzen. Dazu erzwingt er vom anderen, seine Freiheit aufzugeben. Und damit verobjektiviert er den anderen.

Bei Sartre ist es immerhin denkbar, dass die Frau die Sadistin ist und der Mann der Masochist. Und es ist auch denkbar, dass während eines und desselben Sexualaktes die Rollen

---

[71] J.-P. Sartre: Das Sein und das Nichts. Versuch einer phänomenologischen Ontologie, Reinbek bei Hamburg 2003^{9}, 638–720.

[72] Zum Folgenden: B. Woodman: Exploring Sartrean Desire: Men, Women, and authentic Relationship; in: A. L. McEvoy (Ed.): Sex, Love and Friendship, a.a.O., 487–496, 487ff.

wechseln. Sartre schließt aber aus, dass beide Partner sich gleich und wechselseitig erleben und das so begehren.

Betty Woodman hat Sartre darin korrigiert. Sie meint, dass es doch nur der Sexualakt ist, der eine Dominanz über den anderen Partner erzeugt, aber nicht die Liebe. Als Gegenbeispiel führt sie das intensive Küssen von Mund zu Mund an: Hier begehren sich die Partner mit einer reziproken Handlung: Sie geben nur so viel von sich her, wie sie vom anderen bekommen, und umgekehrt. Selbst wenn die Zungen im Spiel sind, dringen beide reziprok in den anderen ein.[73]

Vor allem aber schlägt Woodman vor, die Reziprozität einer Beziehung nicht am Sexualakt abzulesen, sondern an der Lebensgeschichte der Partner. Das Begehren des anderen beschreibt sie als ein »longer-term project«[74], in dem Sexualakte nur einzelne Episoden sind. Woodmans Vorschlag läuft also auf die folgende Idee hinaus: Es gibt zwar unvermeidliche asymmetrische Interaktionen zwischen den Liebespartnern, bei denen die Rollen in eine unterdrückende und eine unterdrückte Rolle aufgespalten werden. Aber diese asymmetrischen Interaktionen definieren nicht die intime Partnerschaft und auch nicht das Begehren nach dem Partner. Partner können sich auch in symmetrischen Interaktionen erfahren und diese Momente ebenso heftig begehren – wie etwa die gemeinsame vertrauliche Unterhaltung, das reziproke Küssen oder auch das gemeinsame Verbringen der Zeit.

Woodmans Vorschlag hat allerdings einen Haken: Intimität ist nämlich erotisch oder sexuell definiert. Ohne Erotik kann man zwar eine sehr enge Beziehung haben, aber keine

---

[73] B. Woodman: Exploring Sartrean Desire, a.a.O., 494.

[74] B. Woodman: Exploring Sartrean Desire, a.a.O., 495.

intime Partnerschaft. Es ist allerdings nun gerade die sexuelle Intimität, die Asymmetrien in der Beziehung erzeugt. Woodmans Lösung daraus heißt letztendlich: Wir retten die Reziprozität einer Beziehung, indem wir die sexuelle Intimität einbetten in ein »longer-term project«, das als solches aus möglichst starken *nicht-intimen Elementen* besteht. Aber gerade damit bestätigt Woodman die Einsichten von Feministinnen wie Andrea Dworkin und Philosophen wie Sartre, dass Intimität das Problem ist und nicht die Lösung, nicht einmal die Lösung eines longer-term project. Die Lösung auf das Problem der Intimität kann dann nur außerhalb der Intimität gefunden werden.

Das ist nur dann anders, wenn entweder Intimität nicht durch Erotik und Sexualität gekennzeichnet ist. Oder man muss die Behauptung widerlegen, dass der Sexualakt als solcher Dominanzverhältnisse generiert. Woodman könnte also erstens behaupten, dass ein tiefgehender Spaziergang zu zweit ebenfalls intim ist. In diesem Fall jedoch hätten wir alle vermutlich mehrere Intimbeziehungen im engeren Sinne[75] gleichzeitig. Der spezifische Charakter intimer Beziehungen, die differentia specifica, würde dann also ganz anders profiliert sein und zu anderen Ergebnissen führen, welche Beziehungen wir meinen. Das ist wenig überzeugend.[76]

Die zweite Strategie, die Dominanz zwischen den Liebespartnern nicht der Sexualität selbst zuzuschreiben, müsste

[75] Dass auch Freundschaften in einem weiteren Sinn intim sind, ist davon unbetroffen. S. Anm. 315.

[76] Ich werde in Sektion 4.6 vorschlagen, dass Erotik und Sex nicht deshalb Intimität herstellen, weil Partner körperlich in ihre Geschlechtsorgane eindringen, sondern weil sie die Bereitschaft praktizieren, sich nackt zu begegnen.

eine andere Phänomenologie zugrunde legen, also das Phänomen Sex anders beschreiben. Sie müsste etwa den Anspruch zurückweisen, dass das Eindringen des Mannes in den Körper der Frau, die dabei ihre Jungfräulichkeit verliert, ein Akt von Macht und Gewalt ist. Margarita Seiwald hat vom psychologischen und vom katholischen Standpunkt den Sexualakt anders beschrieben: Anstatt wie Dworkin zu sagen, dass der Mann die Frau einnimmt, beschreibt Seiwald den Sexualakt umgekehrt so, dass die Frau den Mann »empfängt«[77]. Die Frau »stellt ihren gesamten Leib einem eigentlich ›fremden‹ Leben, nämlich dem dadurch gezeugten Kind, zur Verfügung«.[78] »Indem die Frau vom Mann durchdrungen wird, fällt es ihr schwerer diese Vereinigung als rein körperliches Lusterlebnis zu erfahren. ... So fällt der Frau die Aufgabe zu, dem Mann vom rein körperlichen Erleben ... hinzuführen zu einer tiefen gegenseitigen Seelenbewegung.«[79]

Die katholische Lehre vom natürlichen Sittengesetz ist in dieser kurzen Passage stark spürbar. Das wird den einen oder anderen an dieser Argumentation abstoßen. Was kritisch festzuhalten ist, sind folgende Punkte:

1. Frau Seiwald kennt keinen Sex, der nur aus Liebe zum Partner vollzogen wird. Der Sexualakt bleibt teleologisch auf die Kinderzeugung beschränkt.
2. Obwohl Frau Seiwald den Sexualakt nun so beschreiben will, dass die Frau den bestimmenden Part hat (ohne dabei

---

77 M. Seiwald: Kaffeetratscherl oder Forellenfischen. Frauen- und Männerfreundschaften im Vergleich; in: G. Kugler/D. Borel (Hg.): Entdeckung der Freundschaft, a.a.O., 115–125, 118.

78 Ebd.

79 Ebd.

dominant zu sein), gesteht sie zu, dass die Frau vom Mann »durchdrungen« wird. Damit benutzt sie eine Beschreibung der feministischen Kritik.

3. Frau Seiwald differenziert nicht scharf zwischen Sein und Sollen. Der Sexualakt gibt der Frau eine »Aufgabe«. Hier wittert man einen naturalistischen Fehlschluss, der unerlaubt vom Sein aufs Sollen schließt.

Trotz dieser offensichtlichen Schwächen besitzt Frau Seiwalds Beschreibung auch heuristisches Potenzial, das ich kurz beschreiben will.

1. Der Sexualakt ist nicht auf eine bestimmte Beschreibung festgelegt. Es handelt sich bereits um eine Deutung, dass der Mann in die Frau »eindringt«. Eine alternative Deutung könnte besagen, dass die Frau den Mann »umschließt«. In diesem Fall ist der Beitrag der Frau das Umfassende, während der Beitrag des Mannes nur darin aufgehoben ist. Ich halte beide Interpretationen für Deutungen, die nicht streng phänomenologisch abgeleitet werden können. Als Deutungen halte ich sie allerdings für gleichberechtigt.

2. Wenn beide Deutungen gleichberechtigt sind, dann liegt hier eine Reziprozität von Frauen- und Männerrollen vor. Reziprozität heißt aber nicht Symmetrie. Symmetrisch sind Beziehungen, wenn beide genau dieselbe Rolle haben – zum Beispiel beim Grüßen, wenn sich beide die rechte Hand geben, oder beim Küssen von Mund zu Mund. Hier aber handelt es sich immerhin um eine asymmetrische Reziprozität: Das heißt, der eine Part wird in einer gewissen Hinsicht vom anderen Part bestimmt. Aber das kompensiert er dadurch, dass er den anderen Part in einer anderen Hinsicht bestimmt. Hier also: Der Mann dringt in die Frau ein. Aber die Frau um-

schließt den Mann. Die Unterordnung wird durch eine Überordnung in anderer Hinsicht aufgewogen.

3. Bei Frau Seiwald führt diese asymmetrische Reziprozität dazu, dass zwar der Mann den Körper der Frau in Gebrauch nimmt. Umgekehrt aktiviert die Frau die Seele des Mannes. Wenn wir also hier von Dominanz reden wollen, dominiert der Mann die Frau körperlich, aber die Frau den Mann seelisch.

4. Aber müssen wir hier überhaupt von Dominanz reden? Führen Asymmetrien schon als solche zu Machtverhältnissen? Oder kann man auch hier alternative Deutungen zulassen, zum Beispiel dass der Mann von der Frau etwas erfahren kann, was die Frau nicht vom Mann erfahren kann – und umgekehrt? Reziprok sind diese Verhältnisse außerdem deshalb, weil der Mann von der Frau abhängig ist, um überhaupt diese Erfahrung zu vermitteln – und umgekehrt. Diese alternative Deutung stellt den *Freiheitsaspekt* der beiden Partner in den Vordergrund vor den Herrschaftsaspekt: Die Frau »empfängt« den Mann. Hier wird eine aktive Seite der Frau betont, nämlich die Freiwilligkeit, sich für ihn körperlich zu öffnen.

Sonja Johnson würde auf den letzten Punkt antworten, dass eine solche Freiheit eine erzwungene ist. Die Frau empfängt den Mann nicht freiwillig, weil ihre Freiheit ohnehin in patriarchalen Gesellschaften eine beherrschte Freiheit ist. Aber damit würde Sonja Johnson von einer streng phänomenologischen Einschätzung des Sexualaktes abweichen zugunsten einer soziologischen Einschätzung. Es wäre dann offen, ob sich Frauen in Gesellschaften der voll realisierten Gleichberechtigung einem anderen freiwillig öffnen würden oder nicht.

Barbara Andrew hat Andrea Dworkins radikaler Position widersprochen, dass Frauen zum Schutz ihrer Würde ihre

Jungfräulichkeit erhalten sollten. Andrew hat darauf Folgendes eingewendet: Selbst wenn eine solche Distanz zum Mann möglich wäre (durch die Reproduktionstechniken, die ich schon genannt habe), welche Freiheit haben Frauen dann gewonnen? Wofür ist diese Freiheit nutzbar?[80] Die Frauen würden die asexuelle Isolation wählen, nur um sich zu behaupten, aber ohne sich zu entfalten.[81] Barbara Andrew hält diesen Weg nicht für eine vollständige Beschreibung weiblicher Freiheit. Im Gegenteil: Diese Freiheit wäre nur eine Reaktion auf männliche Freiheit. Was Frauen mit ihrer Freiheit anstellen sollen, außer sich einzuschränken, wäre damit noch nicht entfaltet worden. Oder anders: Eine solche Freiheit wäre bloß eine *negative Freiheit*, verzichten zu dürfen, aber keine *positive Freiheit*, sich zu entfalten.

Ich halte Andrews Einwand auf die radikale Position von Dworkin bedenkenswert. Ich glaube aber nicht, dass sie ausreicht. Denn sie widerlegt Dworkins Position selbst nicht, sondern fragt nur nach den Konsequenzen, wie Frauen ihre Freiheit nutzen sollten, wenn keine Frau jemals Sex hat. Vielleicht gibt es darauf immerhin eine Antwort. Aber selbst wenn es keine gibt, wenn also Frauen ohne Sex keine positive Freiheit entfalten könnten, heißt das nicht, dass sie freier sind, wenn sie doch Sex haben.

Ich glaube, dass wir Dworkins Argument nur etwas entgegensetzen können, wenn wir ihre Deutung des Sexualaktes phänomenologisch kritisieren, also das Phänomen des Sexual-

---

80 B. S. Andrew: Love, Freedom, and Self-Knowledge: A Response to Meline; in: A. L. McEvoy (Ed.): Sex, Love and Friendship, a.a.O., 359–364, 360.

81 Ebd.

aktes selbst betrachten und es nicht nur deuten. Die phänomenologische Methode, an der ich mich orientiere, hat ihren Beginn Anfang des letzten Jahrhunderts bei Edmund Husserl gehabt. Husserl hat eine Erkenntnistheorie entwickelt, die evidente Basis-Erkenntnisse entdeckt hat, die jeder Mensch haben muss unabhängig davon, welche Weltanschauung er hat. Diese Idee entwickelte Husserl mit seiner phänomenologischen Methode.[82]

Husserl hat entdeckt: Es gibt vor allem Zweifel und vor allen Weltanschauungen etwas Unbezweifelbares in unserer Wahrnehmung. Das Unbezweifelbare besteht nämlich in meiner Wahrnehmung selbst. Phänomenologie ist eine Erkenntnistheorie, die sich mit der Evidenz der Wahrnehmung beschäftigt unabhängig davon, ob auch das *Wahrgenommene* evident ist.

Eine phänomenologische Betrachtung des Sexualaktes muss hier allerdings ein unvollständiges Projekt bleiben, einfach deshalb, weil ich ein Mann bin. Wie der Sexualakt für eine Frau erscheinen muss, also aufgrund des Phänomens evident und unbezweifelbar erlebt wird, kann ich nicht phänomenologisch ermitteln. Das ist aber bereits eine phänomenologische Feststellung. Deshalb kann eine Phänomenologie des Sexualaktes prinzipiell nur unvollständig bleiben oder muss dialogisch werden. Hier begnüge ich mich mit einigen phänomenologischen Bemerkungen.

Ich halte die Deutung für überzogen zu behaupten, dass der Mann in die Frau eindringt – aber auch die umgekehrte Deutung, dass die Frau den Mann umschließt. Faktisch

---

82 E. Husserl: Ideen zu einer reinen Phänomenologie; GS 5; Hamburg 1992, 68.

dringt nur der Penis in die Vagina ein, aber kein ganzer Mann in eine Frau. Es ist zwar denkbar, dass Frauen das anders erleben und auch phänomenologisch anders erleben müssen. Dann allerdings können sie den Mann nicht mehr außerhalb ihrer selbst spüren. Der Mann wäre komplett nur innen gefühlt, so wie ein Schmerz oder ein Schwindel, die Gefühle im Menschen sind, sich aber zugleich vom menschlichen Ich unterscheiden (ich bin nicht der Schwindel, sondern habe ihn nur). Die Berührungen auf der Außenhaut während des Sexualaktes müssten dann allerdings völlig unfühlbar sein. Ich bezweifle, dass Frauen den Sexualakt so empfinden.

Es bleibt also im Sexualakt eine Kluft zwischen Frau und Mann, und zwar obwohl der Penis in den weiblichen Leib eindringt. Und diese Kluft gibt einen Raum zur *ungeregelten* Ausgestaltung des Sexualaktes. Immer, wenn etwas in der zwischenmenschlichen Interaktion ungeregelt ist, ist es ethisch ambivalent: Es kann Freiheit entfalten, aber auch einengen. Die Kluft kann gefüllt werden. Und es kann sein, dass ein Interaktionsteilnehmer diesen Freiraum stärker einnimmt als der andere. Somit ist es auch möglich, dass die Frau den Mann beim Sexualakt kontrolliert. Beide erleben sich immer noch von außen und können sich dann auch äußerlich kontrollieren: wie man sich anfassen lässt und was man dabei vom anderen berühren lässt. Es ist auch eine Frage der Stellung und auch von Hilfsmitteln (welche Verhütungsmittel werden benutzt, werden Fetische eingesetzt ...). Die äußere Kluft zwischen Frau und Mann gibt einen Gestaltungsspielraum. Allerdings kann dieser Gestaltungsspielraum auch vom Mann besetzt werden und auch von einer patriarchalen Kultur. Der Punkt ist nur: Das gibt der Sexualakt noch nicht vor. Es folgt nicht aus dem Eindringen des Penis in die Vagina, dass die Frau vom Mann besessen wird. Die körperliche Kluft zwischen beiden bleibt bestehen. Sie ist eine natürliche Kluft, die eine kulturelle Ausgestaltung des Sexualaktes erzwingt.

Das immerhin kann ich als Mann phänomenologisch sagen: Gewalt geht nicht vom Sexualakt als solchem aus, der der Frau die Freiheit nimmt. Zwar wird der weibliche Körper der Jungfrau verletzt und manchmal auch die Vagina durch die Reibung. Aber der Penis kann ebenso verletzt werden. Aus dieser Verletzung folgt noch nicht, dass es sich ethisch um einen Gewaltakt handelt und folglich auch um einen Freiheitsverlust.

In einem logischen Sinn geht Freiheit immer verloren, wenn etwas passiert. Als Sie sich vorhin entschieden hatten, ein wenig Zeit mit diesem Buch zu verbringen, haben Sie die Freiheit verloren, gleichzeitig etwas anderes zu tun. Ebenso geht mit dem Sexualakt in diesem logischen Sinn Freiheit verloren, weil andere Möglichkeiten dadurch ausgeschlossen werden. Unter einem ethischen Freiheitsverständnis verstehen wir dagegen die Entscheidung, sich gegen bestimmte Möglichkeiten zu entscheiden und damit die logische Freiheit *freiwillig* einzuschränken. Wir realisieren also die ethische Freiheit durch die freiwillige Zurücknahme logischer Freiheit, also dadurch, dass wir Stellung beziehen zu unseren logischen Möglichkeiten.

Wenn sich eine Frau zum Sexualakt mit einem Mann entscheidet, bezieht sie Stellung zu ihrer logischen Freiheit. Es gehen ihr dadurch bestimmte Möglichkeiten verloren. Sie gewinnt aber ihre ethische Freiheit, indem sie die Möglichkeit realisiert hat, eine Entscheidung zu treffen und dazu eine mögliche Situation zu verwirklichen. Die ethische Freiheit ist also nicht eine Möglichkeit, sondern sie ist nur als Verwirklichung gegeben. Wer keine Entscheidung trifft, bleibt unfrei.

Man kann sich also entscheiden, an jemanden anderen gebunden zu sein, ohne dabei Freiheit zu verlieren. Man verliert zwar Möglichkeiten, aber gewinnt Freiheit.

Wenn also der erste Sexualakt die Jungfernhaut der Frau zerreißt, so verliert die Frau einen Teil ihrer körperlichen Unversehrtheit. Dazu kann sie sich aber frei entschieden haben. Der Verlust der körperlichen Unversehrtheit geht dann mit einem Freiheitsgewinn in ethischer Hinsicht einher. Dasselbe ist der Fall, wenn die Frau schwanger wird, aber auch, wenn sie die Pille nimmt oder die Spirale oder sich schließlich sterilisieren lässt. Es liegt aber nicht an der Natur des Sexualakts, dass Männer deutlich weniger verhüten als Frauen. Sie können zwar von Natur aus nicht schwanger werden. Insofern wird ihre körperliche Unverletzlichkeit von Natur aus durch Sex weniger gefährdet als die der Frau. Das heißt aber nicht, dass dadurch schon die Frau in ethischer Hinsicht weniger Freiheit besitzt. Schwanger zu werden, kann die Frau auch als Freiheitsgewinn betrachten.

Ich räume allerdings ein, dass Männer auf Frauen Druck ausüben aufgrund ihrer unterschiedlichen körperlichen Disposition. In diesem Fall nutzen Männer ihren körperlichen Unterschied zur Machtausübung. Die Möglichkeit zur Machtausübung liegt aber im Gebrauch ihrer ethischen Freiheit begründet und nicht in ihrer Natur. Frauen können Männer ebenso mit ihrem Körper unter Druck setzen. Der Philosoph Richard Shusterman behauptet daher: »Der Sexualakt stellt eine kognitive Erfahrung dar.«[83] Wir begegnen und begehren uns nicht nur in unseren natürlichen Unterschieden, sondern auch notwendig durch die kulturelle Interaktion.

83 Zitiert nach E. Illouz: Warum Liebe weh tut, a.a.O., 339.

Zum Sexualakt gehören also zugleich die Regeln des zwischenmenschlichen Zusammenlebens, die wir aus unserer Kultur kennen, aus unserer Sozialisation. Dieser kulturelle Faktor wiederum wird nicht durch den Sexualakt determiniert. Wenn Menschen sexuelle Macht über andere ausüben, so liegt das nicht am Sex, sondern an den Interaktionsregeln, die dabei angewendet werden. Entsprechend hat die Sexualethik an diesen Interaktionsregeln anzusetzen. Ohne Interaktionsregeln kein Sex, aber welche Interaktionsregeln gelten, entscheidet sich nicht allein durch Sex.

3.2 Problematische Arten von Intimbeziehungen

Die Diskussion um die feministische Kritik an der Intimität hat ein ethisches Kriterium entdeckt, mit dem sich Intimbeziehungen bewerten lassen, nämlich die ethische Freiheit. Solange eine Kluft besteht zwischen den sexuellen Partnern, bleibt ein Gestaltungsraum bestehen, den beide Partner in Freiheit nutzen können. Dabei sollten sie auch die Freiheit des jeweils anderen achten. Unter dieser Bedingung können beide einvernehmlich Sex haben und opfern nicht ihre Freiheit für ihre Liebe – selbst dann nicht, wenn sie für ihre Liebesbeziehung einige Lebenschancen und Möglichkeiten aufgeben.

Mit diesem Kriterium lassen sich problematische Intimbeziehungen entdecken, aber vielleicht auch eine begrenzte Zulassung für sie erzielen. Problematisch sind diese Intimbeziehungen, weil sie die ethische Freiheit gefährden und damit die natürliche Kluft, die beim Sexualakt entsteht, mit einseitiger Herrschaft füllen.

3.2.1 *Sex mit Kindern*

Das ist bei der sogenannten Sodomie und Päderastie eindeutig der Fall, also bei der sexuellen Beziehung mit Tieren und mit Kindern. Zwar besitzen Kinder schon einen eigenen Willen und können daher auch eigene Entscheidungen treffen. Dennoch haben Erwachsene eine stärkere Rolle in ihrer Beziehung zu Kindern als umgekehrt. Das muss nicht natürlich so sein, sondern kann auch sozial gewachsen sein: Kinder erleben fast in allen Belangen Erwachsene als ihnen überlegen und auch dominierend: Erwachsene geben in den Institutionen die Regeln vor, in denen Kinder aufwachsen (Familie, Kindergarten, Schule). Daneben können Kinder diese Institutionen nicht wählen. Schon die Wahl zur Institution mit bestimmten Regeln ist von Erwachsenen dominiert. Es besteht hier eine eindeutige Asymmetrie von Freiheit und Herrschaft, die nicht reziprok abgefangen werden kann.

Deshalb ist eine pädophile Beziehung gefährlich für die Freiheit des Kindes, und zwar auch dann, wenn das Kind die intime Beziehung eingehen will. Denn dieser scheinbar freie Wille vollzieht sich unter institutionellen Rahmenbedingungen, in denen das Kind unfrei gehalten wird. Das Kind kann ihnen auch nicht entkommen. Es müsste sich vielmehr in einer sozialen Rolle befinden, in der seine ethische Freiheit reziprok gleich anerkannt ist, damit es freien Sex haben könnte. Die institutionellen Rahmenbedingungen müssten also für die Freiheit der Kinder gleichermaßen uneingeschränkt sein wie für Erwachsene. Erst dann ist eine pädophile Beziehung ethisch vertretbar. Ich lasse im Moment offen, wie solche institutionellen Rahmenbedingungen aussehen könnten. Vermutlich müsste es Kontrollinstanzen geben, die es dem Kind ermöglichen, zu jedem Zeitpunkt aus der sexuellen

Interaktion auszusteigen. Es müsste also zum Beispiel ein Anwalt anwesend sein. Das ist natürlich absurd, weil dadurch die Freiheit des Kindes mit der Unfreiheit der intimen Beziehung erkauft wird. Die Privatheit geht dadurch verloren. Andererseits kann die Freiheit ungeschützter Personen nur öffentlich geschützt werden. Das spricht vielleicht schon grundsätzlich gegen pädophile Beziehungen. Zumindest spricht es dafür, dass sich unser Konzept von Intimität sehr verändern müsste, wenn es ethisch korrekt auf pädophile Beziehungen angewendet werden soll.

3.2.2 Noch einmal Sex zwischen Mann und Frau

Mit meinem Argument gegen die pädophile Beziehung könnte man aber wieder die feministische Kritik an der Beziehung zwischen Frau und Mann erneuern. Sonja Johnson hat ja die Unfreiheit der Frau beim Sexualakt auf die patriarchale Gesellschaft geschoben (und nicht auf die natürlichen Unterschiede von Frau und Mann).[84] Es könnte also sein, dass Intimbeziehungen zwischen Frau und Mann in der gegenwärtigen Gesellschaft ebenso die Freiheit der Frau behindern wie die Freiheit von Kindern bei pädophilen Beziehungen. Denn eine patriarchale Gesellschaft ist davon geprägt, dass ihre Institutionen von Männern dominiert werden. Folglich vollzöge sich der Wille der Frau zum Sex mit einem Mann in der Klammer der patriarchalen Fremdbestimmtheit. Das wäre eine echte Parallele zu den institutionellen Zwängen von Kindern. Wenn also unsere Gesellschaft patriarchal ist, so können Frauen gar keine freien Entscheidungen treffen, Sex mit einem Mann zu haben.

---

[84] Sektion 3.1.

Ich halte dieses Argument für richtig und folgere daraus, dass die institutionellen Vorgaben verändert werden müssen, damit eine Gleichberechtigung der Freiheit von Frauen hergestellt wird. Ein wichtiges Instrument, solche institutionellen Vorgaben zu verändern, ist etwa die Frauenquote, also eine Minimalquote für Frauen in Institutionen, in denen Macht ausgeübt wird. Vielleicht fragen Sie sich jetzt, wie ich bei der Sexualethik auf die Frauenquote komme. Aber noch einmal: Wenn sexuelle Freiheit von institutionellen Vorgaben abhängig ist, dann müssen diese so eingerichtet sein, dass Frauen schließlich auch sexuell frei werden, damit auch eine gleichberechtigte und einvernehmliche sexuelle Handlung vollzogen werden kann.[85]

Die Feministin Wendy Lynne Lee hält dagegen bereits die Institution Ehe für frauenfeindlich.[86] Ihre Kritik entspricht der marxistischen Kritik an der Ehe. Friedrich Engels hat eine historische Abhandlung zur Entwicklung der Ehe und Familie geschrieben. Darin stellt auch er die Behauptung auf, dass die Monogamie zur Unterdrückung der Frau geschaffen wurde, weil sie nämlich im Zusammenhang mit der Logik des Privateigentums und der Besitzansprüche verbunden sei.[87] Engels hält zwar die Monogamie für eine soziale Errungenschaft,

---

85 Es ist dagegen keine Lösung, die Unfreiheit mit einer angeblichen Achtung der Menschenwürde aufheben zu wollen. Denn wenn die Menschenwürde institutionell geschützt wird, um den unfreien Willen von Frauen oder Kindern zu unterdrücken, so werden wieder Herrschaftsinstrumente eingesetzt, die die Suprematie einer Menschengruppe sichern. Deshalb muss auf institutioneller Ebene angesetzt werden, um Frauen oder Kinder zu befreien.

86 W. L. Lee: Commentary, a.a.O., 242.

87 F. Engels: Der Ursprung der Familie, des Privateigentums und des Staates; Berlin 1984[15], 78f.

die zu mehr Gleichberechtigung geführt hat. Allerdings ist dieses Projekt noch abzuschließen, was auch die Institution der Monogamie weiter verändern werde.[88] Auch andere Institutionen stehen auf dem Prüfstand: Im Jahr 2013 hat Alice Schwarzer die rechtliche Abschaffung der Prostitution gefordert. Bei all diesen Beispielen wird die enge Verbindung zwischen Veränderung von Institutionen und sexueller Freiheit hergestellt.[89]

3.2.3 Sex mit Tieren

Mit Tieren kann es keine gemeinsam vereinbarten Institutionen geben. Sex mit Tieren halte ich deshalb für grundsätzlich und unüberwindbar problematisch, weil Tiere niemals eine ethische Freiheit gegenüber Menschen haben werden. Das wäre nur anders in einem Naturzustand, in dem Menschen von mächtigeren Tieren vergewaltigt werden würden. Es versteht sich aber von selbst, dass ein solcher Zustand ebenso wenig ethisch gerechtfertigt werden kann, weil die ethische Freiheit von Menschen damit unterdrückt werden würde. Institutionelle Regeln zwischen Mensch und Tier, die die Reziprozität von beiden beachten, sind aber nicht möglich, weil diese reziproken Regeln nicht von Mensch und Tier gleichermaßen, also nicht reziprok hergestellt werden.

3.2.4 Inzestuöse Beziehungen

In ethischen Lehrbüchern wird relativ selten das Inzestverbot behandelt, geschweige denn diskutiert. Vielmehr wird es als evolutionsgeschichtlich entstandenes Tabu behandelt,[90] das

---

88 F. Engels: Der Ursprung der Familie, a.a.O., 99.

89 Siehe Sektion 3.2.6 und 5.4.1.

90 A. Knapp: Die Ethik und der liebe Gott. Theologische Anmerkungen

keine weitere ethische Aufmerksamkeit erhält. Dabei wird allerdings übersehen, dass die Gründe nicht ausreichen, um nicht Ausnahmen vom Inzestverbot zuzulassen.

Da ich bereits Sex mit Kindern ethisch abgelehnt habe, verhandle ich hier nur zwei andere Fälle des Inzests: nämlich die sexuelle Beziehung zwischen Eltern und ihren *erwachsenen* Kindern oder die sexuelle Beziehung zwischen erwachsenen Geschwistern. Gegen Inzest werden zwei klassische und ein neues Argument vorgebracht, bei denen wir untersuchen müssen, ob sie sich auf diese beiden Fälle ethisch angemessen beziehen lassen. Diese Argumente sind die folgenden:

1. Wird bei der inzestuösen Beziehung ein Kind gezeugt, so besteht ein erhöhtes Risiko einer genetisch bedingten Behinderung.
2. Die natürliche Grenze zur sexuellen Intimität in der familiären Nähe wird überschritten. Das Problematische an dieser Grenzüberschreitung ist, dass natürliche Familienmitglieder aus der Familie nicht ausbrechen können, während sie umgekehrt für die sexuelle Intimität Freiheit vom anderen brauchen, um sich frei für ihn entscheiden zu können. Erst mit dem Inzestverbot bricht die Kultur in die Natur als gleichwohlnatürliches Tabu ein.[91]
3. Dazu kommt inzwischen ein dritter Grund, den Leon Kass[92] eingebracht hat, nämlich die Macht des Gefühls un-

---

zur »Evolutionären Ethik«; in: W. Lütterfelds/Th. Mohrs: Evolutionäre Ethik zwischen Naturalismus und Idealismus; Darmstadt 1993, 111–140, 115.

91 B. Waldenfels: Das leibliche Selbst. Vorlesungen zur Phänomenologie des Leibes; Frankfurt a.M. 2000, 313.

92 L. R. Kass: The Wisdom of Repugnance; in: Ders./J. Q. Wilson: The Ethics of Human Cloning; Washington D. C. 1998, 3–59, 18f.

mittelbar auftauchender Abneigung und Hemmung bei drohendem Inzest.

Zu 1) Das eugenische Argument ist bereits medizinisch, aber vor allem auch ethisch umstritten. Medizinisch ist fraglich, ob die Reduzierung des Genpools bei sexuellen Partnern mit einem familiär ähnlichen Genom wirklich zu einem erhöhten Risiko führt, das eine genetisch vererbte Behinderung signifikant wahrscheinlicher macht als bei anderen Risikoschwangerschaften. Zum Vergleich: In westlichen Gesellschaften werden Frauen oft zum ersten Mal Mutter, wenn sie bereits über 35 Jahre alt sind. Das Risiko von vererbten Gendefekten auf das Kind ist auch in diesem Fall erhöht. Dennoch gewähren wir Paaren in diesem Alter das Recht auf sexuelle Selbstbestimmung und Familienplanung. Warum sollten wir es im Fall inzestuöser Beziehungen dann einschränken?

Doch selbst wenn das medizinische Risiko hier noch höher sein sollte, reicht es ethisch für eine Einschränkung der sexuellen Freiheit und des Rechts auf Familie nicht aus. Das Argument, dem Kind würde dadurch geschadet, sticht deshalb nicht, weil das Kind nur unter einer Bedingung geboren werden kann: nämlich indem es in einer inzestuösen Beziehung gezeugt wurde. Sonst hätte es ein anderes Genom und wäre damit ein anderer Mensch.[93] – Nun lässt sich ethisch nach einer inzestuösen Zeugung nur unter sehr engen Grenzen behaupten, es sei *für das Kind* besser, es wäre nie gezeugt worden. Man muss etwa dabei metaphysische Annahmen

[93] L. Ohly: Konkrete Embryonen und konkrete Menschen – Kripkes Tipps zur Vermeidung einer Irritation; Zeitschrift für evangelische Ethik 50/2006, 277–290, 283.

machen, die nicht selbstverständlich sind[94], und muss die Zusatzbedingung aufstellen, dass die Eltern des Kindes anstreben oder zumindest in Kauf nehmen, die Menschenwürde des Kindes bewusst zu verletzen, indem sie es zeugen.[95] Eine in Kauf genommene Behinderung des Kindes ist allerdings als solche noch keine Verletzung seiner Menschenwürde.

Es mag politisch-gesellschaftliche Gründe geben, eugenische Maßnahmen zu ergreifen, um den Anteil von Geburten behinderter Kinder zu reduzieren. Solche Maßnahmen stehen allerdings unter einer grundsätzlichen Gefahr der politisch-gesellschaftlichen Diskriminierung von behinderten Menschen und verletzen zudem persönliche Freiheiten. Es ist daher die Spannung sozialer Güter und individueller Freiheiten verträglich und gerecht auszutarieren.[96] Dabei sollte zweierlei in Blick gehalten werden: Erstens ist nur ein kleiner Anteil der Behinderungen von Menschen genetisch bedingt und davon wiederum nur ein geringer Anteil pränatal diagnostizierbar. Ethisch ist somit eine Einschränkung sexueller Freiheitsrechte eugenisch unverhältnismäßig. Zweitens sollten alle Risikoschwangerschaften nach einem gerechten Kriterium gleichbehandelt werden. Das erste Argument droht somit inzestuöse Beziehungen illegitim zu diskriminieren.

---

94 L. Ohly: Sterbehilfe: Menschenwürde zwischen Himmel und Erde; Stuttgart 2002, 60–63.

95 L. Ohly: Der gentechnische Mensch von morgen und die Skrupel von heute. Menschliche Leibkonstitution und Selbstwerdung in den prinzipiellen Einwänden an Keimbahntherapie und reproduktivem Klonen; Stuttgart 2008, 22.

96 A. Buchanan/D. Wikler: Eugenics and its Shadows; in: A. Buchanan u.a.: From Chance to Choice. Genetics and Justice; Cambridge 2000, 27–60, 30.

Aber selbst wenn man die Zeugung und Schwangerschaften verhindern dürfte, die aus inzestuösen Beziehungen hervorgehen, könnten inzestuöse Beziehungen als solche legitim sein. In Analogie zum Fall geistig behinderter Menschen, die zwar nicht genug verantwortungsfähig sind, um eigene Kinder aufzuziehen, aber dennoch ihr sexuelles Selbstbestimmungsrecht weitgehend behalten, könnten inzestuöse Beziehungen zum Gebrauch von Verhütungsmethoden verpflichtet werden. Zwar handelt es sich hier um eine Einschränkung von Freiheitsrechten, aber um eine kleinere Einschränkung als im Fall des völligen Inzestverbots unter Erwachsenen.

Zu 2) Ich führe zunächst den Einwand gegen Inzest weiter aus, bevor ich ihn diskutiere: Die Gründung einer Familie ist ein *kultureller* Akt der beiden Partner. Für Kinder dagegen ist eine Familie die *natürliche* Gemeinschaft, in der sie aufwachsen. Der Sexualakt wird zwar auch aufgrund natürlicher Triebe vollzogen. Die sexuellen Partner stehen jedoch nicht immer schon in einer natürlichen Verwandtschaftsbeziehung, sondern bilden sie erst, nämlich über die Kinder, die sie zeugen. Damit bleibt der Sexualakt aus der natürlichen Familienbeziehung ausgelagert. Zur Grenzüberschreitung kommt es daher, wenn der Sexualakt nun zwischen natürlichen Familienmitgliedern vollzogen wird.

Nun kann man bereits fragen, welche ethische Qualität die Unterscheidung von natürlich und kulturell hat und ob Überschneidungen als solche unethisch sind. (In dem Einwand haben sowohl natürliche als auch kulturelle Momente ethische Qualität. Daher lässt sich mit ihm schwer fordern, es müsse das Natürliche vor dem Kulturellen geschützt werden oder umgekehrt.) Und ohne eine Antwort auf diese Frage lässt sich dann auch nicht klären, ob *erwachsene* Familienmitglieder von der Kritik ausgenommen werden dürfen. Immerhin binden sich Erwachsene in einer inzestuösen Beziehung sexuell ebenso an jemanden, der von Natur aus als Sexualpartner nicht vorgesehen ist. Vergleichen wir diesen Fall mit einer »gewöhnlichen« Sexualbeziehung: *Kein* Mensch war für mich *natürlicherweise* als Sexualpartner vorgesehen. Es gab keinen natürlichen Grund, warum meine Frau und ich Sexualpartner wurden. Gerade wenn das Argument stimmig ist, dass der Sexualakt außerhalb natürlicher Familienbindungen vollzogen wird, so ist ein notwendiges kulturelles Kriterium für den Sexualakt die kontingente Partner*wahl*. Diese wiederum ist dann ethisch legitim, wenn sie reziprok freiwillentlich vorgenommen wird. Eine solche reziprok freiwillentliche Partnerwahl können aber auch Menschen in inzestuösen Beziehungen getroffen haben. Wie bereits in der Einleitung erwähnt, können Geschwister aus demselben Grund auch Freunde werden. Ich kehre also den Einwand um: Da in keinem Fall die Partnerwahl aufgrund natürlicher Kriterien getroffen wird, sondern ethisch aufgrund reziprok freier Entscheidungen ist, können natürliche Kriterien als solche auch keinen Grund gegen die Wahl inzestuöser Beziehungen bilden.

Zu 3) Leon Kass räumt zu den vorigen Gründen ein, dass sie nicht für eine Ablehnung von Inzest ausreichen: »We are suspicious of those who think that they can rationalize away our horror, say, by trying to explain the enormity of incest with arguments only about the genetic risks of inbreeding.«[97] Stattdessen beruhe unsere Abneigung gegen Inzest darauf, dass »we intuit and feel, immediately and without argument,

[97] L. R. Kass: The Wisdom of Repugnance, a.a.O., 18f.

the violation of things that we rightfully hold dear«.[98] Wie Kass vertrete auch ich die Position, dass es solche unmittelbaren Evidenzen in unseren moralischen Urteilsbildungen gibt und dass sie sich von wechselhaften Gefühlen signifikant unterscheiden.[99] Allerdings müssen sie dazu eine bestimmte Struktur ausweisen, die über ihre kontingente Gefühlsqualität hinausgeht. Ansonsten könnten sich moralische Gefühle gegen andere moralische Gefühle richten, ohne dass dieser Streit der Gefühle auf derselben Ebene entschieden werden kann. Bei inzestuösen Beziehungen liegen ja nicht nur Gefühle der Abneigung vor, sondern auch die Gefühle der Liebespartner, gegenüber anderen Liebespaaren diskriminiert zu werden, aber auch einander zu lieben. Und warum sollte nun das Gefühl der Abneigung gegen Inzest die anderen Gefühle stechen?

Im zweiten Kapitel habe ich gezeigt, dass die Atmosphäre der Anwesenheit die vor-moralische Bedingung dafür bildet, dass Menschen handeln und sich moralisch verhalten können. Wird nun diese vor-moralische Bedingung hintergangen, so ist dies moralisch zu verurteilen, weil damit die Bedingungen zum moralischen Handeln und Verhalten unterlaufen werden. Ab Kapitel 6 werde ich auf die Frage zurückkommen, ob es auch Kriterien gibt, wie sich verschiedene Anwesenheitskonstellationen ethisch gewichten lassen.[100] Für die Frage nach inzestuösen Beziehungen reicht aber der knappe Hinweis, dass die Struktur der atmosphärischen Anwesenheit hier noch nicht zwingend hintergangen wird. Die Achtung der

---

98 A.a.O., 19.

99 L. Ohly: Der gentechnische Mensch von morgen und die Skrupel von heute, a.a.O., 71f.

100 Sektionen 6.3 und 6.4.

Anwesenheit des Intimpartners kann vielmehr ebenso vollzogen werden wie in anderen Intimbeziehungen. Auch die Achtung der sexuellen Freiheit des Partners kann hier genauso gegeben sein wie in anderen Intimbeziehungen. Dies gilt zumindest für die infrage stehenden Fälle, dass Inzest unter *erwachsenen* Familienmitgliedern vollzogen wird.

Ich möchte darauf hinweisen, dass es viele sexuelle Formen und Praktiken gibt, die unsere Abneigungsgefühle erregen und die wir nie für uns selbst übernehmen könnten. Hier kann unsere persönliche Toleranzschwelle sehr niedrig liegen. Das macht sie aber noch nicht zu einer niedrigen moralischen Toleranzschwelle. Nicht jedes Abneigungsgefühl besitzt moralische Evidenz. Vielmehr muss es dafür weitere Bedingungen erfüllen, wie etwa den atmosphärischen Raum von Anwesenheit, der seine Achtung aufdrängt. Inzestuöse Beziehungen müssen diese Achtung nicht versagen. Deshalb ist Kass' Vorschlag nicht hinreichend, um inzestuöse Beziehungen moralisch zu verurteilen.

3.2.5 Selbstbefriedigung und Pornographie

Auch die Masturbation oder Onanie, also die geschlechtliche Selbstbefriedigung, behindert die ethische Freiheit nicht grundsätzlich, weil hier nicht die Freiheit eines Menschen gegen die Freiheit eines anderen Menschen steht. Die traditionelle Sexualmoral hat das zwar anders gesehen, und zwar deshalb, weil man den Freiheitsbegriff inhaltlich qualifiziert hat. Gelegentlich hört man die Kritik, wer masturbiere, mache seinen Leib zu einem bloßen Mittel und entwürdige sich damit selbst.[101] Er opfere also seine Freiheit. Denn wer sich

[101] Zur Diskussion s. W. Wolbert: Der Mensch als Mittel und Zweck. Die

selbst instrumentalisiert und zum Mittel macht, gibt seine Selbstkontrolle auf. Nach der katholischen Moraltheologie wiederum führt die Masturbation zur Trennung von Sex und Liebe.[102] In diesem Fall wird also dem ehelichen Partner – nur mit diesem darf der Katholik Sex haben – die eheliche Vereinigung vorenthalten. Masturbation verletzt also die Freiheit des Partners, der nicht masturbiert.

Beide Einwände gegen die Masturbation stehen allerdings in institutionellen Rahmenbedingungen, die patriarchal sind. Es ist wohl unumstritten, dass die katholische Kirche eine patriarchale Institution ist. Deshalb kann es auch sein, dass die Forderung, Sex sei nur in ehelicher Vereinigung legitim, die Freiheit des Einzelnen unterdrückt. Oder noch stärker: Das Konzept, dass Sex nur in ehelicher Vereinigung vollzogen werden darf, baut einen Druck auf, für die sexuellen Bedürfnisse des Partners jederzeit zur Verfügung zu stehen. Die Masturbation befreit dagegen von einem solchen Druck.

Opfert man aber seine Freiheit, wenn man masturbiert? Wer die Freiheit an bestimmte Inhalte bindet wie in diesem Argument, bindet sie damit an bestimmte kulturelle Vorgaben. Aber solche kulturellen Vorgaben können in einer pa-

---

Idee der Menschenwürde in normativer Ethik und Metaethik; Münster 1987, 71.

102 Instruktion der Kongregation für die Glaubenslehre über die Achtung vor dem beginnenden menschlichen Leben und die Würde der Fortpflanzung. Antworten auf einige aktuelle Fragen; Bonn 2000[5], 34 mit Verweis auf das Dekret »Gaudium et Spes« des 2. Vatikanischen Konzils, Art. 51 (Gaudium et Spes. Die pastorale Konstitution über die Kirche in der Welt von heute; in: K. Rahner/H. Vorgrimler: Kleines Konzilskompendium. Alle Konstitutionen, Dekrete und Erklärungen des Zweiten Vaticanums in der bischöflich beauftragten Übersetzung; Freiburg i. Br. 1966, 449–552).

triarchalen Gesellschaft Unfreiheit generieren. Es gibt zudem noch eine logische Kritik an diesem Einwand: Tatsächlich macht sich die masturbierende Person nicht bloß zum Mittel (nur das wäre eine Verletzung ihrer Menschenwürde). Sie ist vielmehr auch der Zweck der Masturbation: Man masturbiert zur eigenen Befriedigung. Man ist also der Nutznießer der Handlung und nicht nur das Mittel. Sie ist Ausdruck der Liebe zu sich selbst, an der auch jüdisch-christlich nichts auszusetzen ist. Meine Selbstverdopplung (ich bin der Liebende und zugleich der Geliebte) wird biblisch im Gebot der Nächstenliebe als selbstverständlich vorausgesetzt. Die Masturbation scheint mir daher *an sich* kein ethisches Problem darzustellen.

Problematisch kann sie allerdings werden, sobald wieder andere mitbetroffen sind. Die meisten masturbierenden Menschen lassen sich von fremden Reizen stimulieren. Diese fremden Reize stammen in der Regel von anderen Menschen. Erotikzeitschriften, Sex-Channels oder das Internet bieten ein unermessliches Angebot an stimulierenden Bildern für Männer und auch für Frauen, und zwar für alle möglichen sexuellen Vorlieben. Die meisten dieser Darsteller wissen, dass sie sich für solche Zwecke zur Verfügung stellen. In gewisser Weise handelt es sich also um ein wechselseitiges Agreement, vielleicht sogar um einen Vertrag: Ich biete mich virtuell dir an, damit du masturbieren kannst.

Darf man masturbieren und dabei sich von Bildern einer Person stimulieren lassen, die diese Person mit Zustimmung veröffentlichen lässt? Es gibt Studien, die zeigen, dass Porno-Darsteller schnell verschlissen werden: Die Produktion wird schnell als demütigend erlebt. Zudem entscheiden sich viele Frauen und Männer dazu nur, weil sie einer persönlichen Notlage entkommen wollen: Armut oder Schulden. Gelegentlich werden Porno-Darsteller sogar gegen ihren Willen dazu gezwungen.[103] Diese Beispiele zeigen, dass auch hier eine Art »struktureller Gewalt« vorliegt: Vor allem Frauen werden einem Genre unterworfen aufgrund einer institutionellen Unterdrückungstechnik patriarchaler Strukturen.[104]

Wir haben aber eigentlich unser Thema verlassen, nämlich die Frage nach dem Recht auf Masturbation. Stattdessen reden wir jetzt über Pornographie. Anscheinend aber besteht ein Zusammenhang zwischen beiden. Beim Masturbieren muss ich einen anderen konstruieren: entweder mich selbst verdoppeln in jemanden, den ich begehre und der mich begehrt. Oder ich brauche einen anderen, den ich aktuell begehre, um masturbieren zu können. Ein bloßes, »vegetatives« Onanieren ist zwar möglich. Aber wer will so etwas?

Damit stellt sich die Masturbation also zumindest als eine fiktive oder virtuelle soziale Intimbegegnung heraus. Und für sie gilt phänomenologisch, was für den Sexualakt überhaupt gilt: Er erzeugt eine Kluft aus Nähe und Distanz. Diese Kluft ist phänomenologisch evident, das heißt: Auch wenn das Sexualobjekt eine Fiktion ist, besteht eine reale Kluft zwischen ihm und mir. In dieser Kluft entscheidet sich, ob die masturbierende Person unfrei wird, ob sie andere unfrei macht oder nicht. Solange ich nur onanieren kann, indem ich ande-

---

[103] W. Lenzen: Sex, Leben, Tod und Gewalt; Münster 2013, 75; V. Sigusch: Sexualitäten. Eine kritische Theorie in 99 Fragmenten; Frankfurt 2013, 418.

[104] C. J. Simon: Just Friends, Friends and Lovers, or ...? in: A. L. McEvoy (Ed.): Sex, Love and Friendship, a.a.O., 27–38, 28. Einschränkend E. Illouz: Warum Liebe weh tut, a.a.O., 104f. M. Baum: Zwischen Alarmismus und Verharmlosung. Pornografie als Thema der evangelischen Ethik; ZEE 60/2016, 25–40, 30.

re mittelbar in ihrer Freiheit ausbeute, erzeugt Onanie eine ethisch problematische Intimbeziehung. Kriterium für die Bewertung von Pornographie und Masturbation bleibt also der Freiheitsbegriff.

Dagegen bezweifle ich, dass die in evangelischer Sozialethik eingespielte Unterscheidung vom Sexualakt als partnerschaftlich-ganzheitliches, humanitäres Geschehen und Sexualakt als bloß technischer Vorgang in der Pornographie[105] überhaupt eine ethisch valide Differenz ist. Matthias Baum bescheinigt der Pornographie, dass sie der Sexualität die Privatheit nehme, die wiederum eine Partnerschaft brauche.[106] »Verliert die menschliche Sexualität diesen Schutz [der Privatheit, L. O.], dann wird sie auf einen biologischen Akt reduziert und ihrer Vertrauenssphäre beraubt.«[107] Das Argument wäre allenfalls dann schlüssig, wenn der Sexualakt mit dem *eigenen* Lebenspartner zugleich pornographisch genutzt werden würde.[108] Menschen können allerdings sowohl in einer Liebes-

---

105 M. Baum: Zwischen Alarmismus und Verharmlosung, a.a.O., 33, 38.

106 A.a.O., 38.

107 A.a.O., 39.

108 Aber selbst dann halte ich das Argument noch nicht für hinreichend überzeugend. Zum einen kann man fragen, ob die hier unterstellte Privatheit wirklich eine anthropologische Bedingung für intime Vertrauensbeziehungen darstellt oder nur eine soziologische Bedingung gegenwärtig gelebter Intimpartnerschaft. Zum anderen verlangt aber sexuelle Intimität unter Liebespartnern nicht, dass Privatheit in all ihren sexuellen Begegnungen vorliegt: Wenn ein Ehepaar »den eigenen Schlafzimmersex aufnimmt und ins Internet stellt« (M. Baum: Zwischen Alarmismus und Verharmlosung, a.a.O., 30), heißt das weder, dass das Ehepaar *jedes Mal* die Kamera mitlaufen lässt, noch dass das ganzheitlich-partnerschaftliche Vertrauensverhältnis der ehelichen Sexualität *in den übrigen Fällen* geschwächt wird.

beziehung stehen, in der ihre Sexualität Liebe ausdrückt, und sich zugleich von Pornografie nur technisch[109] stimulieren lassen. Dass Sexualität ethisch eines Vertrauensverhältnisses und der Einbettung in eine partnerschaftliche Ganzheitlichkeit bedarf, ist ein bloßes Vorurteil oder Zirkelargument, das Baum ansonsten in seinem Beitrag durchschaut.[110] Auch Literatur würde unter sein Verdikt fallen, weil sie Intimes für Dritte sichtbar macht – sogar sein eigener Beitrag! Seine ethische Betrachtung unterbietet daher seine Differenzierungsleistung, zwischen unterschiedlichen Formen von Pornografie auch ethisch zu differenzieren.[111]

Wie verhält sich die menschliche Freiheit in Fällen virtueller Fiktionen? Inzwischen kann man Animationsprogramme verwenden, um sogar sexuelle Intimbeziehungen virtuell darzustellen, die mit realen Intimpartnern illegitim wären. Wird hier jemandem geschadet? Nehmen wir an, jemand entwirft einen Trickfilm mit 3-D-Animation, bei dem mit Kindern Hardcore-Sex getrieben wird. Wird Kindern dabei geschadet? Man könnte annehmen, dass auch reale Kinder so zu Sex-Objekten stilisiert werden, obwohl sie nicht real sexuell ausgebeutet werden. Allerdings wären Kinder ohnehin in der Phantasie der User dieser Animationen Sexualobjekte, also auch dann, wenn es diese Animationsprogramme nicht

---

[109] Dass die Stimulierung nur technisch ist, ist übrigens ein Vorurteil, dem Baum in seinem Beitrag ansonsten differenzierter gegenübersteht. Er räumt ein, dass Pornokonsum »auch positive Effekte« haben könne, auch für die partnerschaftliche Sexualität (a.a.O., 37).

[110] A.a.O., 26.

[111] Der Umschlagpunkt seiner Argumentation zeigt sich in, a.a.O., 37, wo differenzierte Formen von Pornografie durch *allgemeine* Normüberzeugungen ethisch gleichgeschoben werden.

gäbe. Die Phantasie aber kann nicht und darf auch nicht sozial unterdrückt werden (etwa durch Gehirnwäsche). Denn damit wäre die Freiheit der Gedanken unterdrückt.

Allerdings besteht ein Unterschied darin, ob ich mir nur vorstelle, mit einem Kind zu schlafen, oder ob mich in meiner Phantasie ein 3-D-Animations-Programm unterstützt. Im letzteren Fall generiert die Phantasie eine soziale Praxis. Denn das Programm ist für viele Menschen nutzbar, zumal wenn es etwa in einer Internet-Community oder sogar kommerziell angeboten wird. In einer sozialen Praxis allerdings kollidieren subjektive Freiheitsrechte mit den subjektiven Freiheitsrechten anderer. Und diese Kollision muss ethisch austariert werden. Es ist aber auch eine soziale Praxis, wenn fiktive Geschichten von pädophilen Beziehungen erzählt werden. Das Recht auf freie Meinungsäußerung schließt das Recht ein, dass solche Geschichten weitererzählt werden. Dann aber besteht keine prinzipielle Differenz darin, ob wir Geschichten illegitimer Intimbeziehungen erzählen oder ob wir sie mit fiktiven Figuren darstellen (also durch Animation oder Rollenspiel).

Ich tendiere daher zu folgender Beurteilung: Menschen müssen es aushalten können, dass andere Menschen sexuelle Phantasien von Beziehungen entwickeln, die illegitim sind. Denn solange die illegitime Beziehung sich nur in der Phantasie befindet, wird niemandem in der Beziehung real geschadet. Das ist auch der Fall, wenn diese Phantasie dargestellt wird, solange auch hier die Personen in der dargestellten Beziehung nicht real sind.

Anders ist es, wenn die Animation reale Menschen simuliert, also Menschen, die es wirklich gibt. Wenn also jemand einen Porno-Animationsfilm produziert, in dem ich als Kind dargestellt bin, werde ich in meiner sexuellen Selbstbestimmung verletzt. Wenn allerdings Nils Holgersson in dem Film Hardcore-Sex mit einem Erwachsenen hat, wird nicht die sexuelle Selbstbestimmung von Nils Holgersson verletzt und auch nicht die sexuelle Selbstbestimmung anderer realer Kinder. Ebenso wenig wie ich ethisch verhindern darf, dass meine Ex-Freundin heute mit diesem Ekel schläft, dürfen Kinderorganisationen ethisch verhindern, dass Menschen Sex-Phantasien zur Darstellung bringen, in denen nur fiktive Kinder beteiligt sind.

Ich halte dagegen das sogenannte Dammbruch-Argument nicht für stichhaltig. Dammbruch-Argumente behaupten, dass eine bestimmt Praxis für sich genommen zwar noch nicht illegitim ist, dass sie aber einen sozialen Selbstläufer erzeugt, der quasi automatisch in eine illegitime Praxis führt. Ein solches Dammbruch-Argument würde also behaupten, dass Sex-Animationen mit simulierten Kindern nicht für sich selbst moralisch falsch sind. Allerdings würden sie dazu führen, dass der Nutzer moralisch abstumpft und seine Hemmschwelle herabsetzt, um irgendwann Kinder zu vergewaltigen.

Die Logik von Dammbruch-Argumenten ist vor allem in der Medizinethik stark überprüft und schließlich widerlegt worden. Dammbruch-Argumente sind also nicht rational. J. A. Burgess[112] führt folgende Einwände gegen Dammbruch-Argumente an: Ihre Prämisse ist, dass eine bestimmte legitime Praxis die Grenze zu einer illegitimen Praxis aus rationalen Gründen setzt. Ansonsten würde man ja behaupten,

---

[112] J. A. Burgess: The Great Slippery-Slope Argument; Journal of Medical Ethics 19/1993, 169–174, 171.

dass diese Praxis schon für sich schlecht ist. Das widerspricht aber den Voraussetzungen des Dammbruch-Arguments. Danach ist es rational, dass sich eine legitime bestimmte Praxis von einer illegitimen Praxis abgrenzt. Das Dammbruch-Argument behauptet aber, dass dieser rationale Grund verlorengehen wird, und zwar unausweichlich oder zumindest wahrscheinlich. Wenn man aber diesen rationalen Grund respektiert, dann wird es nicht zum Dammbruch kommen.

Warum soll es aber jetzt zum Dammbruch kommen? Warum soll es also kaum vermeidlich sein, dass man diesen entscheidenden rationalen Grund verliert? Einen anderen rationalen Grund kann es dafür nicht geben, denn sonst würden sich beide rationalen Gründe widersprechen. Und das wäre irrational. Daher führen Dammbruch-Argumente nicht weiter.

3.2.6 Prostitution

Im Jahr 2013 hat Alice Schwarzer eine Debatte ausgelöst mit ihrem Buch »Prostitution – ein deutscher Skandal«.[113] Darin bezichtigt Schwarzer die Bundesrepublik Deutschland in Europa der größten sexuellen Ausbeutung von Frauen durch Prostitution. Insbesondere protestiert sie gegen das Prostitutionsgesetz von 2001, das die damalige erste rot-grüne Bundesregierung verabschiedet hatte. Das Prostitutionsgesetz erkennt Prostitution als legales Gewerbe an und erlaubt damit Huren, anderen Arbeitnehmern versicherungsrechtlich und auch arbeitsrechtlich gleichgestellt zu werden. Seitdem können Gewerkschaften für Huren die Verbesserung von Arbeitsbedingungen und Gehältern erkämpfen.

113 A. Schwarzer: Prostitution – ein deutscher Skandal; Köln 2013.

Überhaupt werden die Rechte gegenüber ihren »Arbeitgebern« von Huren verbessert, die ab sofort keine Zuhälter mehr sein dürfen (also nicht die Einnahmen ihrer Huren einbehalten dürfen). § 2 des Gesetzes betont eindeutig: »Die Forderung kann nicht abgetreten und nur im eigenen Namen geltend gemacht werden.«

Dagegen behauptet Alice Schwarzer, dass »Deutschland ... zur europäischen Drehscheibe für Menschenhandel und zum Einreiseland für Sextouristen verkommen« sei.[114] Wie genau das mit dem Gesetz zusammenhängt, erklärt Frau Schwarzer allerdings nicht. Auch hat man ihr vorgeworfen, ihr statistisches Material nicht mit nachprüfbaren Daten belegt zu haben.[115] Schließlich widersprechen ihr Prostituierte selbst, die darauf hinweisen, dass sich ihre persönliche Lebenssituation seit Einführung des Prostitutionsgesetzes verbessert habe.[116] Letztendlich geht es Alice Schwarzer auch nicht um formale Fehler im Prostitutionsgestz, sondern um einen grundsätzlichen »Kampf gegen das System Prostitution«[117]. Schwarzer führt eine schwedische Studie an, wonach Prostituierte als Kinder oder Jugendliche oft sexuell genötigt oder missbraucht wurden. Sie zweifelt die Freiwilligkeit der sexuellen Dienstleistung an und betont, dass Prostituierte vielmehr in einem System von Abhängigkeiten, Ausbeutung und Unterdrückung stehen.[118]

Tatsächlich fällt ja auf, dass es deutlich weniger männliche Prostituierte gibt als weibliche. Zudem sind männliche

114 A. Schwarzer: Prostitution – Pädophilie. DIE ZEIT 49/2013, 51.

115 DIE ZEIT 50/2013, 9.

116 DIE ZEIT 48/2013.

117 A. Schwarzer: Prostitution – Pädophilie, ebd.

118 Ebd.

Prostituierte nicht ebenso sichtbar in der Städteoptik wie weibliche. Es gibt daher eine klare Tendenz, dass Prostitution in patriarchalen Strukturen entsteht und dort etabliert ist.

Alice Schwarzer will Prostitution folglich verbieten lassen. Welche Konsequenzen hätte das? Meine These lautet: Solange die Gesellschaft patriarchal organisiert ist, wird damit Prostitution nicht etwa verschwinden, sondern vielmehr in der Illegalität neu blühen – mit allen Nachteilen, die die Illegalität mit sich bringt: Zuhälterei, Misshandlung, keine Schutzrechte für Huren, Ausbeutung zu Billigpreisen und Flatrate-Sex. Nun könnte man sagen: Das sind einfach die Kosten, die man entrichten muss für einen Umbau in eine Welt der Gleichberechtigung. Es entstehen zwischendurch mehr Ungleichheiten. Wo will man denn sonst anfangen, wenn man eine gleichberechtigte Gesellschaft will, aber die Prostitution nicht verbieten darf? – Eine solche Position muss sich aber die Rückfrage erlauben, ob es denn zu mehr Gleichberechtigung führt, wenn Berufsverbote ausgesprochen werden.

Huren verweisen oft darauf, dass sie sonst im Billiglohnsektor arbeiten müssten, weil sie keinen Schulabschluss haben. Es geht ihnen also besser, wenn sie ihr Geld mit Prostitution verdienen. Und vor allem haben sie eine Wahl gehabt. Alice Schwarzer hält dagegen, dass es nach ihren Recherchen eklatante Unterschiede gibt, ob Hurenverbände offizielle Verlautbarungen abgeben oder ob man mit Prostituierten ein Vier-Augen-Gespräch führt.[119] Wie frei ist also wirklich diese »freie« Berufswahl gewesen?

Zunächst muss eine klare Unterscheidung zwischen Beruf und Sklaverei oder Zwangsarbeit vorgenommen werden: Ein

119 Ebd.

Beruf ist nur dann frei gewählt, wenn die berufstätige Person die Freiheit hat, jederzeit wieder damit aufzuhören (zumindest nach einer vertraglich festgelegten Kündigungsfrist). Ansonsten handelt es sich um Sklaverei oder Zwangsarbeit. Das Prostitutionsgesetz hat Huren in dieser Hinsicht rechtlich gestärkt: Sie müssen den »Kaufvertrag« mit einem Freier nur formal einhalten. Wenn der Freier unzufrieden war, ist er trotzdem zur Zahlung verpflichtet (§ 2 Satz 2 ProstG). Ethisch ist Hurerei als Zwangsarbeit (mit Geldverdienst) oder gar als Sklaverei (ohne Geldverdienst) unzulässig. *Wenn* dagegen dieser Beruf frei gewählt werden kann, so wäre ein Berufsverbot der Prostitution eine staatliche Einengung persönlicher Freiheiten.

Allerdings bezweifelt Alice Schwarzer eben, dass Frauen wirklich frei wählen können. Sie benutzt dabei aber einen starken Freiheitsbegriff, nämlich einen inhaltlich gefüllten: Frei ist ein Mensch nur, wenn er bestimmte inhaltliche Entscheidungen trifft und andere ausschließt. Aber woher weiß Frau Schwarzer, dass genau diese Entscheidungen freie Entscheidungen sind und andere nicht? Dazu führt sie nun einmal an, dass Prostituierte als Kinder oftmals sexuell missbraucht worden sind. Deshalb sind sie psychisch so verletzt, dass ihre Entscheidung, Hure zu werden, unfrei ist. Die Frau ist noch so gefangen in der damaligen Unterdrückung, dass sie keine freie Entscheidung treffen kann.

Aber nehmen wir einmal an, ich stammte aus einem streng pietistischen Elternhaus, wo man mir keine Freiheit im Glauben gegeben hatte. Und jetzt will ich Pfarrer werden. Habe ich dann nicht nach der Logik von Frau Schwarzer dieselbe Art unfreier Entscheidungen getroffen? Nehmen wir an, es wäre so. Bin ich dann frei, wenn ich mich bewusst entscheide, nicht

Pfarrer zu werden, obwohl ich Pfarrer werden will? Dann hätte also mein Elternhaus meine Freiheit damals so beschränkt, dass ich unfrei bliebe, wenn ich Pfarrer werden würde, während ich nur dann frei bliebe, wenn ich es nicht werde. Ich wäre also unfreier als alle, die sich entscheiden, Pfarrer zu werden, aber aus keinem strengen pietistischen Elternhaus stammen.

Für dieses Szenario gibt es nur eine Ausnahme, nämlich dass niemand die freie Wahl treffen kann, überhaupt einen solchen Beruf wie den des Pfarrers zu ergreifen. Der Pfarrberuf wäre ebenso ein Beruf der Unfreiheit wie die Prostitution. In diesem Fall gäbe es also ein festes Set an Berufen, die unfrei machen, und andere, die aus Freiheit gewählt werden können. Aber welche Berufe wären es dann und aufgrund welcher Kriterien? Könnte nicht auch die Berufswahl, Friseur zu werden, auf irgendwelchen Zwangsstörungen beruhen, und zwar bei jedem, der diesen Wunsch hat? Dann entscheidet es sich also letztlich am Beruf, ob man ihn frei wählen kann oder nicht, und nicht an der Wahl. Alice Schwarzers nicht-patriarchales Gesellschaftsbild lässt somit bestimmte Berufe zu und schließt andere aus, weil es für sie offenbar moralisch richtige und falsche Berufe gibt. Aber jetzt entscheidet nicht mehr die Freiheit, sondern die objektive Richtigkeit. Das wiederum würde heißen, dass in Schwarzers nicht-patriarchalem Gesellschaftsbild Freiheit keine zentrale Stellung hätte. Es hätten zwar alle gleiche Rechte, aber nicht mehr besonders viele Rechte.

Man könnte Schwarzers Beobachtung theoretisch genau umgekehrt interpretieren als sie: Vielleicht also sind viele Prostituierte als Kinder sexuell missbraucht worden. Aber könnte nicht dann ihre Entscheidung, jetzt Hure zu werden, eine Befreiung aus der damaligen Unterdrückung sein? Wenn man das nicht denken möchte, muss man sagen, was man eigentlich schlimm findet daran, dass Menschen gegen Geld intim sind. Was also ist anders, ob ich meinen Körper anderen zur Verfügung stelle, um Fußballprofi zu werden oder um einen Handwerksberuf auszuüben, oder ob ich ihn anderen zur Verfügung stelle, um sie sexuell zu befriedigen?

Sie könnten einwenden, dass Sie es unanständig finden, dass jemand Sex gegen Geld macht. Dann würden Sie vielleicht die katholische Lehrmeinung vertreten, dass nämlich Sex nur legitim ist zur gegenseitigen Hingabe an den Liebespartner und mit der Aussicht, ein Kind zu zeugen. Schon wenn Sie einen Zweck abziehen und etwa einschränken, dass es Ihnen nur um Liebe und nicht auch ums Kinderzeugen geht, haben Sie eine willkürliche Entscheidung getroffen. Sie konstruieren dann Sex für Ihre Ziele neu. Kriterium für ethisch anständigen Sex wäre dann aber nicht mehr die Liebe allein, sondern die Freiheit, sich zum Sex zu entscheiden. Denn erstens haben Sie eine willkürliche Entscheidung getroffen, also eine Entscheidung aus Freiheit. Und zweitens könnte Liebe ohne Freiheit zur Ausbeutung führen: Wenn ich jemanden zu sehr liebe und dabei unfrei werde, kann er mich zu allem nötigen.

Darum: Wenn letztlich die Freiheit für Sex entscheidend ist, warum sollte es dann nicht auch legitim sein, Sex aus anderen Gründen zu haben, wenn sich auch da alle beteiligten Intimpartner frei entscheiden? Und warum sollte Geld für den eigenen Lebensunterhalt nicht auch ein solcher Grund sein?

Man kann eine starke und eine schwache ethische Forderung zur Sexualpraxis aussprechen. Die schwache lautet: Die Intimpartner müssen sich in ihrer Freiheit und in ihrer Menschenwürde achten. Menschenwürde ist eine »Minimalwürde«[120]: das, was *mindestens* nötig ist, um einen Menschen menschlich zu behandeln. Nach dieser schwachen Lesart kann Prostitution durchaus legitim sein: Es handelt sich um eine wechselseitige Einwilligung. Beide »Vertragspartner« achten ihre gegenseitigen Pflichten. Und niemand verliert dabei seine Freiheit.

Die starke ethische Forderung lautet dagegen: Nur Menschen, die sich gegenseitig lieben, dürfen miteinander intim sein. In diesem Fall müsste eine Prostituierte schon jeden ihrer Kunden lieben ebenso wie die Freier die Hure, damit Prostitution noch legitim wäre. Mit dieser Position schließt man aber in aller Regel nicht nur Prostitution aus, sondern auch andere Sexualpraktiken (One-Night-Stand, Entspannungssex, Gruppensex). Wer diese Forderung aufstellt, äußert sich also nicht mehr zentral zur Prostitution, sondern zur grundsätzlichen Frage: Was sind legitime persönliche Motive, Sex zu haben?

Die katholische Sexualmoral diszipliniert die menschlichen Bedürfnisse nach Sexualität, indem sie sie auf einen einzigen Fall beschränkt, nämlich auf den Zeugungsakt und die gegenseitige Hingabe aneinander in der Ehe. Wer sagt, dass man nur aus Liebe sexuell aktiv sein darf, diszipliniert ebenfalls diese menschlichen Bedürfnisse. Offenbar aber haben Menschen sexuelle Bedürfnisse, ohne den Sexualpartner zu lieben. Sonst wäre Prostitution kein interessantes Angebot für viele. Wer Sex auf die Liebe beschränken will, tut das auf Kosten der persönlichen Freiheit. Alice Schwarzer ist hier also

---

120 R. Spaemann: Über den Begriff der Menschenwürde; in: E.-W. Böckenförde/R. Spaemann: Menschenrechte und Menschenwürde. Historische Voraussetzungen – säkulare Gestalt – christliches Verständnis; Stuttgart 1987, 295–313, 307.

der katholischen Sexualmoral sehr ähnlich. Demgegenüber denke ich, dass man im Namen der Freiheit und Menschenwürde *bestimmte Formen* von Prostitution bekämpfen kann und sollte[121] (Zwangsprostitution, Flatrate-Prostitution[122]). Wer aber die Prostitution generell verbieten will, stellt sich im Namen vermeintlich höherer Werte gegen die persönliche Freiheit der Menschen. Prostitution kann menschenwürdig sein. Sie wird nicht schon dadurch menschenunwürdig, dass man andere Motive zum Sex hat als Liebe.

3.2.7 Fetischismus und SM-Rollenspiel

Auch im Bereich des Fetischismus wird der Verdacht genährt, es gebe so etwas wie die ethisch »richtigen« Motive, sexuell aktiv zu sein. Zudem werden Techniken der Sexualität diszipliniert. Wenn etwa ein Mann von den Füßen seiner Intimpartnerin erregt wird, wird er weniger am Geschlechtsverkehr interessiert sein als am intensiven Knutschen ihrer Füße oder an einer Fußmassage im Genitalbereich. Ist das ein ethisches Problem? Man kann es ein psychologisches Problem nennen. Nach Siegmund Freud haben Fetischisten eine irrtümliche Fixierung auf einen Körperteil oder auf Kleidungsstücke (Lackanzüge, Schuhe), die ihnen den gesunden sexuellen Kontakt mit einem Partner erschweren. Freud findet eine Grundanlage zum Fetischisieren völlig normal. Zur Abweichung kommt es für ihn erst, »wenn sich das Streben

---

[121] So auch P. Dabrock/R. Augstein/C. Helfferich u.a.: Unverschämt – schön, a.a.O., 130.

[122] Selbst wenn eine Prostituierte ihre Preise mit einem Flatrate-Angebot freiwillig verbilligt, ist dies sozialethisch brisant für die Konkurrenz, die gegen ihren Willen zu ähnlichen Angeboten gedrängt werden kann oder ähnlichen Erwartungen ausgesetzt wird.

nach dem Fetisch über solche Bedingung hinaus fixiert und sich an die Stelle des normalen Zieles setzt, ferner wenn sich der Fetisch von der bestimmten Person loslöst, zum alleinigen Sexualobjekt wird«.[123]

Aber ist es deshalb schon ethisch falsch, Praktiken auszuleben, die auf einer psychologischen Pathologie beruhen? Um Sex im gegenseitigen Einvernehmen muss es sich bei dieser Praxis nicht handeln (der Fetischist kann auf der Straße von irgendeiner Passantin sexuell erregt werden), ja nicht einmal um gemeinsamen Sex. Die sexuelle Handlung kann einseitig sein, auch wenn der Partner die Fetisch-Bedürfnisse bedient. Wir kommen dann wieder zurück auf das ethische Problem der Masturbation, das ich hier nicht erneut aufrollen möchte. Um das spezifische Thema des Fetischismus zu bedenken, konzentriere ich mich also auf den Fall, dass der Fetischist mit dem Intimpartner zusammen eine sexuelle Handlung ausführt – aber dass diese Handlung nicht notwendig symmetrisch sein muss.

Das Problem also lautet: Darf ein »gesunder« Mensch die fetischistischen Bedürfnisse seines Intimpartners befriedigen, obwohl dadurch die Beziehung zwischen beiden ent-individualisiert wird? Im Fetischismus begehre ich nicht die Frau aufgrund ihrer besonderen Persönlichkeit, sondern eigentlich nur ihre Füße, und die könnten genauso gut auch von jemandem anderen sein. Wenn die Frau nun diesem Begehren nachgibt, löst sie die Bindung des Mannes zu ihr selbst mit auf. Sex wird zunehmend unpersönlich und austauschbar. Damit wird auch die Beziehung selbst gefährdet.

---

[123] S. Freud: Drei Abhandlungen zur Sexualtheorie; in: Ders.: Psychoanalyse. Ausgewählte Schriften; Leipzig 1990, 120–228, 142.

Wer so argumentiert, traut dem Sex zu viel Einfluss auf die Beziehung zu und der Beziehung selbst zu wenig. Es kann sein, dass Fetischismus von der Person absieht und sich auf bestimmte einzelne Körperteile fixiert. Das heißt aber nicht, dass beide Intimpartner nicht dennoch daraus ein individuelles Liebesspiel machen können. Vielleicht ist die sexuelle Praxis zwischen beiden so einzigartig, dass der Fetischist sie mit niemandem Dritten teilen möchte, obwohl auch der Fetisch anderer Personen ihn reizt. Also: Selbst ein ent-individualisiertes Begehren kann in einer individuellen Beziehung eingebettet sein und auch in einem individuellen Liebesspiel. Noch einmal: Freud hat eingeräumt, dass wir alle Grundanlagen zum Fetischismus haben. Vielleicht sind wir alle also irgendwie Fetischisten und achten beim Sexualakt besonders auf ein bestimmtes Merkmal des Kontakts. Dennoch können wir die Person selbst meinen und begehren – und nicht nur dieses Merkmal, das uns besonders an ihr gefällt.

Darüber hinaus können selbst nicht-individuelle Interessen am Intimpartner durch individuelle Interessen aufgewogen werden, die außerhalb der sexuellen Beziehung gewonnen werden. Selbst wenn also der Fetischist beim Sexakt nur an den Füßen seiner Frau interessiert ist, kann es sein, dass sie ihn bei großartigen Gesprächen beeindruckt, dass er sich bei ihr geborgen fühlt und ihr alles anvertrauen kann. Sex ist zwar für eine Liebesbeziehung ein wichtiger Faktor, aber neben anderen: Aus meiner Seelsorgepraxis weiß ich, dass Menschen oft mit ihren Ex-Partnern den besten Sex hatten und manchmal auch noch haben – und nicht mit ihren aktuellen Partnern. Und trotzdem haben sie jetzt eine andere Beziehung. Daher darf der Einfluss der Sexualität auf eine Beziehung nicht überschätzt, aber der

Einfluss der Beziehung auf die Sexualität nicht unterschätzt werden.

Ähnlich möchte ich argumentieren, wenn es um SM-Rollenspiele geht. Ich lasse hier das Feld aus, das ich unter dem Stichwort Prostitution bereits verhandelt habe: Es gibt natürlich professionelle Angebote, bei denen sich der Kunde gegen Geld von einer Domina auspeitschen lassen kann. Das führt wieder zur Frage, ob sexuelle Praktiken gegen Geld angeboten werden dürfen – und dazu gehört auch das Rollenspiel des Sadomasochismus. Bei diesem Problem ist die spezifische Praxis aber nicht im Fokus, nämlich die konkrete Frage der Technik, jemanden sexuell zu erregen. Darf ich mich von meinem Intimpartner auspeitschen lassen, um davon sexuell erregt zu werden?

Vier Fälle von SM-Rollenspielen sind hier zu unterscheiden:

1. Ich quäle meinen Partner, um davon sexuell erregt zu werden.
2. Ich werde von meinem Partner gequält, um davon sexuell erregt zu werden.
3. Ich quäle meinen Partner, damit er davon sexuell erregt wird.
4. Ich werde von meinem Partner gequält, damit er davon sexuell erregt wird.

Es handelt sich deswegen schon um vier verschiedene Fälle, weil sie alle nicht reziprok sein müssen: Wenn ich meinen Partner aus sexueller Erregung quäle, muss er davon noch gar nicht erregt werden, und umgekehrt. Vielleicht widert es uns gerade an, was den Partner erregt und welche Handlung er von uns verlangt. Für jemanden, der kein Blut sehen kann, ist es ebenso grausig, seinen Partner auszupeitschen, wie für jemanden, der kein Masochist ist, aber von seinem Partner ausgepeitscht wird. Wir können zwar einschränkend sagen, dass sadomasochistische Praktiken nur dann ethisch legitim sein können, wenn sie im gegenseitigen Einvernehmen vollzogen werden. Aber das heißt weder, dass beide davon sexuell erregt werden, noch, dass es für keinen der Partner schrecklich ist. Vielleicht liebe ich eine Frau so sehr, dass ich sie sogar auspeitsche, weil sie es so will. Aber dieser Akt ist zugleich für mich schrecklich und abstoßend. In diesem Fall funktioniert die Logik des Sadomasochismus nicht mehr: Ich, der den Sadisten spielen soll, bin der eigentlich Gequälte, während die Frau, die ich auspeitsche, über mich triumphiert. Ich will zwar, dass sie glücklich ist, aber ich will nicht gequält werden. Der Fall zeigt, dass mit Liebe auch Macht ausgeübt werden kann und dass Intimbeziehungen als solche eine Gefahr darstellen können, Menschen zu unterdrücken. Diese Macht kann sogar von den Masochisten des sexuellen Rollenspiels ausgehen.

Ich halte daher alle vier Fälle für ethisch gleichermaßen brisant. Ein einvernehmliches SM-Rollenspiel bedeutet noch nicht, dass beide sich wirklich in ihrer Autonomie achten. Zwar kann ich mich autonom zu einer Handlung entscheiden, von der ich weiß, dass es mir durch sie schlechter geht (zum Beispiel zu viel Alkohol trinken oder ein Piercing auf einer empfindlichen Körperstelle tragen). Das heißt aber nicht, dass ich mich autonom entscheide, dass es mir schlechter gehen soll. Dem Partner wiederum darf es nicht gleichgültig sein, wie es mir beim SM-Rollenspiel geht und wie meine Freiheit behandelt wird – auch dann nicht, wenn wir im Einvernehmen dieses SM-Rollenspiel spielen.

Dieses ethische Problem führt dazu, dass Menschen, die sadomasochistisch veranlagt sind, ihre Partner gezielt aussuchen, über Online-Partnervermittlungen etwa oder auch in entsprechenden Clubs. Hier geht der Weg also vom Sex zur (möglichen) Liebe und nicht umgekehrt. Das könnte zur Konsequenz haben, dass Sex zunächst im Zentrum der Beziehung steht, dass also eine starke Fixierung aufs Sexuelle besteht. Das kann sich zwar im Lauf der Beziehung wieder ändern – ich erinnere daran, dass man nicht zu viel Einfluss vom Sex erwarten sollte. Hier wird allerdings die Frage aufgeworfen, ob eine Beziehung, die so startet, nämlich mit einer Fixierung und Konzentration auf eine bestimmte sexuelle Praxis, die Ressourcen besitzt, sich für andere Dimensionen der Beziehung zu öffnen.

Grundsätzlich liegt eine legitime Intimbeziehung dann vor, wenn beide den Sexualakt nicht primär aus Liebe vollziehen, sondern aus reziprok freien Stücken und in Achtung vor der Freiheit des anderen. Das führt aber bei SM-Beziehungen zu folgender paradoxen Konsequenz: In Liebesbeziehungen dürfte diese wechselseitige Achtung der Freiheit des anderen seltener vorkommen als in Intimbeziehungen, die auf SM-Rollenspiele reduziert sind und bei denen sich die Intimpartner primär in einer Rolle sehen und wechselseitig achten. Wenn ich also Sadist bin, meine Frau aber keine Masochistin, dann kann ich SM-Rollenspiele nur spielen, indem ich meine Frau unterdrücke, weil ich sie so manipulieren kann, dass sie sich aus Liebe zu mir darauf einlässt. Das ist aber natürlich zu verurteilen. Also ist es ethisch eine Entlastung, wenn die Intimpartner von SM-Spielen sich nicht lieben. Je klarer das reziproke Einvernehmen geregelt ist, desto besser! Liebe kann aber dieses Einvernehmen eher behindern.

Deshalb liegt in der SM-Neigung eine noch größere Ressource zur Kommerzialisierung als bei der Neigung zum Geschlechtsverkehr. Denn in kommerzialisierten Beziehungen sind die Rollen klar festgelegt und per Kaufvertrag abgesichert.

Was ich zuletzt festgestellt habe, kann wiederum auf Beziehungen zutreffen, in denen ein Partner Fetischist ist. Die Partnerin des Fußfetischisten kann es ekelhaft finden, dass er ihre Füße liebkost. Je exotischer die Vorlieben oder Abneigungen, desto schwerer wird es sein, beide in einer Liebesbeziehung auszuhalten. Natürlich gibt es in allen Intimbeziehungen Vorlieben und Abneigungen, die wir aber weithin an unseren Partnern tolerieren können. Je weiter aber die Partner mit ihren Vorlieben und Abneigungen auseinanderliegen, desto schwerer werden sie eine sexuelle Intimbeziehung führen können. Auch in diesen Fällen gilt dann, dass sich exotische Vorlieben leichter in Beziehungen realisieren lassen, die keine Liebesbeziehungen sind, sondern in denen die gleichen Vorlieben vorliegen und die Partner sich für diesen Zweck gegenseitig »buchen«.

3.3 Streitfall Homosexualität

3.3.1 Sind homosexuelle Beziehungen sexfixiert?

Ich hatte zuletzt gezeigt, dass Menschen mit SM-Neigungen dazu tendieren, die sexuelle Dimension ihrer Neigung zu betonen und die Liebe zu vernachlässigen. Denn die sexuelle Ausrichtung hat den Primat bei der Partnerwahl. In gewisser Weise kann man das auch von homosexuellen Neigungen sagen. Das könnte ein Grund sein, weshalb das Vorurteil besteht, dass Homosexuelle häufig wechselnde Partner haben und sie weniger treu sind. Es könnte zugleich der Grund dafür sein, dass die sexuelle Dimension bei der ethischen Beurteilung homosexueller Partnerschaften eine größere Rolle spielt als bei heterosexuellen Beziehungen.

Sind also homosexuelle Beziehungen aufgrund ihrer Strategien der Partnerwahl (»Ökologie der Wahl«[124]) stärker sexualisiert als andere Beziehungen? Und sind sie dadurch eher sexuelle Beziehungen als Liebesbeziehungen? Diese Position scheint den meisten theologischen Stellungnahmen zugrunde zu liegen, die Homosexualität für eine Sünde halten oder ethisch verurteilen. Dies gilt vor allem heute noch von den evangelikalen und katholischen Stellungnahmen. Die katholische Naturrechtsethikerin Jean Porter sieht in homosexuellen Neigungen einen gewissen Schönheitswahn für charakteristisch. Gerade dadurch würden ältere Homosexuelle ausgeschlossen, weil sie nicht mehr so attraktiv sein könnten.[125] In der wissenschaftlichen Theologie zeigt sich die Ablehnung homosexueller Praktiken vor allem in älteren Beiträgen. Karl Barth hielt die Homosexualität noch für eine Krankheit[126], weil der Homosexuelle letztlich »sich selbst genießen und genügen will«[127]. Hier ist die Annahme spürbar, dass die Beziehung auf das Sexuelle fixiert ist. Trutz Rendtorff hielt noch 1991 die homosexuelle Beziehung für eine empirisch nicht auf

[124] E. Illouz: Warum Liebe weh tut, a.a.O., 41.

[125] J. Porter: Natural and Divine Law. Reclaiming the Tradition for Christian Ethics; Ottawa 1999, 231f.

[126] K. Barth: KD III,4; Zürich 1951, 184.

[127] K. Barth: KD III,4, a.a.O., 185.

Dauer angelegte Lebensform.[128] Diese Denkfigur, dass homosexuelle Beziehungen tendenziell nicht dauerhaft seien, bestimmt seither die Debatte – übrigens auch bei denjenigen, die für eine Liberalisierung homosexueller Beziehungen eintreten. Wilfried Härle ist nach meinem Eindruck ein solcher Vertreter. Härle referiert in seiner Ethik einen Aufsatz, wonach Schwule doppelt fahren: Sie haben Gelegenheitssex und zugleich einen festen Freund. Daraus leitet Härle ab, dass die feste Intimpartnerschaft rechtlich nicht der Ehe gleichgestellt werden dürfe.[129] Vielmehr dürfe es nur eine »der Ehe *vergleichbare* rechtliche Absicherung«[130] geben.

Ich finde die Position von Härle ideologisch, mehr noch als die der anderen, die wenigstens unverblümt sagen, dass sie Homosexualität ablehnen. Härle dagegen legt sich das Gewand um, viel Verständnis für die Anliegen Homosexueller zu haben[131], und kritisiert die fundamentalistischen Einwände gegen diese Form der Intimbeziehung.[132] Aber er ordnet die homosexuelle Beziehung gesellschaftlich trotzdem der Ehe unter und baut daher ein repressives Element in seine Argumentation ein. Die moderne Strategie, Homosexuelle zu diskriminieren, liegt heute nicht mehr darin, sie für schlecht zu halten. Sondern sie liegt darin, sie nicht für ganz so gut zu halten wie die Ehe. Dazu kommt eine typische ideologische Strategie kirchlicher Repression, die man seit Augusti-

---

128 T. Rendtorff: Ethik. Grundelemente, Methodologie und Konkretionen einer ethischen Theologie Bd. II; Stuttgart, Berlin, Köln 1991², 70.

129 W. Härle: Ethik, a.a.O., 360.

130 Ebd.; Herv. W. H.

131 Die Verurteilung der Homosexualität »ist für die meisten Menschen heute ganz fremd und problematisch« (W. Härle: Ethik, a.a.O., 323).

132 W. Härle: Ethik, a.a.O., 361.

nus[133] wiederfindet und die man so skizzieren kann: »Man darf Homosexuelle nicht bekämpfen, sondern muss ihnen helfen. Man muss sie liebevoll begrenzen.« Ich wittere hier eine in sich eingekapselte Homophobie, die ihre Aggression sublimiert und als Nächstenliebe ausgeben will.

Aber ist das Argument nicht wahr, dass Homosexuelle zuerst auf die sexuelle Ausrichtung ihres Gegenübers achten, um einen geeigneten Partner zu finden? Ist also das Sexuelle in den Strategien der Partnerwahl wichtiger als die Persönlichkeit des anderen? Ich antworte darauf, dass das auch bei heterosexuellen Neigungen der Fall ist. Heterosexuelle Männer finden Frauen attraktiv, weil sie Frauen sind. Wenn es nämlich nicht so wäre, dann wäre Bi-Sexualität das Liebesideal. Wir würden uns dann für einen Menschen interessieren, weil seine Persönlichkeit so wunderbar wäre – unabhängig, welches Geschlecht er hat. Es könnte sogar passieren, dass wir uns in einer Beziehung vorfinden und erst dann auf einmal merken, dass unser Partner dasselbe Geschlecht hat wie ich. Das wäre dann die ethisch vorzüglichste Form von Homosexualität – und vermutlich die, die Platon auch im Sinn hatte, als er die erotische Liebe unter Männer sogar der heterosexuellen Liebe vorzog. Nach Platon orientiert sich hier die Liebe an der Persönlichkeit und weniger am Geschlecht. Allerdings muss man wiederum einschränkend betonen, dass Platon meinte, die besten Persönlichkeiten kämen nun einmal bei Männern vor.[134] Natürlich ist auch das eine sexistische Position, weil sie Persönlichkeit wieder unter das Geschlecht stellt.

---

[133] R. Forst: Toleranz im Konflikt. Geschichte, Gehalt und Gegenwart eines umstrittenen Begriffs; Frankfurt 2004, 74.

[134] Platon: Das Gastmahl 191D–192C (a.a.O., 684).

So oder so: Erotische Liebe ist nicht einfach die Liebe zu einem anderen, sondern zugleich an der Geschlechtlichkeit des anderen. Das gilt für homosexuelle Liebe genauso wie für heterosexuelle Liebe. Ich halte diese Position bereits für ausreichend überzeugend, obwohl ich den Zusammenhang von Liebe und Sex noch gar nicht abschließend behandelt habe. Deshalb kann man Menschen mit homosexuellen Neigungen nicht vorwerfen, dass sie einen Partner suchen, der dieselbe sexuelle Neigung hat, und dafür entsprechende Schwulen- und Lesbenclubs aufsuchen oder spezielle Partnerbörsen im Internet durchstöbern. Das, was die Soziologin Eva Illouz »Ökologie der Wahl« genannt hat – also die sozialen Ressourcen und Strategien zur Partnerwahl –, kann sich zwar unterscheiden von denen heterosexueller Menschen. Und es mag sein, dass unter homosexuellen Menschen die sexuelle Ausrichtung noch wichtiger ist. Aber das heißt nicht, dass Homosexuelle Liebe vernachlässigen und deshalb rechtliche Nachteile gegenüber Heterosexuellen in Kauf nehmen müssen (etwa im Hinblick auf das Adoptionsrecht von Kindern).

Ich halte also homosexuelle Beziehungen als solche nicht für mehr sexualisiert als heterosexuelle. Das ist anders bei SM-Rollenspielen oder fetischistischen Intimpraktiken, sei es unter Homo- oder Heterosexuellen. Denn bei diesen Praktiken wird nicht nur der Partner in seiner Geschlechtlichkeit begehrt, sondern bestimmte sexuelle Praktiken gesucht, die wiederum von der Person wegführen. Solche Beziehungen sind stärker sexualisiert, nicht dagegen die homosexuellen Beziehungen als solche.

Exkurs: Gender und Sex

Ich unterbreche kurz die Diskussion zur Homosexualität und komme auf ein Thema zu sprechen, das ich bereits mehrfach gestreift habe und das seit einigen Jahren diskutiert wird, nämlich die Frage nach dem Verhältnis von Gender und Sex. Die sogenannte Genderforschung hat weitgehend den Feminismus abgelöst oder ist in feministische Positionen eingewandert. Die Genderforschung behauptet, dass die Geschlechter »männlich« und »weiblich« weniger auf natürlichen Unterschieden beruhen, sondern primär auf sozialen Konstruktionen. Frauen und Männer unterscheiden sich zwar biologisch. Das ist nicht konstruiert, sondern das ist »natürlich« so. Wer aber jetzt behaupten würde, dass der Unterschied zwischen Männern und Frauen auf diesem biologischen Unterschied beruht, würde sagen, dass »Sex« den Unterschied zwischen Mann und Frau ausmachen würde.

Die Streitfrage zwischen Sex und Gender lautet: Konstruiert die Natur unsere Interaktion zwischen Frauen und Männern? (Das wäre »Sex«.) Oder sind es umgekehrt unsere sozialen Konstruktionen von dem, was wir unter einem Mann und einer Frau verstehen, wie wir unsere biologischen Unterschiede wahrnehmen?

Für jemanden, der noch nie gendertheoretisch gedacht hat, widerspricht eine solche Position den eigenen Intuitionen. Und doch besteht inzwischen ein Konsens in der Sexualforschung, dass unsere Kultur bestimmt, wonach wir streben und welche Objekte unsere Triebe erwecken.[135] Natürlich

---

[135] I. Karle: Sexualität in der Moderne. Gendertheoretische und sozialethische Perspektiven; Zeitschrift für Evangelische Ethik 56/2012, 264–278, 267.

erzeugt die Kultur nicht unsere Geschlechtsorgane oder den geschlechtlich unterschiedlichen Testosteronspiegel. Aber die Kultur gibt diesen biologischen Unterschieden eine Bedeutung. Und erst aufgrund dieser Bedeutung begehren wir uns sexuell. Ich möchte einige Beispiele dafür geben, wie natürliche Differenzen kulturell imprägniert werden, ein Beispiel hat nichts mit Gender/Sex zu tun, das andere schon.

Das erste Beispiel ist Rassismus, also die Annahme, dass bestimmte Bevölkerungsgruppen aufgrund ihrer Rasse weniger wert sind als andere. Der Rassismus bezieht biologische Sachverhalte mit ein. Ein schwarzer Mensch kann die Sonnenstrahlen besser absorbieren und vertragen als ein Weißer. Das ist biologisch richtig. Die Frage ist aber, welche gesellschaftliche Bedeutung diese besondere Körpereigenschaft bekommt. Sollen Schwarze deshalb als Feldarbeiter Zwangsarbeit leisten, oder soll man sie in die Länder ausweisen, in denen viel die Sonne scheint? Oder sagt man, dass diese Hauteigenschaft in unserer Gesellschaft keine große Rolle spielen soll? Die ersten beiden Positionen sind rassistisch, die zweite Position ist es nicht. Aus der Körpereigenschaft folgt also nicht, wie man miteinander umgeht. In einer Gesellschaft, in der die Hauteigenschaft gesellschaftlich keine Bedeutung hat, sind Schwarze trotzdem schwarz und Weiße trotzdem weiß. Aber dieser natürliche Unterschied ist gesellschaftlich bedeutungslos.

Ein zweites Beispiel. Als ich Student war, studierte ich mit einem Mann, der transsexuell und kurz davor war, seinen Namen zu ändern und auch sein Geschlecht umoperieren zu lassen. Ich habe die Zeit erlebt, in der mein Kommilitone diesen Schritt vollzogen hat. Also habe ich denselben Menschen als zwei Persönlichkeiten erlebt, zunächst als Mann, dann als

Frau. Als sie eine Frau war, schminkte sie sich geschmackvoll und zog elegante Röcke an. Vermutlich aufgrund von Medikamenten hatte sie jetzt auch eine höhere Stimme. Vielleicht war die Stimme auch gar nicht höher, sondern ich hatte nur gedacht, dass sie höher ist. Jedenfalls fiel mir auf, dass sie eine attraktive Frau geworden war. Und mein Blick wanderte oft unwillkürlich bei den Begegnungen dorthin, wo er immer unwillkürlich hingeht, wenn ich Frauen ansehe. Obwohl ich also wusste, dass sie »von Natur her« ein Mann war und ich sie sogar als Mann kannte, übte sie jetzt sogar eine gewisse Anziehungskraft auf meine Blicke aus.

Was zeigt dieses Beispiel? Es trifft zumindest auf mich zu, dass ich gender-fixiert bin und nicht sex-fixiert. Verallgemeinern kann ich aber folgende These: Wir Männer begehren nicht Frauen deshalb, weil sie Brüste haben und eine Vagina. Nur bei den wenigsten Frauen können wir das sehen, weil wir sie nur in ihrer Kleidung sehen. Theoretisch wissen wir also gar nicht, ob es bei den Frauen zutrifft, die uns gefallen, dass sie Brüste und eine Vagina haben. Tatsächlich gibt es Transsexuelle und auch Transvestiten, die Männern gefallen, obwohl sie keine Brüste haben. Uns gefallen vielmehr Menschen aufgrund eines kulturell eingespielten Codes: aufgrund der Schminke, der lackierten Fußnägel, der Schuhe mit hohen Absätzen, des lang und groß geföhnten Haares und des Ganges.

Wer noch nicht davon überzeugt ist, könnte einwenden, dass für Männer lackierte Fußnägel eine Anziehungskraft besitzen, für Frauen aber nicht. Man könnte daraus folgern wollen, dass die Codes dann doch nicht kulturell geprägt sind, wenn sie doch nur Männer stimulieren und nicht auch Frauen. Darauf gehe ich mit zwei Antworten ein:

1. Männer und Frauen werden unterschiedlich sozialisiert, damit sie auf unterschiedliche Signale reagieren. Lackierte Fußnägel indizieren nicht nur diesen Fuß, sondern sie symbolisieren auch eine kulturelle Bedeutung (Schönheit, Gepflegtheit, Weiblichkeit). Obwohl keine Frau mit lackierten Fußnägeln geboren wird, assoziieren wir mit lackierten Fußnägeln Weiblichkeit.
2. Was ein Mann ist und was eine Frau, wird selbst sozial/kulturell festgelegt, wie das Beispiel von der transsexuellen Kommilitonin gezeigt hat. Es wird also über kulturelle Interaktionsmuster festgelegt, wer mit den Symbolen der Kosmetik und Kleidung angesprochen werden soll.

Einen zweiten Einwand könnte man vorbringen: Wir wissen aus der Verhaltensforschung, dass Menschen einem sympathischer erscheinen, wenn das Gesicht und die Augen groß und rund sind und der Mund hervorgehobene Lippen hat. Man spricht vom sogenannten »Kindchenschema«. Dieses Schema wird in der Kosmetikindustrie und auch in der Pornographie ausgenutzt, weil nun auch Frauen attraktiver erscheinen, wenn sie ihr Haar stark aufblähen und ihre Augen so schminken, dass Kopf und Augen größer erscheinen. Ebenso ist es mit dem Vergrößern des Mundes mit Lippenstift.[136] Ist dieses Beispiel nicht ein Beweis dafür, dass doch die Natur unseren erotischen Anreiz weckt und nicht die Kultur, wenn sich doch Frauen mit ihrer Kosmetik-Strategie einem natürlichen Schema unterordnen?

Ich beantworte diesen Einwand mit einer Gegenfrage: Warum machen das allenfalls Frauen so? Warum nicht auch viele

---

[136] A. Foerst: Von Robotern, Mensch und Gott. Künstliche Intelligenz und die existenzielle Dimension des Lebens; Göttingen 2009, 135f.

Männer? Doch vermutlich, weil Männer nicht süß und verletzlich wirken sollen. Das Kindchenschema bedient nur eine ganz bestimmte Form von Sympathie, nämlich die, bei der die sympathisch wirkende Person zugleich schwach und hilfsbedürftig wirkt, »niedlich und unschuldig«[137]. (Das ist übrigens ein Grund, weshalb Feministinnen bewusst mit solchen Stereotypen brechen – bis auf den hohen Schuhabsatz, der nämlich Macht und Stolz assoziiert.) Ein solches Schönheitsideal vom Kindchenschema scheint kulturell für Männer nicht imprägniert zu sein. Männer müssen über andere kulturelle Codes attraktiv wirken.

Ich möchte die Einwände gegen die Gendertheorie an einem Autor näher diskutieren, nämlich an Wilfried Härles Kritik. Mit der Ethik von Härle ist die theologische Kritik an dem Genderkonzept quasi »kanonisch« geworden. Dabei klingt für einen Gendertheoretiker der Anfang des Kapitels »Sexualität, Liebe und Lebensformen« zunächst verheißungsvoll, wenn Härle schreibt: »›Sexualität‹ gibt es erst seit der Wende vom 18. zum 19. Jahrhundert.«[138] Das schreibt auch die Gendertheoretikerin Isolde Karle[139], auf die sich Härle jedoch immer wieder in seiner Kritik an der Gendertheorie bezieht. Warum Härle seine wichtige Einstiegsbeobachtung nicht weiterführt, überrascht, zumal er Sprachbildungen – auch des Begriffes

---

137 A. Foerst: Von Robotern, Mensch und Gott, a.a.O., 136.

138 W. Härle: Ethik, a.a.O., 304.

139 »Die Analyse der Geschlechterkonfiguration zeigt, dass sich die Vorstellung von der dichotomen Komplementarität der Geschlechter erst im Zusammenhang einer bestimmten gesellschaftsstrukturellen Entwicklung im 18. und 19. Jahrhundert konsequent durchsetzt« (I. Karle: Liebe in der Moderne. Körperlichkeit, Sexualität und Ehe; Gütersloh 2014, 117).

»Sexualität« – als Ausdruck »für sich verändernde gesellschaftliche Realitäten«[140] versteht. Außerdem scheint er die lateinische Wortwahl zu akzeptieren, die sogar vier Geschlechter kennt[141], und damit die Dichotomie von Mann und Frau aufzuweichen. Der entscheidende Fehler liegt darin, dass Härle plötzlich doch Geschlechtlichkeit als »natürlichen« Sachverhalt entdeckt. Dieser Erkenntnisrückschritt ist aber sowohl in seiner Argumentation widersprüchlich als auch theologisch inadäquat, wie ich nun zeigen möchte.

Härle stellt drei Geschlechtertheorien vor[142], eine, die sich mehr an der biologischen Ausstattung orientiert, eine zweite, die das sexuelle Verhalten in den Vordergrund stellt, und schließlich die Gendertheorie. Nach seiner kurzen Darstellung entscheidet er sich für die zweite, »psychologisch-ethologische« Theorie: »Für den Zweck eines ethischen Lehrbuchs scheint es mir am angemessensten, von der psychologisch-ethologischen Begriffsbestimmung auszugehen, weil sie eine natürliche Affinität zum Handeln und zur Lebensführung hat.«[143] Härle folgt also der Gendertheorie nicht, weil sie die behauptete »natürliche Affinität« nicht unterstützt. Dieser Grund beruht jedoch auf einem logischen Zirkelschluss: Denn dass eine natürliche Affinität von Geschlechterbeschreibungen für Handeln und Lebensführung überhaupt angemessen ist, muss ja zunächst gezeigt werden, bevor man sie zum Ausschlusskriterium der Gendertheorie erhebt.

---

140 W. Härle: Ethik, a.a.O., 304.

141 A.a.O., 305.

142 A.a.O., 306f.

143 A.a.O., 307.

Entsprechend seinem Ansatz werden nun biologische Sachverhalte aufgezählt und beschrieben, die das sexuelle Verhalten der Geschlechter bestimmen.[144] Die Gendertheorie, in Gestalt von Isolde Karles Beschreibung, wird dagegen nach meinem Eindruck in ihrem Anspruch grundsätzlich falsch verstanden. Härle rekonstruiert Karles Grundthese folgendermaßen: »Es gibt Geschlechtlichkeit nicht als Sexus, d. h. nicht als natürlich gegebene, also vorgegebene Geschlechteridentität, sondern *nur als Gender*, als soziales, kulturelles Produkt.«[145] Diese These ist allerdings vieldeutig. Falsch wäre sie, wenn Karle meinen würde, dass Geschlechtsorgane erst durch kulturelle Einflüsse gewachsen wären. Es gibt zwar in der Evolutionstheorie inzwischen starke Stimmen, die den epigenetischen und den Verhaltensanteil der Interaktion zwischen Lebewesen und Umwelt für die phänotypische Entwicklung der Lebewesen betonen.[146] Und somit könnte der kulturelle Anteil für die Entwicklungs*geschichte* der Geschlechtsorgane einflussreich gewesen sein. Das heißt aber nicht, dass das *Vorhandensein* von unterschiedlichen Geschlechtsorganen »nur« der Kultur zuzuschreiben ist. Es ist unwahrscheinlich, dass Isolde Karle das meinen könnte. – Eine zweite mögliche Bedeutung der These Karles lässt aber Härle aus, obwohl er sie sogar in einer Anmerkung zitiert: »*Die Sozialgestalt der Zweigeschlecht-*

---

144 A.a.O., 309ff.

145 A.a.O., 315.

146 Es »muss durchaus nicht immer der genetische Weg der primäre sein. Modifikationen auf phänotypischer Ebene können vielmehr den genetischen Veränderungen vorausgehen und diese kanalisieren und beschleunigen« (G. Toepfer: Generelle Evolutionstheorie; in: Ph. Sarasin/M. Sommer [Hg.]: Evolution. Ein interdisziplinäres Handbuch; Stuttgart 2010, 126–137, 129).

lichkeit ist nichts Naturgegebenes.«[147] Bei Härle dagegen wird der Ausdruck »Sozialgestalt« übersehen, wenn er Karles Position beschreibt, dass dabei die »*basale Zweigeschlechtlichkeit*«[148] als biologischer Sachverhalt bestritten werde. Karles These schließt aber nicht notwendig aus, dass es mehrere biologische Geschlechter gibt. Sie kann allerdings behaupten, dass die Gegenüberstellung in »zwei« Geschlechter auf einer kulturellen Konstruktion beruht, die Sozialgestalten ausprägt. Denn was will man damit erreichen, dass man die zweifellos vorliegenden biologischen Differenzen für das soziale Zusammenleben relevant macht? Ist es nicht bereits eine *moralische und damit kulturelle und soziale* Entscheidung, wie man Differenzen zwischen Menschen klassifiziert? Härle scheint das einzuräumen, wenn er aus *ethischen* Gründen fordert: »Deswegen müssen die physiologischen Befunde für die Darstellung und Bearbeitung der Geschlechterdifferenz ernster genommen werden. ... Sonst geht auch die wichtige Unterscheidung verloren, *welche* gesellschaftlichen Bedingungen Gegenstand sinnvoller sozialer und kultureller Änderungsbemühungen sind und welche *nicht*.«[149] Diese Aussage ist aber faktisch ein dialektisches *Gender*-Argument: Es fordert nämlich, Natürlichkeit aus *ethischen* Gründen zu *konstruieren* – selbst wenn es sich bei Härle nur um eine Rekonstruktion handeln soll.[150] Dann aber lässt sich Härles Vorwurf nicht mehr halten, dass die Gendertheorie soziale Konstruktionen als »*beliebige* Kon-

147 W. Härle: Ethik, a.a.O., 315, Herv. im Original.

148 Ebd.; Herv. W. H.

149 W. Härle: Ethik, a.a.O., 316, Herv. W. H.

150 Auch eine Rekonstruktion ist eine Konstruktion, weil das, was rekonstruiert wird, ohne die Rekonstruktion nicht vorhanden oder relevant wäre.

struktionen«[151] versteht. Vielmehr legt die Gendertheorie die Möglichkeit frei, Geschlechterbeziehungen gerade nicht nach willkürlichen, sondern nach normativen Verbindlichkeiten neu zu bestimmen und gegen andere soziale Zwänge auszutauschen.

Noch einmal: Die Gendertheorie muss nicht bezweifeln, dass zwischen Frauen und Männern bestimmte biologische Unterschiede bestehen – ebenso wie zwischen blonden und schwarzhaarigen Menschen biologische Unterschiede bestehen. Warum aber sollten Geschlechterunterschiede das soziale Zusammenleben nach Rollenzuschreibungen regeln, wie wir es umgekehrt unterschiedlichen Haarfarben nicht zugestehen? Härle würde darauf antworten, dass Geschlechterunterschiede in das soziale Leben auf natürliche Weise stärker einwirken: »Menstruation, Schwangerschaft und Geburt ... *können* zumindest das Erleben tiefgreifend bestimmen.«[152] Aber in dieser modalen Abschwächung lässt sich das auch von Haarfarben sagen: Auch die Haarfarbe *kann* das Erleben tiefgreifend bestimmen, wie wir nicht nur aus Blondinenwitzen wissen. Härle schreibt darüber hinaus, dass die im Durchschnitt unterschiedliche Körperkraft zwischen Frauen und Männern hormonell bedingt sei »und damit genetisch verankert«.[153] Ich erinnere daran, dass nicht alle Evolutionsbiologen Härle in seiner Schlussfolgerung (»und damit«) zustimmen würden: Es muss nicht genetische Gründe haben, dass solche Unterschiede vorliegen, wenn sie denn vorliegen. Aber selbst wenn Härle Recht hat, folgt daraus nicht, dass unterschied-

[151] W. Härle: Ethik, a.a.O., 316, Herv. W. H.

[152] W. Härle: Ethik, a.a.O., 317, Herv. W. H.

[153] W. Härle: Ethik, a.a.O., 317.

liche Körperkraft sozial relevant sein sollte oder es auch nur ist. Man kann bereits bezweifeln, dass die unterschiedliche Körperkraft von Menschen auf die Geschlechtlichkeit zurückgeführt werden kann. Das hängt einfach damit zusammen, dass Durchschnitte soziale Konstruktionen sind, die vom jeweiligen Erkenntnisinteresse geführt werden. Ich führe dazu eine andere Durchschnittsermittlung vor: Die meisten Frauen zwischen 20 und 50 Jahren dürften »durchschnittlich« den meisten Männern zwischen 65 und 95 Jahren an Körperkraft überlegen sein. Was soll aber daraus sozial folgen? Dass alte Menschen keine Gartenarbeit mehr leisten dürfen? Oder dass Frauen zwischen 20 und 50 Jahren gegen ihren Willen zur Zwangsarbeit in den Gärten alter Männer verpflichtet werden dürfen? Oder folgt vielleicht sozial gar nichts daraus? Ist also diese Durchschnittsermittlung eines natürlichen Sachverhalts sozial überhaupt nicht relevant? Und schließlich: Was unterscheidet meine Durchschnittsermittlung von den 20- bis 50-jährigen Frauen, *die sowohl »natürlich« als auch eine Konstruktion ist*, von jenen Durchschnittsbeschreibungen der Geschlechter, die aus *ethischen* Gründen von Härle vorgenommen werden?

Zuletzt will ich einen theologischen Einwand gegen Härles Kritik vorbringen. Härle vertritt – nach meinem Eindruck zu Recht – einen sogenannten Infralapsarismus, die Position also, dass der Zugang zur Schöpfung vor dem Sündenfall uns Menschen verschlossen ist.[154] »Wenn die Bibel und der christliche Glaube von der Schöpfung sprechen, so ist ihr Standort stets ›jenseits von Eden‹ (Gen 4,16).«[155] Mit diesem infralapsa-

[154] W. Härle: Ethik, a.a.O., 126.

[155] A.a.O., 322.

ristischen Ansatz rechtfertigt Härle den Sinn einer theologischen Ethik. *Dann aber bleibt theologisch zur Gendertheorie keine Alternative.* Denn wenn durch die Sünde (den Verlust des Gottvertrauens) »das *Geschlechterverhältnis* betroffen«[156] ist, dann kann das Geschlechterverhältnis gerade nicht aufgrund seiner Natürlichkeit ethische Ansprüche setzen.[157]

Mir scheint daher, dass die Parallelisierung von *Natürlichkeit* mit *biologischen* Sachverhalten ein theologischer Kategoriefehler ist. Denn die theologische Perspektive auf biologische Sachverhalte kann selbst nur eine infralapsaristische sein, die keinen Zugang zur Schöpfung vor dem Sündenfall hat. Prägnant ausgedrückt, können biologische Sachverhalte aus infralapsaristischen Gründen auch widernatürlich sein und dem Schöpfungswillen Gottes widersprechen. Deshalb kann sich eine theologische Wertschätzung der Natur nicht aus biologischen Sachverhalten ergeben, sondern allenfalls aus »der Offenbarung Gottes zur Erkenntnis auch des Naturrechts«.[158] Härles Gegenrede gegen die Gendertheorie kann also nicht überzeugen, zumal sie selbst teilweise Gender-Argumente verwendet oder impliziert: »Geschlechtliche Identitäten und Verhaltensweisen sind in erheblichem Maße gesellschaftlich-kulturell mitkonstruiert, also nicht von Natur aus festgelegt.«[159]

---

156 Ebd., Herv. W. H.

157 Wenn Härle in seiner kurzen Darstellung der Naturrechtstheorien die »Frage nach einer überpositiven Rechtsbegründung« (W. Härle: Ethik, a.a.O., 452) stellt, so kann diese Frage in seiner Konzeption nur mit Offenbarung beantwortet werden (451), nicht aber mit Natur.

158 W. Härle: Ethik, a.a.O., 126.

159 A.a.O., 462.

Aber löse ich meinen Anspruch, gendertheoretisch zu denken, in diesem Buch konsequent selbst ein? Ich habe ja in meiner bisherigen Darstellung behauptet, dass Menschen nicht einfach eine andere Person attraktiv finden, sondern eine Person mit einem bestimmten Geschlecht. Die Geschlechtlichkeit wird also immer mitbegehrt. Vertrete ich daher eine sex-theoretische Position? Oder kann meine Behauptung auch als gendertheoretische Position vertreten werden?

Ich halte meine Position für eine gendertheoretische. Mag sein, dass auch Sex-Theoretiker sie vertreten könnten. Die Gendertheorie würde nur sagen, dass es Sex-Theoretiker überhaupt nur aufgrund bestimmter kultureller Vorprägungen gibt. *Menschen begehren sich also sexuell, weil sie ihrem natürlichen sexuellen Trieb eine bestimmte soziale Bedeutung geben.* Ich räume ein, dass der Sexualtrieb ein natürlicher Trieb ist. Daraus lässt sich aber noch nicht natürlich ableiten, welche Bedeutung der Trieb in unserem Zusammenleben bekommt. In manchen Kulturen wird dieser Trieb unterdrückt (etwa im Monasmus oder in Kulturen, in denen die Genitalien verstümmelt werden). In manchen Kulturen gilt die homosexuelle Intimität als vorbildlich bei allen Zugeständnissen an die Bi-Sexualität (wie etwa in der griechisch-hellenischen Antike) und in manchen die heterosexuelle Intimität, manchmal die Polygamie, manchmal die Monogamie. Die Masturbation bestätigt, dass nicht einmal ein anderer zugegen sein muss, um seinen sexuellen Trieb zu befriedigen. Auch die Geschlechtlichkeit eines anderen wird dann nicht zwingend begehrt.

Allerdings verläuft die Diskussion um Homosexualität unter bestimmten kulturellen (Gender-)Bedingungen, nämlich in solchen, in denen die Ehe und damit die heterosexuelle Intimbeziehung nach wie vor privilegiert wird. Es handelt sich dabei um diejenigen kulturellen Rahmenbedingungen, in denen meine Aussage wahr ist: Menschen begehren sexuell nicht nur einen anderen Menschen, sondern immer auch seine Geschlechtlichkeit. Diese Aussage trifft auf heterosexuelle Beziehungen ebenso zu wie auf homosexuelle Beziehungen. Deshalb kann sich daran die behauptete ethische Tendenz nicht ausweisen, dass homosexuelle Beziehungen angeblich mehr sexualisiert sind, während heterosexuelle Beziehungen Personen lieben. (Abgesehen davon halte ich das Argument nicht für hinreichend für eine Bewertung von Sex: Vielleicht sind sexualisierte Beziehungen ethisch besser als Liebesbeziehungen, weil sie besser vertraglich kontrolliert werden können, während in Liebesbeziehungen oft die Verletzlichkeit des Partners ausgenutzt wird, um ihn zu dominieren.)

Die Gendertheorie besitzt eine emanzipatorische Kraft. Und sobald sie sie verliert, wird sie wieder abgelöst von einer Sex-Theorie, die soziale Geschlechterbeziehungen von unveränderlichen Fakten dominieren lässt. Deshalb hat sich auch der Feminismus in eine Gendertheorie überführen lassen, weil hier das Anliegen nach Emanzipation und Gleichberechtigung weitergeführt wird. Denn wenn die Kultur die Bedingung für Geschlechterverhältnisse abgibt, dann können die Geschlechterverhältnisse auch durch kulturelle Wandel verändert werden.

Manche gendertheoretischen Beiträge vergessen allerdings den emanzipatorischen und damit ethischen Impetus. Ein Beispiel ist eine Bemerkung von Isolde Karle, die die scheinbar gewöhnliche Behauptung aufgestellt hat, dass Intimbeziehungen notwendig auch sexuell sind.[160] Sie versteht

160 Bei anderen Autoren findet man sogar die emphatische Äußerung,

dabei anscheinend den Begriff Intimität nicht selbst sexuell – während er bei mir erotisch und sexuell assoziiert ist[161] –, sondern als Liebesbeziehung. Liebesbeziehungen also sind notwendig sexuell, und zwar deshalb, weil hier der andere komplett berücksichtigt werde.[162] Vielleicht hat Isolde Karle sogar gemeint, dass der andere *nur* hier komplett berücksichtigt werde, oder auch, dass jeder Partner, der komplett berücksichtigt wird, auch sexuell erlebt werden muss. In allen Fällen halte ich diese Behauptung nicht mehr mit einer gendertheoretischen Position vereinbar. Sie macht nämlich Sexualität notwendig für eine Partnerschaftlichkeit, die die Geschlechter als soziale Konstruktionen ernst nimmt. Jetzt ist Sex wieder bestimmend für Gender und nicht umgekehrt. Denn gerade wenn gilt, dass die Geschlechterverhältnisse soziale Konstruktionen sind, muss ein freier Umgang mit der sexuellen Natur jedes Geschlechts möglich sein.[163] Gendertheoretisch kann unter bestimmten Umständen gerade der Verzicht auf den Sexualakt den anderen komplett berücksichtigen. Und manchmal kann das gemeinsame Musizieren eher den anderen komplett entdecken als das Sexuelle.

Sexualität sei »mehr als notwendig« (P. Dabrock/R. Augstein/C. Helfferich u.a.: Unverschämt – schön, a.a.O., 74).

161 Sektion 3.1.

162 I. Karle: Sexualität in der Moderne, a.a.O., 270.

163 Der Einwand, dass ich hier «Sexualität« äquivok gebrauche, nämlich zum einen als *biologische* Anlage *eines* Menschen und zum anderen als *Verhalten* unter *Intimpartnern*, verfängt nicht: Denn das Verhalten, das den anderen »komplett berücksichtigt«, soll ihn dann gerade auch in seiner biologischen Anlage berücksichtigen. Deshalb kann man auch nicht einwenden, dass sich Karle gendertheoretisch nur aufs Verhalten bezieht.

Zum Schluss dieses Exkurses nehme ich den Faden der Homosexualität langsam wieder auf, um auf einen anderen gefährlichen Argumentationstyp hinzuweisen, der wieder die Logik der Gendertheorie verlässt. Es handelt sich um einen Argumentationstyp, den Homosexuelle gerne verwenden, um ihre Neigungen und ihre Praxis zu legitimieren. Ich halte diese Strategie aber für eine Falle, in die Homosexuelle dann selbst tappen. Dieser Typ besteht darin, biologische Äquivalenzen für eine homosexuelle Disposition aufzuführen. Gelegentlich wird darauf verwiesen, dass auch im Tierreich und in allen menschlichen Kulturen Homosexualität vorkomme, und zwar in vergleichbaren Anteilen gemessen an der jeweiligen Gesamtpopulation. Damit wird das Phänomen naturalisiert: Wenn Homosexualität überall gleich ist, dann entscheidet nicht mehr die Kultur darüber, sondern die Natur. (Mit dem Argument wollen Homosexuelle dem Dammbruch-Argument einen Riegel vorschieben, das Fundamentalisten anführen, wenn sie befürchten, dass sich Homosexualität wie eine Seuche ausbreiten könne.)

Inzwischen übt die Genetik einen ähnlichen Naturalisierungsschub in der Debatte aus: Angeblich seien bestimmte Menschen genetisch disponiert, homosexuell zu sein. Damit will man zeigen, dass Homosexualität »natürlich« ist. Ted Peters hat zu Recht darauf hingewiesen, dass dieser Schuss nach hinten losgehen kann: Angenommen, Homosexualität wäre Sünde. Dann wird sie nicht zur Nicht-Sünde, sobald sie genetisch determiniert ist.[164] Aus der Tatsache, dass etwas na-

---

[164] T. Peters: Genes, Theology, and Social Ethics: Are We Playing God? in: Ders. (Ed.): Genetics. Issues of Social Justice; Ohio 1998, 1-45, 21.

türlich ist, folgt nicht, dass es schon gut ist.[165] Im Gegenteil könnte das alte Vorurteil, dass Homosexualität eine Krankheit ist, hiermit genetisch bestätigt werden, als Gendefekt. Und anstatt sich ethisch mit Homosexualität zu beschäftigen, könnten wir versucht sein, Homosexuelle mit Hilfe der Gentechnik zu »heilen«.[166]

3.3.2 *Sind homosexuelle Beziehungen ethisch anderen Intimbeziehungen unterlegen?*

Ich erwähnte bereits, dass inzwischen häufiger die Strategie eingesetzt wird, homosexuelle Beziehungen zwar als legitim anzuerkennen, aber sie doch für strukturell defizitär zu erklären. Zumal in kirchlichen Verlautbarungen ist weithin die Ehe zum »Leitbild« für Intimbeziehungen erklärt worden. Der Ausdruck »Leitbild« ist allerdings missverständlich, sobald die Ehe nur heterosexuelle Beziehungen einschließt. Wie soll sich eine homosexuelle Person an diesem Leitbild orientieren, wenn sie qua ihrer sexuellen Ausrichtung an diesem Leitbild nur gewaltsam teilhaben kann? Darauf beruht das Problem des Coming-out: Etliche Homosexuelle können sich nicht eingestehen, homosexuell zu sein. Zwar ist angeblich die homosexuelle Neigung schon lebensgeschichtlich früh ausgeprägt. Dennoch fällt es Menschen schwer, sich für ihre Homosexualität zu *entscheiden*. Die Entscheidung, anzuerkennen, wer man ist, ist eine ethische Wahl, und sie unterscheidet sich von einer bloßen homosexuellen Neigung. Ohne diese ethische Wahl können aber Familien schwer belastet werden. Das

165 T. Peters: Genes, Theology, and Social Ethics, a.a.O., 22.

166 Vgl. Ph. Hefner: Determinism, Freedom and Moral Failure; in: T. Peters (Ed.): Genetics. Issues of Social Justice; Ohio 1998, 111–121, 117.

heißt, man stürzt Familien in psychische und ethische Probleme, wenn man die falsche Entscheidung trifft.

In meiner Seelsorgepraxis habe ich Menschen betreut, bei denen einer der Partner während des Ehelebens sein Coming-out hatte. In einigen Familien sind Kinder gezeugt und geboren worden. Und doch gab es massive Probleme mit dem ehelichen Sexualleben: sexuelle Übergriffe oder permanente Zurückweisung, die *beide* Ehepartner gedemütigt hatte.

Zwar wären die Kinder nie geboren worden, hätte der homosexuelle Partner sich nie für die Ehe entschieden. Insofern hatte diese Wahl etwas Gutes. Und doch haben die homosexuellen Ehepartner eine falsche Wahl getroffen – vielleicht auch, um sich mit einer scheinbaren Normalität zu beruhigen. Für diese Menschen wäre es dann ethisch besser gewesen, sie wären mit keinem Leitbild konfrontiert gewesen, das sie eigentlich ausschließt und nur dann einschließt, wenn sie gewaltsam gegen sich selbst sind.

Isolde Karle hat deshalb Recht, dass man nicht darüber nachdenken sollte, welche intime Partnerschaft Leitbild sei, weil viele Partnerschaften kein Leitbild haben[167] – also (nach meiner Interpretation) entweder sich an keinem orientieren oder nur an einem Leitbild scheitern können. Stattdessen schlägt Karle vor, die Kriterien gelingender Partnerschaft zum Leitbild zu erklären.[168] Ihre Vorschläge sind Freiwilligkeit, Konsens, Gleichheit, Verlässlichkeit und Partnerschaftlichkeit.[169] Aber abgesehen davon, dass dieser Vorschlag teilweise zirkulär ist (das Leitbild der Partnerschaft ist Partner-

167 I. Karle: Sexualität in der Moderne, a.a.O., 272.

168 Ebd.

169 I. Karle: Sexualität in der Moderne, a.a.O., 273.

schaftlichkeit), droht damit eine Wiederkehr der Leitbilder. Es könnte nämlich sein, dass Karles Vorschläge sich am besten in einer bestimmten fest institutionalisierten Lebensform realisieren lassen. Also wäre dann doch wieder diese bestimmte Lebensform das Leitbild.

Der Leitbildgedanke spielt in kirchlich-theologischen Verlautbarungen nach wie vor eine prominente Rolle. Die Evangelische Kirche von Kurhessen-Waldeck (EKKW) hat 1998 ebensolche Kriterien wie Karle aufgestellt und daraus gefolgert, dass sie am besten in einer Familie realisiert werden können, der die Ehe beigeordnet ist.[170] Die Thesenreihe der EKKW ist deswegen von Bedeutung, weil damals Wilfried Härle noch in der Theologischen Kammer der EKKW gesessen und maßgeblichen Anteil an diesem Papier hatte. Die Leitbild-Kriterien sind für die Theologische Kammer der EKKW die folgenden: Respektierung der Würde menschlichen Lebens, Dauerhaftigkeit, Verlässlichkeit, Verantwortung für das Schutz- und Pflegebedürftige, Offenheit für die Weitergabe menschlichen Lebens.[171]

Härle hat dann in seinem Ethik-Lehrbuch entsprechende Kriterien für homosexuelle Paare zitiert, die die EKD für sie vorgeschlagen hat: Freiwilligkeit, Ganzheitlichkeit, Dauer, Verbindlichkeit, Partnerschaftlichkeit.[172] – Härle war übrigens inzwischen zur Theologischen Kammer der EKD aufgestiegen. – Interessant ist, dass diese Leitbildkriterien sehr dicht

[170] Was dem Leben dient. Familie – Ehe – andere Lebensformen. Eine Thesenreihe der Theologischen Kammer der Evangelischen Kirche von Kurhessen-Waldeck; Kassel 1998, 41, 44.

[171] Was dem Leben dient, a.a.O., 38f.

[172] W. Härle: Ethik, a.a.O., 361.

an die Ehe herankommen. Nur ein entscheidendes Kriterium fehlt, nämlich die sogenannte »Generativität«, also die Fähigkeit, eigene Kinder zu bekommen – das ist das, was die EKKW noch »Offenheit für die Weitergabe menschlichen Lebens« genannt hatte.

Nun ist aber inzwischen auch dieses Kriterium kein Ausschlusskriterium für Homosexuelle mehr. Erstens leben inzwischen sehr viele Kinder in Familien, in denen sie von ihren homosexuellen Eltern erzogen werden. Zweitens ist es inzwischen prinzipiell biotechnologisch möglich, dass homosexuelle Paare eigene Kinder bekommen. Zurzeit geht das zwar nicht ohne die Unterstützung einer dritten Person. Aber theoretisch können homosexuelle Paare gemeinsame biologische Eltern werden. Bei lesbischen Paaren ist das noch etwas einfacher: Eine Partnerin spendet ein Ei, das dann künstlich befruchtet wird. Danach wird dieses Ei in den Uterus der anderen Partnerin implantiert, die das Kind dann austrägt. Schwule Paare sind bei dieser Prozedur allerdings auf eine Leihmutter angewiesen, die das Kind austragen muss. Dadurch wird bei schwulen Paaren auch ein Partner biologisch ausgeschlossen. Künftig könnte das anders sein, wenn die Methoden der Gentechnik und Reproduktionsmedizin noch ausgereifter sind. Viele dieser Methoden sind aus bioethischen Gründen umstritten und zurzeit auch nach deutschem Recht verboten (etwa die Leihmutterschaft). Zudem haben homosexuelle Paare zurzeit noch kein Adoptionsrecht, was sich aber in nächster Zeit ändern könnte. Zumindest kann man nicht mehr pauschal sagen, dass eine homosexuelle Partnerschaft vom Kriterium der Generativität ausgeschlossen ist.

Folgerichtig veröffentlichte im Jahr 2013 der Rat der EKD ein mutiges Papier zu familiären Lebensformen, das auf den

Leitbildcharakter der Ehe verzichtet hat.[173] Im Gegenteil: »Die traditionellen Leitbilder halten den neuen Herausforderungen in Wirtschaft und Gesellschaft sowie den vielfältigen Erwartungen an Familien nicht mehr stand.«[174] Leider kritisiert das Papier nicht den Leitbildgedanken als solchen, sondern verzichtet nur darauf angesichts dessen, dass das bisherige Leitbild Ehe verlorengegangen ist.[175] Gerade deshalb sollen neue Leitbilder gesucht und entwickelt werden.[176] Das Kriterium dazu ist: »Protestantische Theologie unterstützt das Leitbild der an Gerechtigkeit orientierten Familie, die in verlässlicher und verbindlicher Partnerschaft verantwortlich gelebt wird.«[177] Die partnerschaftliche, an Chancengleichheit und Fairness orientierte Familie ist damit das neue Leitbild.[178] Daran ist das inklusive Anliegen des Leitbildes neu: »Familie haben alle«[179], zitiert das Papier zustimmend und schließt damit homosexuelle Partnerschaften ebenso ein. Die Leitbildkriterien sollen niemanden ausschließen aufgrund seiner sexuellen Neigung oder Gender-Zugehörigkeit. Der Familienbegriff erscheint dafür offener zu sein als der Ehebegriff.

Dieses Papier hat in der deutschen Öffentlichkeit einen Sturm der Entrüstung losgetreten: In den deutschen Feuilletons und in theologischen Fachzeitschriften wurde kriti-

---

173 Zwischen Autonomie und Angewiesenheit. Familie als verlässliche Gemeinschaft stärken. Eine Orientierungshilfe des Rates der Evangelischen Kirche in Deutschland; Gütersloh 2013.

174 Zwischen Autonomie und Angewiesenheit, a.a.O., 142.

175 Der Leitbildbegriff wird im Papier nahezu nur als Begriff einer historischen Situation benutzt.

176 Zwischen Autonomie und Angewiesenheit, a.a.O., 19, 132.

177 Zwischen Autonomie und Angewiesenheit, a.a.O., 55.

178 Zwischen Autonomie und Angewiesenheit, a.a.O., 68.

179 Zwischen Autonomie und Angewiesenheit, a.a.O., 132.

siert, damit würden die Türen zur Ökumene zugeschlagen, das Papier sei biblisch-theologisch unzureichend – und: Es fehle eben das Leitbild der Ehe. Tatsächlich schreibt das Papier: »Heute erscheinen die Institutionen Ehe und Familie nicht mehr als unveränderliche Ordnung.«[180] Dieser Satz wird offenbar normativ verstanden, weil das Papier damit keine Bedrohung für die Familie erkennt.[181]

Ulrich Körtner kritisiert daran, dass das Leitbild der Ehe aufgegeben werde.[182] Anscheinend wittert Körtner einen Dammbruch, weil mit der theologischen Argumentation des Papiers auch die Polygamie oder Polyamorie gerechtfertigt werden könne.[183] Die Ehe werde nicht mehr als Institution gewürdigt, sondern nur noch als rechtlicher Vertragsabschluss.[184] Theologisch fungiere die Bibel nur noch als »Stichwortgeber für die eigene Positionen, die vorher schon feststehen«.[185] Die Bibel verliere dadurch ihre kritische Funktion.

In seinem Kommentar unterschlägt Körtner allerdings, dass das Papier sehr wohl Kriterien nennt, unter denen homosexuelle Intimbeziehungen mit der Ehe als gleichwertig zu gelten haben.[186] Diese Kriterien sind:

1. Die biblische Kritik an Homosexualität ist nicht zeitlos gültig.[187] Tatsächlich wird leider dieses Argument nicht näher

---

180 Ebd.

181 Ebd.

182 U. H. J. Körtner: Hauptsache gerecht. Wie die EKD Familie neu zu denken versucht; ZEE 57/2013, 243–248, 244.

183 U. H. J. Körtner: Hauptsache gerecht, a.a.O., 245.

184 Ebd.

185 U. H. J. Körtner: Hauptsache gerecht, a.a.O., 247.

186 Zwischen Autonomie und Angewiesenheit, a.a.O., 66.

187 Ebd.

ausgeführt; doch gibt es einen großen theologischen Konsens in dieser Sache – sogar einen, den man aus der Bibel selbst herleiten kann: Paulus selbst schreibt, dass das Gesetz für Christen nicht gültig sei.[188]

2. Es gebe aber in der Bibel einen »Grundton«, wonach die Christen in ihrem Zusammenleben zur Treue aufgerufen seien, die der Treue Gottes entspricht. Diese Treue stellen gerade auch Homosexuelle unter Beweis, die eine eingetragene Lebenspartnerschaft eingehen.[189]

3. Eine kirchliche Segenshandlung von homosexuellen Paaren in eingetragener Lebenspartnerschaft entspricht der kirchlichen Praxis von Segenshandlungen, die die Rechtfertigung des Menschen allein aus Gnade ausdrückt.[190] Es handle sich dabei um einen wirkmächtigen Zuspruch von Zukunft, der auch nachfolgende Generationen einbeziehe. Dieser Zuspruch setze nicht die Leistung von Menschen voraus.[191]

Insgesamt bewegt sich diese Argumentation sowohl auf den Pfaden reformatorischer Begründung als auch auf dem Boden derzeitigen theologisch-ethischen Konsenses.

Das Deutsche Pfarrerblatt hat im selben Jahr verschiedene Theologen zu Teilthemen des EKD-Familienpapiers Kommentare verfassen lassen. In einem Artikel fand man einen Einwand zur neuen kirchlichen Segnungspraxis homosexueller Paare: In der Bibel sei der Segen klar zugeschnitten auf bestimmte Themen, die mit Fruchtbarkeit zu tun hätten. Darüber hinaus könne die Kirche grundsätzlich nicht ent-

188 So auch W. Härle: Ethik, a.a.O., 361.

189 Zwischen Autonomie und Angewiesenheit, a.a.O., 66.

190 Zwischen Autonomie und Angewiesenheit, a.a.O., 65.

191 Ebd.

scheiden, was sie segne. Der Segen unterstehe vielmehr allein Gottes Willen. Gerade deshalb hätte Isaak für Esau eben keinen Segen mehr zur Verfügung gehabt, als beide gemerkt hatten, dass Jakob seinem älteren Bruder den Erstgeburtssegen gestohlen hatte.[192] Und deshalb könne die Kirche nicht einfach entscheiden, wen und was sie segnet. Damit würde sie Gottes Willen missachten.

Ich halte das Argument grundsätzlich für richtig. Bis zum Ende des Zweiten Weltkriegs haben die deutschen Christen auch noch Waffen gesegnet. Und in den USA ist das bis heute der Fall. Dieser Missbrauch muss biblisch-theologisch kritisiert werden. Die Frage ist nur: Was ist eine geeignete biblisch-theologische Hermeneutik? Es ist wahr, dass der Segen der freien Wahl Gottes untersteht: Gott segnet, wen er will, und verflucht, wen er will. Es gibt zwar auch Textstellen, in denen Menschen segnen und sogar aufgefordert werden zu segnen: »Segnet, die euch verfluchen« (Röm 12,14). Oder: »Gesegnet sei, wer dich segnet« (Gen 27,29; Num 24,9). Aber hier könnte man eine Differenz zwischen Segen und Segenswunsch einführen: Während der Segen von Gott kommt, kommt der Segenswunsch vom Menschen. In diesem Fall wäre eine kirchliche Segenshandlung, zu der sich eine Synode frei entschieden hat, ein Segenswunsch.

Biblisch-hermeneutisch ist allerdings darauf hinzuweisen, dass der Wille Gottes, den Menschen zu segnen, in seinem Rechtfertigungshandeln durch das Christusgeschehen offenbar geworden ist (Eph 4,29; 1Petr 3,9): Gott segnet den gerechtfertigten Sünder allein aus Glauben (Gal 3,8 f.). Das gilt

192 E. Nestele: Segen für gleichgeschlechtliche Partnerschaften? DPfBl. 113/2013, 589–590.

erst recht für uns Heiden, die wir überhaupt nur einen Zugang zum göttlichen Segen haben durch seine Rechtfertigung allein aus Gnade. Diesen Gedanken nimmt das EKD-Papier auf, dass die kirchliche Segenshandlung an den souveränen Rechtfertigungswillen Gottes gebunden ist. Insofern handelt es sich bei der Segnung gleichgeschlechtlicher Paare in eingetragener Lebenspartnerschaft nicht um eine Verletzung des reformatorischen Schriftprinzips.

Natürlich drängt sich die Frage von Körtner wieder auf: Kann man mit dieser Begründung letztlich alles segnen?[193] Mit dem EKD-Papier kann man darauf etwas kess antworten: Man kann alles segnen, was dem Geist der Rechtfertigungstheologie entspricht. Denn damit vollzieht man den Rechtfertigungswillen Gottes mit, der dem Segen seine letztgültige Bedeutung gibt. Deshalb können Waffen nicht von Gott gesegnet sein, denn sie richten sich aus nach Selbstüberheblichkeit und kompromissloser Unterdrückung des anderen. Intime Partnerschaften dagegen können von reziproker Rücksicht auf die Freiheit des anderen getragen sein und sollten es darum auch. Das gilt für heterosexuelle wie für homosexuelle Beziehungen. Die kirchliche Segenshandlung markiert und macht bewusst, dass das Paar von dieser Reziprozität abhängt. Indem beide Partner den Segen Gottes erbitten, verpflichten sie sich umgekehrt vor Gott und der Gemeinde zur Anerkennung seines Segenswillens, der in der Rechtfertigung des Sünders besteht.

---

[193] Ähnlich J. Ochel: Die Orientierungshilfe der EKD zu Ehe und Familie aus der Perspektive einer heutigen Trauliturgie; ZTHK 111/2014, 224–237, 230.

Ich sehe also nicht, dass das EKD-Familienpapier von seinen reformatorischen Grundlagen abweicht. Es weicht allerdings bewusst von der Ehe als Leitbild ab. Und gerade das könnte man als Fortsetzung des reformatorischen Anliegens verstehen – auch wenn theologiegeschichtlich die Ehe einen anderen Stellenwert hatte. Evangelische Kirche ist aber »ecclesia semper reformanda«, die deswegen an ihre historische Gestalt nicht gebunden ist.[194]

Umstritten bleibt aber, ob homosexuelle Partnerschaften der Ehe rechtlich gleichgestellt werden müssen. Hier liegt noch einmal eine andere Frage vor als die, wie homosexuelle Paare vor Diskriminierung geschützt werden können. Denn vielleicht können sie nur so geschützt werden, dass sie der Ehe nicht gleichgestellt werden. Das zumindest scheint die Meinung von Wilfried Härle zu sein: Man muss beiden Beziehungen rechtlich gerecht werden. Und weil beide Beziehungen nicht gleich sind, muss man ihnen folglich auf unterschiedliche Weise gerecht werden. Mir selbst ist allerdings kein Beispiel eingefallen, wo wir eingetragene Lebenspartnerschaften unterschiedlich behandeln müssten, um sie nicht zu diskriminieren. Auch das Umgekehrte wäre ja möglich, dass die Ehe diskriminiert wird, wenn man beide Beziehungen rechtlich gleichstellt. Mir ist aber auch dafür kein Beispiel eingefallen. Ein entscheidender Unterschied besteht dagegen zwischen Familien mit und ohne Kinder. Ob und inwieweit dieser Unterschied zur Diskriminierung führt, wenn beide Familien rechtlich gleichgestellt werden, ist politisch umstritten (etwa

---

194 Gegen J. Ochel, der eine kohärente Kontinuität kirchlicher Verlautbarungen für erforderlich hält (J. Ochel: Die Orientierungshilfe der EKD zu Ehe und Familie, a.a.O., 232).

in der Frage der Steuerentlastung für Familien mit Kindern: Diskriminiert diese Regelung Familien ohne Kinder, oder wäre es eine Diskriminierung, wenn beide steuerlich gleichgestellt würden?). Dieser Unterschied ist aber unabhängig von Ehe oder Lebenspartnerschaft, weil auch in homosexuellen Partnerschaften Kinder leben.

Man könnte zwar anführen, dass homosexuelle Partnerschaften tendenziell eher kinderlos sind und deswegen steuerlich benachteiligt werden, wenn Familien mit Kindern einen geringeren Steuersatz entrichten müssen. Aber diese Regelung diskriminiert weder die sexuelle Neigung noch die Partnerschaft gegenüber der Ehe. Den Unterschied machen *Kinder* aus, nicht die sexuelle Ausrichtung ihrer Eltern. Dagegen wäre es eine Diskriminierung der Kinder in homosexuellen eingetragenen Lebenspartnerschaften, wenn ihre Familie steuerlich benachteiligt werden würde.[195]

3.4 Ist eine Liebesbeziehung besser als andere Beziehungen, weil sie auf Dauer angelegt ist?

Am Ende dieses Kapitels möchte ich die umgekehrte Frage stellen: nicht mehr, was an Intimität problematisch ist, sondern was eine intime Beziehung in ethischer Hinsicht auszeichnet.

Mehrere französische Philosophen haben betont, dass Liebe eine Ewigkeitsklausel besitzt. Wer sagt: »Ich liebe dich«,

[195] Ochels Kritik am EKD-Familienpapier, es sei institutionskritisch (J. Ochel: Die Orientierungshilfe der EKD zu Ehe und Familie, a.a.O., 230f.), blendet die Stärkung der Institution Familie aus, die in dem Papier paradigmatisch vorgenommen wird.

wünscht damit ein endloses Verhältnis. Denn wer umgekehrt seine Liebe befristet, würde sich selbst widersprechen und bereits die aktuelle Liebe leugnen.[196] Gabriel Marcel hat daraus in den 1940er Jahren gefolgert, dass ein Liebesbekenntnis das Versprechen abgibt auf ein Leben nach dem Tod: »Ich liebe dich« heißt: »Du wirst nicht sterben.«[197] Man kann nicht jemanden lieben ohne diese Ewigkeitsklausel, weil man sonst bereits seine aktuelle Liebe verrät.

Tatsächlich allerdings enden Liebesbeziehungen. Menschen hören auf, sich zu lieben. Und wenn man älter wird, weiß man, dass das Gefühl eine Illusion ist, dass dieser eine Mensch der Einzige ist. Trotzdem verlieben sich auch ältere Menschen. Obwohl sie wissen, dass es eine Illusion ist, geben sie sich dieser Illusion wieder hin, wenn es passiert.

Jacques Derrida hat deshalb das Liebesversprechen etwas Komisches genannt. Ein Versprechen ist für ihn immer maßlos: Es verspricht immer etwas, was es nicht überschauen kann. Denn sonst könnten wir getrost darauf verzichten, uns etwas zu versprechen, weil wir dann einfach nur darüber informieren würden, was wir von der Zukunft sicher voraussehen würden.[198] Es gehört also zur Liebe, maßlose und übertriebene Versprechen abzugeben, die sich auf eine endlose Zukunft erstrecken. Man kann nicht lieben ohne diese Maßlosigkeit.

Das erzeugt einige Probleme nach dem ethischen Status der Liebe:

---

196 E. Illouz: Warum Liebe weh tut, a.a.O., 187.

197 G. Marcel: Homo Viator: Philosophie der Hoffnung; Düsseldorf 1949, 205.

198 E. Illouz: Warum Liebe weh tut, a.a.O., 190.

1. Konstituiert Liebe überhaupt ethische Beziehungen, wenn sie ihrem Wesen nach maßlos ist und damit dazu tendiert, illusionäre Beziehungen zu imaginieren?
2. Oder sind Liebesbeziehungen ethisch die besten Beziehungen, weil sie wesentlich auf Ewigkeit ausgerichtet sind?

In diesem Buch verstehe ich Liebe nicht als einen ethischen Wert oder als ein Gut. Liebe ist nicht selbst ethisch gut, erzeugt aber ethische Verbindlichkeiten, an denen niemand vorbeikommt, der liebt. Liebe ist ein vor-moralischer Wert, der ethische Bewertungen nach sich zieht. Ich bin daher der Meinung, dass Liebesbeziehungen zwar nicht die ethisch besten Beziehungen sind. Dennoch wäre es ethisch ungerechtfertigt, wenn man Liebe verdrängen oder ohne diese Maßlosigkeit lieben wollte. Wer nur bis zu einem bestimmten Termin jemandem die Liebe verspricht, liebt nicht wirklich, sondern spielt nur Liebe vor. Anstelle der Liebe, die wesentlich das Risiko der Illusion enthält, entscheidet man sich für eine illusionäre Liebe und macht sie damit unwesentlich.

Nun gibt es ethisch wertvolle Beziehungen, die aber nur deshalb ethisch wertvoll sind, weil sie wieder enden. Solche Beziehungen sind etwa das Verhältnis zwischen Lehrerin und Schülerin, Therapeutin und Klientin, Anbieterin und Kundin – also Beziehungen, die ein funktionales Gefälle besitzen: Jemand ist vom Angebot des anderen abhängig, und diese Abhängigkeit ist einseitig. Selbst wenn die Anbieter ihr Gehalt für ihre Dienstleistung beziehen, wäre es ethisch ungerechtfertigt, ihre Klienten oder Kunden in der Abhängigkeit zu halten.

Darüber hinaus gibt es auch Vertragsbeziehungen, bei denen die Partner auf Augenhöhe interagieren und die trotzdem enden. Hierzu gehören etwa befristete Joint Ventures innerhalb der Wirtschaft, bei denen das Ende der Beziehung bereits beim Vertragsabschluss terminiert wird. Manche ethisch hochwertigen Zwecke lassen sich nur so erreichen, dass man sich nicht ewig aneinander bindet. Man stelle sich nur mal vor, dass alle Fußballspieler, die beim FC Bayern München spielen, ein Leben lang bei Bayern München spielen müssten. Sehr oft würden sie dann nicht mehr Meister werden. – Es gibt daher ethisch wertvolle Beziehungen, die deshalb am wertvollsten sind oder überhaupt nur wertvoll sind, weil ihr Ende vorgesehen ist. Man kann also nicht sagen, dass eine Beziehung dadurch am wertvollsten ist, dass sie ihrem Wesen nach endlos ist. Unbegrenzte Dauer von Beziehungen ist kein Gut an sich und auch kein Kriterium für etwas Gutes.

Aber selbst dann wäre es ethisch falsch, Liebesbeziehungen zu terminieren. Nehmen wir an, ein Liebespaar verspricht sich ein Jahr lang seine Treue bis zum 1. Juli des nächsten Jahres. An diesem Tag können sich beide erneut für ein weiteres Jahr das Ja-Wort sagen – oder eben nicht. Als Grund dafür führt das Paar an, dass beide sich »realistisch« lieben möchten, ohne überzogene Versprechen, mit denen sie sich gegebenenfalls rückwirkend belogen hätten. Die Entscheidung des Paares, die Liebesbeziehung zu befristen, hätte also gute ethische Gründe.

Sie ist trotzdem ethisch falsch. Die ethischen Gründe werden nämlich durch diese Praxis nicht eingelöst. Das Paar liebt sich mit seiner Praxis nicht realistisch. Drei Gründe führe ich an: Erstens ist es unrealistisch anzunehmen, dass sich beide genau ein Jahr lang lieben, sich Liebe schenken und dann plötzlich nicht mehr. Nehmen wir an, beide haben ein unglaublich glückliches Jahr hinter sich. Und der Mann ist deshalb davon überzeugt, dass beide sich am nächsten Tag erneut das Ja-Wort fürs Folgejahr geben. Aber die Frau entscheidet sich anders. Gerade weil das vergangene Jahr so glücklich verlaufen ist, zweifelt sie jetzt daran, ein ebenso glückliches mit diesem Mann verbringen zu können. Es könnte auch ein billiger Abklatsch des vergangenen Jahres werden. Deshalb verlängert die Frau die Beziehung nicht.

Streng genommen, darf bei dem Mann jetzt keine Welt zusammenbrechen, denn die Frau hat ihr Versprechen ja eingelöst. Rückwirkend wird er aber dennoch Zweifel haben, dass die Frau ihn das komplette Jahr geliebt hat. Sie wird vermutlich ihre Entscheidung, das Versprechen nicht zu erneuern, bereits vor dem 1. Juli getroffen haben, also zum Zeitpunkt, an dem sie ihn geliebt hat. Damit wird sie bereits vor dem 1. Juli zumindest im Bewusstsein die Bindung gelöst haben – und damit hat sie das Versprechen bereits vor dem 1. Juli gebrochen.

Streng genommen, dürfte sich also keiner der beiden Partner bis zum 1. Juli vorzeitig Gedanken machen, wie er sich dann entscheiden wird. Der Punkt ist nur: Der Partner wird es nicht glauben können, dass es jetzt vorbei sein soll, wenn es bis gestern noch so toll war. Mit anderen Worten: Es fehlt in einer solchen Beziehung das Vertrauen in die Liebe des Partners. Eine befristete Liebe ist eine Liebe, in die man nicht vertrauen kann, also ein Zustand, in den man nicht vertrauen kann, dass er Liebe ist. Eine befristete Liebe ist also nicht etwa eine realistische Liebe, sondern keine Liebe.

Zweitens behaupte ich, dass ein Liebesversprechen für ein Jahr im Prinzip ebenso maßlos ist wie ein Liebesversprechen auf ewig. Wir können prinzipiell auch nicht überschauen, was in den nächsten zwölf Monaten geschieht, wie wir unser Leben überschauen können. Gehen wir von dem Fall aus, dass die Frau drei Wochen nach dem erneuten Versprechen am 1. Juli einen tollen Mann kennenlernt. Beide verlieben sich sofort ineinander und wollen zusammenleben. Wird die Frau ihren neuen Liebhaber damit beruhigen können, dass sie sagt: »Warte noch bis um 1. Juli des nächsten Jahres. Dann bin ich endlich frei, und wir können dann endlich miteinander schlafen, zusammen aufstehen und zusammen wohnen«? Wird sie ihr Versprechen einlösen und mit ihrem jetzigen Partner noch elf Monate zusammen sein? Und was genau bedeutet dann dieses Zusammensein? Wird sie aus Pflicht gegenüber ihrem Versprechen mit ihm schlafen? Oder wird sie noch elf Monate lang etwas für ihn empfinden und ab dem nächsten 1. Juli dann nicht mehr? Wie müssen sich das *beide Männer* vorstellen? Das jetzige Verhalten der Frau muss doch beiden unrealistisch vorkommen.

Es ist aber auch nur deshalb unrealistisch, weil die Frau ein realistisches Versprechen einlösen will. Und das kann sie nicht, weil etwas dazwischengekommen ist: Sie hat sich innerhalb der Vertragsfrist in einen anderen Mann verliebt, mit dem sie auch zusammen leben möchte. Es ist etwas passiert, was dem Versprechen nach nicht vorgesehen war und nicht hätte passieren dürfen. So etwas passiert aber. Also hat bereits ein Versprechen für ein Jahr etwas Maßloses.

Eva Illouz hat deshalb zu Recht gesagt, dass ein Versprechen nur dann etwas Komisches ist, wenn man darunter versteht, dass man die ungewisse Zukunft als Gefahr für das eigene Wollen versteht: Es ist »komisch, wenn Beziehungen auf der permanenten Ausübung der Wahlfreiheit beruhen.«[199]

---

199 E. Illouz: Warum Liebe weh tut, a.a.O., 191.

Ein Versprechen ist aber immer ein Akt, der sich für Situationen verpflichtet, die man jetzt noch nicht im Blick haben kann. Mit meiner Ausübung der sogenannten positiven Freiheit beende ich bestimmte freie Wahlakte und damit meine negative Freiheit.

Ich führe die Unterscheidung zwischen negativer und positiver Freiheit etwas aus: Unter der negativen Freiheit versteht man das Recht, dass wir keine Bindung eingehen müssen. So bedeutet die negative Religionsfreiheit, dass niemand eine Religion haben muss. Negative Freiheit in Liebesbelangen heißt dementsprechend, dass niemand einen Liebespartner haben muss – und damit das Recht, viele unverbindliche Beziehungen zu haben.

Sobald wir eine Partnerschaft eingehen, verzichten wir auf diese negative Freiheit. Wir entscheiden uns frei, ein Stück Freiheit aufzugeben. Dadurch entfalten wir unsere positive Freiheit, indem wir uns frei an jemanden binden. Erst durch den Verzicht auf negative Freiheit kommt etwas zustande, was es sonst nicht gäbe: eben eine Liebesbeziehung. Menschen können gerade so ihre Freiheit entfalten, eben eine Beziehung aus Freiheit eingehen (»positive Freiheit«), dass sie auf ihre negative Freiheit verzichten.

Wenn ich jemandem eine Liebesbeziehung verspreche, verzichte ich dabei auf meine negative Freiheit. Die positive Freiheit, die ich dabei gewinne, wird dadurch grenzenlos. Denn ich entscheide mich für eine endlose Beziehung. Das maßlose Versprechen korrespondiert also einer maßlosen Verheißung für meine positive Freiheit.

Das heißt im Umkehrschluss, dass ich meine positive Freiheit verleugne, wenn ich ohne Not eine Liebesbeziehung beende. Und die einzige Not, die die Beendigung einer Beziehung rechtfertigt, besteht darin, dass die Beziehung meine positive Freiheit gefährdet. Das ist dann der Fall, wenn ich durch die Beziehung die positive Freiheit verliere, die ich doch gerade durch die Beziehung hätte gewinnen sollen. Solche Situationen treten ein, wenn in der Beziehung Gewalt herrscht, ein Partner oder Familienangehörige missbraucht oder misshandelt werden, aber auch, wo einer der Partner durch die Beziehung seine Selbstachtung verliert. Das könnte ein Anlass sein, weswegen Sex außerhalb der Partnerschaft eine Beziehung destabilisiert.

Dagegen würde ich meine positive Freiheit verletzen, wenn ich eine Beziehung nur deshalb beende, weil ich mich in jemanden anderen neu verliebt habe. Denn diese Situation bedeutet ja nicht, dass ich dadurch meine bisherige Partnerin nicht mehr liebe oder meine Selbstachtung verliere, wenn ich mit ihr zusammenbleibe. Solche Situationen sind zwar atmosphärische Störungen für die Beziehung, die für alle Beteiligten anstrengend sein können. Aber sie machen den Geist der Liebe nicht unmöglich, zumal ich die Verbindlichkeit der Atmosphäre achte, wenn ich mit meiner Partnerin zusammenbleibe.

Und damit drittens: Am 1. Juli also ist die Liebesbeziehung vorbei, weil die Frau aufhören möchte, wenn es am schönsten ist. Warum bricht über dem Partner doch eine Welt zusammen, obwohl seine Frau den Vertrag fristgerecht eingehalten hat? Weil trotzdem hier etwas nicht passt: Die Liebe gibt nämlich ein Versprechen auf mehr. Nicht Mann und Frau versprechen sich hier etwas, sondern die Liebe. Der Geist der Liebe übertrifft das, was Mann und Frau versprechen können. Und der Geist der Liebe verspricht eben, dass die Beziehung weitergeht.

Liebe ist eine Atmosphäre, die uns endgültige Entscheidungen treffen lässt, weil sie selbst so weit reicht. Von dieser Atmosphäre sind unsere Entscheidungen abhängig. Wenn Menschen aufhören, sich zu lieben, und anfangen, sich gegenseitig eine Last zu sein, dann ist die positive Freiheit gefährdet. Und dann droht etwas zu enden, was seinem Wesen nach unendlich ist. An dieser Stelle kann man fragen, ob Liebe dann überhaupt eine ethische Entscheidung zulässt. Sie beruht auf der Unterstellung der Unendlichkeit, die oft eine Illusion ist. Ethisch verhalten wir uns nur, wenn wir die Unendlichkeit unterstellen. Aber faktisch sind Liebesbeziehungen oft endlich. Also scheitern wir am ethischen Anspruch der Liebe. Und wir scheitern deswegen an ihm, weil er illusorisch ist – obwohl sich diese Ewigkeitsunterstellung eben nicht umgehen lässt.

Der Einwand suggeriert, es sei also ethischer, nicht zu lieben. Manche Menschen haben so starke Enttäuschungen in der Liebe erlitten, dass sie sich davor hüten, jemanden zu lieben. Doch welche Lebensform setzen sie dagegen? Wenn sie die performative Ewigkeitsunterstellung umgehen möchten, können sie nur eine Lebensform der prinzipiellen Unverbindlichkeit wählen. Eine solche unverbindliche Lebensform *als Prinzip* ist wiederum nicht ethisch, weil es nichts gibt, worauf sich Menschen verlassen können. Sie widerspricht zudem dem Geist der Liebe, dem sie ja auch ausgesetzt ist, wenn es passiert.

Das Neue Testament spricht auffällig realistisch über die Liebe – und oft realistischer als Pfarrer oder Religionslehrer, die in Sternstunden des Glücks das Neue Testament auslegen. Es hält an den Spannungen und Widersprüchen fest: Einerseits heißt es, dass die Liebe niemals aufhört (1Kor 13,8) und die größte aller ewigen Verheißungen ist (1Kor 13,13). Andererseits werden Liebesbeziehungen zwischen zwei Menschen spätestens mit dem Tod enden (Mt 22,30). Und auch Paulus hat es für seine Zeit als besser angesehen, keine Liebesbeziehung mehr einzugehen (1Kor 7,1). Was kann an der Liebe dann aber bleiben, wenn Liebesbeziehungen enden? Offenbar ist es der Geist der Liebe, von dem Paulus spricht – also eine Atmosphäre, die sogar die Grenzen einzelner Beziehungen aufbricht. Der Geist der Liebe ist entgrenzend: Er beendet deshalb solche Beziehungen, weil solche Beziehungen atmosphärische Einengungen sind. Sie widersprechen damit der atmosphärischen Weite der Liebe. Im Reich Gottes werden die Menschen in einem offenen Beziehungsnetz der Liebe zueinanderstehen. Der Geist der Liebe ist einschließend, nicht ausschließend.

Wenn wir über die Ethik der Liebe nachdenken, geht es auch um den spirituellen Anteil der Liebe. Und darin sehe ich auch den Grund dafür, warum in der Kirche zu Recht eine Eheschließung gottesdienstlich gefeiert wird: in der Trauung oder der Segnung einer Lebenspartnerschaft. Solche Gottesdienste erinnern daran, dass Menschen auf den Geist der Liebe angewiesen sind:

1. sowohl im Augenblick, als die Liebe die Partner überkam (*Widerfahrnischarakter*),
2. als auch jetzt am Tag ihres Ja-Wortes, an dem sie ihre positive Freiheit bestimmen (*menschliche Bedingungen*),
3. als auch im Hinblick auf ihre Zukunft, weil sie für die Maßlosigkeit ihrer Liebe nicht garantieren können und sie nicht einmal in ihrem entgrenzenden Charakter im Blick haben (*Anwesenheit*).

Die Trauung ist also eingebettet in eine Verheißung für die Gemeinde Gottes. Diese Verheißung hat eine trinitarische Struktur.

Das alles wird unterschätzt, wenn in der gegenwärtigen Diskussion zwischen Trauung und einer Segnung für eine homosexuelle Lebenspartnerschaft unterschieden wird.[200] Die Kirche hält zwar einen Gottesdienst anlässlich einer Eheschließung, aber sie segnet nicht eine Institution, sondern die Liebe. Sie leistet nämlich ihrerseits eine maßlose Amtshandlung, indem sie der Liebe eines Paares eine endlose Zukunft verheißt.[201]

An dieser Stelle möchte ich noch einen Einwand diskutieren: Wenn eine Liebesbeziehung endet, ist sie dann in ethischer Hinsicht überhaupt eine Liebesbeziehung gewesen? Ist sie es also wert *gewesen* (auch wenn sie es jetzt nicht mehr ist)? Durchschnittlich hat jeder von uns in unserer Kultur im Lauf seines Lebens in rund drei intimen Partnerschaften gelebt.[202] Viele Menschen würden bekennen, dass die Liebe ihres Lebens nicht der jetzige Ehepartner ist, sondern einer der Ex-Partner. Ist das nicht ein Widerspruch? Denn da Liebe auf Dauer angelegt ist, mein Leben aber ohne Beziehung zur Ex-Freundin fortdauert, kann das, was zwischen uns gewesen ist, keine Liebe gewesen sein. In der Konsequenz hieße das: Wir können erst vom Ende her wissen, ob etwas Liebe war, und im Moment der

---

200 E. Herms: Liebe, Sexualität, Ehe. Unerledigte Themen der Theologie und der christlichen Kultur; Zeitschrift für Theologie und Kirche 96/1999, 94–135, 133f.; J. Ochel: Die Orientierungshilfe der EKD zu Ehe und Familie, a.a.O., 234f.

201 Ähnlich J. Hübner: Ethik der Freiheit. Grundlegung und Handlungsfelder einer globalen Ethik in christlicher Perspektive; Stuttgart 2012, 273.

202 N. F. Schneider/H. Rüger: Beziehungserfahrungen und Partnerschaftsverläufe vor der Heirat. Eine empirische Analyse von Angehörigen der Eheschließungskohorte 1999–2005; Zeitschrift für Familienforschung, 20. Jahrg., Heft 2/2008, S. 131–156, 133.

Beziehung erscheint es uns nur so, dass wir uns lieben. Das ist aber im doppelten Sinne tragisch:

1. Solange wir lieben, können wir nicht sicher sein, ob es hält. Also können wir nicht sicher sein, ob es Liebe ist, was uns verbindet.
2. Erst wenn der Tod uns scheidet, wissen wir, dass es Liebe gewesen ist, was wir hatten. Aber da Liebe auf Ewigkeit angelegt ist, darf der Tod eigentlich nicht sein. Also ist auch diese Beziehung keine Liebe gewesen.

Eben deshalb hat Gabriel Marcel betont, dass mit einem Liebesbekenntnis das Versprechen verbunden wird: »Du wirst nicht sterben.« Das heißt, dass Menschen in Liebesbeziehungen sich versprechen, ethisch in einer Haltung zueinander zu stehen, dass nicht einmal der Tod sie scheidet. Man könnte von einer ethischen Haltung der regulativen Idee sprechen: also eine Als-ob-Haltung: Wir verhalten uns so, als ob die Beziehung ewig ist. Dann kann der Tod die Liebe nicht aufheben, aber eine willentliche Trennung sehr wohl.

Liebe ist also nicht einfach ein Gefühl, sondern eine ethische Haltung zu einem Gefühl. Diese Haltung ist zwar selbst nicht ewig, weil wir sterblich sind. Aber sie erstreckt sich auf die Ewigkeit als Als-ob-Haltung. Damit erhebt sich diese Haltung also auch über das Gefühl, was liebende Menschen zueinander haben, das sich aber auch irgendwann verflüchtigen kann. Wir können uns nicht versprechen, immer dieses Gefühl zueinander zu haben. Aber das Gefühl ist der Anlass, dass wir uns versprechen, diese Haltung der ewigen Verbundenheit immer zu haben und damit die Anwesenheit zu achten.

Liebesbeziehungen enden folgerichtig, weil ethisch jemand oder beide versagen. Dazu muss man nicht das Rad zurückdrehen und die Schuldfrage bei Ehescheidungsprozessen wieder aufkommen lassen. Meine Bemerkung setzt die Unterscheidung von Recht und Moral voraus. Zudem halte ich eine Trennung unter bestimmten Hinsichten für ethisch legitim, nämlich um dadurch die positive Freiheit zu retten, die durch den konkreten Verlauf der Beziehung gefährdet werden kann. Aber das heißt eben, dass einer der Partner ethisch versagt: Wenn ich mich von meiner Frau trenne, weil sie mich in der Ehe misshandelt, dann ist die Misshandlung ein Widerspruch zur ethischen Haltung, die sie mir versprochen hat. Und wenn ich mich von ihr trenne, weil ich mich in eine andere Frau verliebt habe, dann besteht nicht das ethische Problem darin, dass ich mich neu verliebt habe, sondern dass ich diesen Zustand des Verliebtseins zum Anlass nehme, meine Als-ob-Haltung ewiger Treue aufzugeben.

Meine Antwort auf den Einwand lautet also: Beziehungen, die wir willentlich beenden, sind es wert *gewesen*, *solange* sie mit der Haltung ewiger Treue gelebt worden sind. Sie verdienen damit auch Wertschätzung als Liebesbeziehungen. Zwar verändern sich unsere Erinnerungen dramatisch, sobald eine Beziehung geendet hat. Slavoj Žižek hat von einer »retroaktiven Kausalität«[203] gesprochen: Eine Ursache kann etwas rückwirkend völlig umkehren. Nach der Trennung tut das Foto sehr weh, auf dem wir beide so fröhlich wirken. Dasselbe Foto, das uns früher immer dazu gebracht hat zu lächeln, macht uns jetzt traurig. Deshalb können sich auch unsere Urteile über die Beziehung rückwirkend ins Gegenteil verkehren. Andererseits halten wir meistens doch an unseren früheren Be-

---

203 S. Žižek: Körperlose Organe. Bausteine für eine Begegnung zwischen Deleuze und Lacan; Frankfurt a.M. 2005, 155.

ziehungen fest: Es fällt uns schwer, dieses Foto wegzuwerfen. Und wir kommen nicht davon los, uns an damals zu erinnern. Manchmal kommen »originale Gefühle« sogar wieder hoch: Wir können lachen, wenn wir etwas Lustiges aus der damaligen Beziehung erzählen. Und oft treffen sich Ex-Partner sogar noch, um miteinander zu schlafen. Aber sogar wenn wir jetzt schlechte Gefühle haben, so haben wir sie gerade deshalb, weil es etwas ganz Wertvolles war, was wir verloren haben. Die Beziehung ist zwar getrübt worden durch die Trennung, aber die Haltung der Treue, die wir zumindest zeitweise füreinander aufgebracht haben und solange wir sie aufgebracht haben, ist es wert, jetzt immer noch geachtet zu werden.

4 Ist Sex an Liebe gebunden, um ethisch zu sein?

Das vorige Kapitel hat diese Frage immer wieder gestreift: Ist es nur ethisch richtig oder gut, mit jemandem Sex zu haben, den man liebt? Intuitiv würden vielleicht viele sagen, dass außerhalb einer Partnerschaft Sex ethisch schlecht ist – und dann denken sie an den Seitensprung, Ehebruch, Prostitution und Ähnliches. Dagegen habe ich im vorigen Kapitel die sexuelle Freiheit hervorgehoben und sie auch gegenüber der Liebe verteidigt. Ich werde in diesem Kapitel diese Vorordnung beibehalten. Damit ist aber noch nicht entschieden, ob Sex auch außerhalb von Liebesbeziehungen legitim ist. Es könnte ja sein, dass wir nur innerhalb einer Liebesbeziehung sexuelle Freiheit besitzen und außerhalb einer solchen Beziehung unfrei werden.

Damit hängt die Frage zusammen, ob Liebe selbst als ein ethischer Wert zu betrachten ist. In der Einleitung zu diesem Buch habe ich ja bereits einige Probleme aufgezählt, die entstehen, wenn man Liebe für einen ethischen Wert hält. Es könnte also sein, dass Liebe zwar ein Wert ist, aber kein *ethischer* Wert, sondern nur ein *persönlicher* Wert für die, die sich lieben. Nur so ließe sich erklären, warum wir manchmal Liebe für etwas Schlimmes halten und liebende Menschen sogar unter Druck setzen, ihre Liebe aufzugeben.

Aber wenn Liebe kein ethischer Wert ist, was ist sie dann für die Ethik? Ist sie dann nur ein ethisches Problem oder auch eine Ressource, ethische Probleme zu lösen? Oder ist sie einfach nur ein (neutrales) Spielfeld, in dem Menschen miteinander auch ethisch interagieren müssen?

Es könnte sein, dass Menschen nur dann ethisch korrekt miteinander Sex haben, wenn sie sich dabei lieben. Das muss dann aber nicht an der Liebe liegen, sondern könnte auch am Sex liegen. Beim Sex haben wir also eine ähnliche Fragestellung wie bei der Liebe: Ist Sex etwas ethisch Gutes? Man kann etwas Gutes damit bewirken, aber auch etwas Schlechtes. Zwar macht in unserer Kultur Sex immer noch einen eher schlüpfrigen Eindruck, wenn man darüber in der Öffentlichkeit spricht, während Liebe in der Öffentlichkeit gelobt wird, etwa in Schlagern, in Poesie, in Gottesdiensten. Wenn Paulus sagt, dass Liebe die größte ist, so wird das meistens moralisch verstanden, oder es wird zumindest ein moralischer Wert damit verbunden. Und wenn der 1. Johannesbrief davon spricht, dass Gott die Liebe ist, so werden ebenfalls daraus auch ethische Konsequenzen gezogen, dass Liebe also etwas Gutes ist. Und trotzdem könnte es sein, dass Liebe und Sex eher ethische Probleme erzeugen als sie Probleme lösen.

4.1 Ist Liebe etwas Gutes?

Mindestens die folgenden Probleme sind zu bedenken, wenn man Liebe für etwas ethisch Gutes hält:

1. Wer Liebe für etwas ethisch Gutes hält, unterschätzt, dass es Leidtragende der Liebe gibt: Der Mitbewerber zum Beispiel muss ausgestochen werden. Wir verbrauchen ungeheure Ressourcen für unsere Liebsten – Ressourcen, die auf Kosten von Entwicklungsländern oder der Umwelt gehen. Zwei Beispiele: Wenn mir meine Frau einen neuen Anzug kauft, nur damit

ich mich freue, könnte es sein, dass dieser Anzug in Bangladesch genäht worden ist, wo es keine Tarifverträge gibt und wo Frauen unter erbärmlichen Produktionsbedingungen arbeiten müssen. Wenn wir beide uns ein Haus für unsere Familie kaufen, verbrauchen wir mehr Energie, als wenn wir in einer bescheidenen Dreizimmerwohnung in einem Wohnblock wohnen. Aber wir wollen lieber in einem Haus wohnen, eben weil wir uns lieben.

2. Wer Liebe für etwas ethisch Gutes hält, unterschätzt, dass man aus Liebe etwas Falsches tun kann. Sie können Ihrer Freundin während ihrer Examensphase dauernd eine liebe Textnachricht schicken und ihr Mut machen. Aber vielleicht lenken Sie sie dadurch ab, und sie kommt nicht zum Lernen. Zugleich kann es sein, dass die Freundin sich nicht traut, Ihnen das mitzuteilen, weil sie Sie so liebt und Sie nicht enttäuschen will. Stattdessen beantwortet sie jede SMS ganz artig und besonders liebevoll, wodurch sie noch weniger zum Lernen kommt.

3. Wer Liebe für etwas ethisch Gutes hält, überschätzt bestimmte Eindrücke und verewigt sie. Die meisten Menschen haben sich im Leben mehrfach verliebt. Sie haben also *mehrfach* im Leben die Erfahrung gemacht, jemanden für die *Einzige* im eigenen Leben zu halten. Das ist natürlich ein Widerspruch, aber er hält uns nicht davon ab, uns zu verlieben. Psychoanalytiker sprechen hier von einer Idealisierung oder Regression.[204] – Dieselbe Idealisierung setzt ein, wenn wir die Bedeutung bestimmter Momente überschätzen. Dieser eine Nachmittag mit ihr war so wunderbar, dass ich sie jetzt ein-

[204] W. Schmidbauer: Die heimliche Liebe, a.a.O., 24, 130. Kritisch referierend: E. Illouz: Warum Liebe weh tut, a.a.O., 293ff., 393f., 436.

fach nicht mehr vergessen kann. Vielleicht hat es inzwischen schon ganz viele Nachmittage mit ihr gegeben, die nicht wunderbar waren, manche sogar schrecklich. Aber dieser eine Nachmittag bedeutet mehr als sie alle. Wie ich die Person finde, hat nur sehr wenig damit zu tun, wie diese Person ist. Dadurch schätze ich alles falsch ein: die Person, unsere Situation und auch meine Macht über die Situation. Diese Illusion ist ethisch relevant, weil mein ethisches Urteilsvermögen nun getrübt ist.

Nun habe ich Zweifel daran geäußert, dass Liebe etwas ethisch Gutes ist. Dagegen könnte eingewendet werden, dass ich hier nur vom Verliebtsein geredet habe und nicht von Liebe. Das würde bedeuten, dass wir also im Umgang mit unseren Kindern vernünftiger wären, in die wir nicht »verliebt« sind. Aber das ist nicht der Fall. Wir idealisieren unsere Kinder genauso: Sie sind die Besten in der Schule, und wenn nicht, dann liegt das nur daran, dass die Lehrer es noch nicht gemerkt haben. Sogar die Eltern von Terroristen halten meistens weiterhin zu ihren Kindern; manchmal entschuldigen sie sie für ihr Verhalten. Die ethische Verzerrung fängt also nicht erst beim Verliebtsein an, sondern schon bei anderen Liebesformen. Sogar die theologisch hoch gelobte Agape kann Idealisierungen vornehmen, etwa wenn daraus paternalistisches Verhalten erwächst: Gerade wer ganz für den anderen da sein will, steht vor dem paradoxen Risiko, den anderen ganz für seine eigene Nächstenliebe zu beanspruchen und ihn dabei nicht so wahrzunehmen, wie er ist.

Ich möchte allerdings die Liebe nicht abwerten. Liebe kann etwas Wunderbares sein – nämlich für bestimmte Menschen in einer ganz bestimmten Situation. Dazu muss sie nicht ethisch gut sein. Sie darf nur nicht ethisch schlecht sein oder ethisch unkontrollierbar werden. Und vielleicht gibt es ja auch eine ethisch gute Liebe. Das ist jetzt eine andere Frage: Auch wenn nicht Liebe als solche ethisch gut ist, kann es doch sein, dass es eine *manchmal* ethisch gute Liebe gibt.

Karl Barth hat 1951 die Ethik der Liebe darin gesehen, dass wir dabei *wählen*. Liebe ist für Barth eine Entscheidung, die darin Gottes Liebe ähnlich ist: Denn auch Gott wählte uns Menschen aus Liebe.[205] Indem wir wählen, stimmen wir ein in die Bestimmung, zu der wir erwählt sind, nämlich Bundespartner eines Bundes der Wahl zu sein. Dieser Bund der Wahl vollzieht sich in Gehorsam und Freiheit zugleich: Wir ordnen uns unter die Wahl Gottes, der uns dazu erwählt hat, dass wir freie Entscheidungen treffen.

Barth unterscheidet diese ethische Bedeutung der Liebe von einer nicht-moralischen Liebe: Dann lieben wir, ohne gewählt zu haben.[206] Lieben heißt wählen.[207] Damit besteht die Liebe nicht in einem Gefühl, das einen überkommt, sondern in der Entscheidung, dieses Gefühl im Leben zu bejahen. Dieser Charakter der Liebe ist ethisch und er ist für Barth auch ethisch gut, weil der Mensch dem entspricht, wie Gott gewählt hat: Gott wählt den Menschen, damit der Mensch wählen kann.

Nach diesem Verständnis wird Liebe dann ethisch, wenn sie mit der menschlichen Freiheit verbunden ist. Es gibt eine entgegengesetzte Auffassung von Johannes Fischer, der die Liebe gerade dadurch als ethisch bedeutsam versteht, dass sie uns passiv überkommt.

---

205 K. Barth: KD III,4, a.a.O., 207, 219 u.ö.

206 A.a.O., 218.

207 Ebd.

Nach Fischer schulden wir uns im Umgang miteinander nicht nur eine bestimmte Art, wie wir handeln. Wir schulden uns auch, wie wir uns zueinander verhalten, das heißt, wie wir uns wahrnehmen und mit welcher Einstellung wir aufeinander eingehen. Für das Handeln sind wir verantwortlich, für das Verhalten aber nicht. Insgesamt schulden wir einander ein Handeln mit einem bestimmten Verhalten.[208] Deshalb ist die Liebe so bedeutsam: Wenn jemand seine Kinder nur deshalb versorgt, weil es ihnen nützlich ist, so würden wir sagen, dass er sich sogar unmenschlich verhält. Er handelt dann zwar richtig, aber er verhält sich nicht gut. Dagegen finden wir es ethisch angemessen, dass Eltern ihre Kinder aus Liebe versorgen.[209]

Fischer führt das Beispiel vom barmherzigen Samariter an: Wir bewerten nicht einfach das Handeln des barmherzigen Samariters für gut. Denn er hätte auch aus Berechnung so handeln können. Wir bewerten aber auch nicht nur sein Mitgefühl für gut, denn daraus hätte er auch falsche Entscheidungen treffen können. Vielmehr bewerten wir sein *Handeln aus Mitgefühl* für gut. Und dieses Handeln aus Mitgefühl nennt Fischer Verhalten.[210] Für unser Verhalten sind wir nicht voll verantwortlich, weil wir die Emotionen nicht selbst steuern, die wir dabei haben. Verhalten enthält folglich ein Widerfahrnismoment.[211] In dieser Hinsicht sind wir unfrei und darauf angewiesen, zu welchem Verhalten wir getrieben

---

208 J. Fischer: Verstehen statt Begründen. Warum es in der Ethik um mehr als nur um Handlungen geht; Stuttgart 2012, 115.

209 J. Fischer: Verstehen statt Begründen, a.a.O., 130.

210 Ebd.

211 J. Fischer: Verstehen statt Begründen, a.a.O., 124.

werden. Fischer nennt dies im Sinne des Neuen Testaments eine Angewiesenheit vom Geist Gottes.[212] Er zitiert dabei Paulus: »Die Frucht aber des Geistes ist Liebe, Freude, Friede, Geduld, Freundlichkeit, Gütigkeit, Glaube, Sanftmut, Keuschheit« (Gal 5,22 f.). Wir verhalten uns also dann ethisch gut, wenn wir so handeln, wie es dem Wirken des Heiligen Geistes entspricht, der uns widerfährt.

Barth und Fischer zeigen beide, dass Liebe nicht schon deshalb ethisch gut ist, weil sie Liebe ist. Diese Liebe muss vielmehr durch Weiteres qualifiziert sein: bei Barth durch die freie Wahl und bei Fischer durch Liebe als Verhalten. Diese Liebe als Verhalten ist ein Handeln aus Liebe. Obwohl Barth und Fischer genau den gegenteiligen Aspekt der Liebe zum ethischen Kennzeichen machen, fehlt bei beiden der jeweils andere Aspekt nicht. Bei Barth besteht die Freiheit in der Anerkennung dessen, was mir von Gott widerfährt. Bei Fischer besteht die Liebe in einem (passiven) Verhalten, das zugleich das (aktive) Handeln einbezieht. In beiden Fällen ist also menschliches Handeln oder menschliche Freiheit eingebettet in einem größeren Rahmen, der die Liebe zur ethischen Situation macht. Die Strategie ist also gleich: Liebe bedarf eines Größeren, um ethisch zu werden. Für sich selbst genommen ist sie ethisch unzureichend.

Obwohl also Liebe nicht selbst etwas ethisch Gutes ist, ist es ethisch richtig, Liebe zu achten, und es wäre ethisch falsch, Liebe zu unterdrücken. Wir achten dann die Liebe in ihrem Widerfahrnismoment (Fischer) oder wir achten das Freiheitsmoment der Liebe (Barth), aber nicht die Liebe, weil sie Liebe ist. Unfrei würden wir dagegen werden, wenn man

---

212 J. Fischer: Verstehen statt Begründen, a.a.O., 126.

unsere Liebe unterdrücken würde. Das heißt umgekehrt: Wir bleiben nur dann frei, wenn dem Widerfahrnismoment der Liebe Achtung entgegengebracht wird – von uns und auch von Dritten. Zwar haben wir uns nicht frei entschieden zu lieben – genau darin besteht das Widerfahrnismoment der Liebe. Aber es würde unsere Freiheit zerstören, wenn unsere Liebe nur deshalb unterdrückt werden würde, weil sie uns widerfahren und insofern aufgezwungen ist. Es besteht also ein ethischer Unterschied, ob uns etwas widerfährt oder ob ein Widerfahrnismoment in unserem Leben unterdrückt wird. Während mit unserer ethischen Freiheit vereinbar ist, dass uns etwas widerfährt, widerspricht es unserer Freiheit, wenn dieses Widerfahrensmoment unterdrückt werden soll.

Darauf beruht übrigens der berühmte theologische Unterschied zwischen Handlungs- und Willensfreiheit: Für Fischer, Martin Luther und wohl auch Paulus folgte daraus, dass der Mensch keinen freien Willen hat. Er kann zwar frei handeln, nämlich seinem Willen gemäß, aber er kann seinen Willen nicht selbst steuern, also sein Verhalten. Man kann also in seinen Handlungen frei sein, ist aber auch dann unfrei in seinem Verhalten. »Der Gedanke der *Unfreiheit* des Willens steht dabei nicht notwendig im Widerspruch zum Gedanken der Freiheit des Handelns.«[213] Wir können also in ethischer Hinsicht auch dann frei bleiben, wenn uns widerfährt und wir völlig willenlos über uns ergehen lassen müssen, was wir wollen. Aber wir würden in ethischer Hinsicht unfrei werden, wenn unser Wille unterdrückt wird.

Ich fasse zusammen: Liebe ist zwar kein ethischer Wert, aber wir schulden uns ethisch, Liebe gewähren zu lassen. Viel-

[213] J. Fischer: Verstehen statt Begründen, a.a.O., 113, Herv. J. F.

leicht stören manche Leser beide Ergebnisse: sowohl dass wir uns schulden, unsere Liebe gewähren zu lassen, als auch dass die Liebe kein ethischer Wert sein soll. Aber wer die Liebe für einen ethischen Wert hält, muss er dann nicht erst recht die Liebe gewähren lassen? Muss man dann nicht erst recht einräumen, dass die Liebe der Rivalin genauso wertvoll ist und geachtet werden muss wie die eigene Liebe?

Dennoch schafft dieses Ergebnis neue Probleme, nämlich die Probleme des Seitensprungs und des Ehebruchs. Überspitzt ausgedrückt: Wenn man der Liebe ihren Lauf lassen soll, muss man dann nicht auch den Seitensprung ethisch legitim finden und auch den Ehebruch? Auf das Thema Ehebruch komme ich im nächsten Kapitel zu sprechen. In diesem Kapitel dagegen sollen unterschiedliche Aspekte sexueller Praxis mit Dritten außerhalb einer Partnerschaft untersucht werden, zum einen die Polyamorie und zum anderen Sex mit Dritten, ohne dass Liebe damit verbunden ist.

4.2 Polyamorie

Die meisten Menschen lieben mehrere andere gleichzeitig. Das empfinden wir auffälligerweise nur als ein ethisches Problem bei Intimbeziehungen. Umgekehrt finden wir es aber völlig abwegig zu fordern, dass Eltern nur eines ihrer Kinder lieben dürfen, obwohl auch hin und wieder Eifersuchtskonflikte unter Kindern entstehen, wen die Eltern denn mehr lieben. Bei solchen Eifersuchtskonflikten reklamiert eine Seite den Anspruch, geliebt zu werden – oder zumindest mehr geliebt zu werden als bislang. Wenn Johannes Fischer Recht hat, haben alle Kinder einen ethischen Anspruch darauf, von ihren Eltern geliebt zu werden.[214] Hier ist Liebe sogar mit Inklusivität verbunden.

Bei Intimbeziehungen besteht dagegen ein umgekehrter Anspruch: Hier finden wir es abwegig, wenn ein Mensch von einem anderen *fordert*, geliebt zu werden. Und noch abwegiger ist es, dass man alle seine Verehrer lieben soll. Der Grund liegt darin, dass Intimbeziehungen durch einen *Anreiz* entstehen – jedenfalls in Zeiten, in denen Intimpartner sich wechselseitig frei wählen und sie nicht durch ihre Clans gewählt werden. Bei der Liebe zwischen Eltern und Kindern dagegen mögen zwar Anreize auch eine Rolle spielen (etwa wenn wir gerade so süß finden, wie das Kind Daumen lutscht). Aber diese Anreize sind nicht konstitutiv für die Liebe, sondern unterstützen sie allenfalls.[215] Nach Fischer lieben wir unsere Kinder, weil sie unsere Kinder sind. Das ist zwar keine Begründung für ein Handeln, aber ein Grund für unser Verhalten. Und damit markiert Fischer, dass die Ebene, auf der wir unsere Kinder oder unsere Eltern lieben, unserer Wahl entzogen ist. Die Elternliebe ist uns widerfahren, weil uns auch die Lebensgemeinschaft widerfahren ist. Paare wollen vielleicht ein Kind, aber sie konnten nicht wählen, *dieses* Kind zu haben. (Allenfalls für diesen Embryo konnten sie sich entscheiden, ohne zu wissen, wer das Kind sein wird, das dann geboren wird.[216]) Damit konnten sie sich auch nur allgemein für eine Lebensgemeinschaft entscheiden, nämlich *eine* Familie zu gründen.

---

[214] J. Fischer: Verstehen statt Begründen, a.a.O., 130.

[215] A.-K. Lück: Der gläserne Mensch im Internet. Ethische Reflexionen zur Sichtbarkeit, Leiblichkeit und Personalität in der Online-Kommunikation; Stuttgart 2013, 120.

[216] Vgl. L. Ohly: Konkrete Embryonen und konkrete Menschen, a.a.O., 277–290.

Die Lebensgemeinschaft mit *diesem* Kind ist ihnen dagegen widerfahren. Elternliebe und Kinderliebe vollziehen sich also in einer Lebensgemeinschaft, die uns widerfahren ist und in der uns unser Kind und unsere Eltern widerfahren. Wir hatten nie die Möglichkeit, uns anders kennenzulernen.

Auch die Liebe zu unserem Intimpartner ist uns widerfahren, aber durch einen Anreiz, der mit der Person des Geliebten verbunden ist – und nicht durch die Lebensgemeinschaft konstituiert wird. Hier haben wir uns immer zuerst außerhalb der Intimbeziehung kennengelernt.[217] Wir verlieben uns in den Kommilitonen oder in den Tanzpartner: Zunächst ist er ein Tanzpartner und erst dann ein Geliebter. Unsere Bekanntschaft hätte auch weiterhin außerhalb einer Intimbeziehung bleiben können. Dass es so nicht blieb, liegt an einem Anreiz, der in der Person des Geliebten gefunden wird.[218]

Offenbar liegt es an diesen Konstitutionsbedingungen, warum wir nicht fordern können, dass uns jemand liebt, den wir lieben. Wir haben keinen Anspruch darauf, dass jemand, der draußen steht, in die Intimbeziehung eintritt. Wir finden es zwar meistens empörend, wenn Kinder ihre alt gewordenen Eltern vernachlässigen. Aber wir fnden es nicht empörend, wenn jemand einen anderen Menschen vernachlässigt, nur weil dieser den anderen einseitig liebt. Wir empören uns viel-

---

[217] Ich setze auch hier und im Folgenden voraus, dass die Intimpartnerschaft nicht durch Clans aufgezwungen wird.

[218] Diese These ist subtiler, als sie klingt. Es ist nämlich daran zu erinnern, dass der intentionale Gehalt der Liebe immer schon ein geliebtes Gegenüber ist und nicht zuerst ein Gegenüber, das dann irgendwann auch geliebt wird (Sektion 2.3). Der Anreiz der Person verwandelt ein Gegenüber zu einem geliebten Gegenüber. Folglich entsteht der Anreiz mit der Liebe.

mehr umgekehrt, wenn dieser Verehrer dem anderen permanent nachstellt und ihn stalkt.

Wie ist es aber mit dem Fall, dass jemand seinen Intimpartner verlässt? Vielleicht ist der Ausdruck Empörung inzwischen zu stark angesichts der Liberalisierung von Intimität. Aber immer noch beurteilen Außenstehende diesen Bruch tendenziell moralisch abwertend. Sogar in scheinbar liberalen Zonen wie der Universität kann ein Bruch mit der Partnerschaft unter Kommilitonen moralisch verurteilt werden. Warum? Vermutlich weil hier der umgekehrte Weg eingeschlagen wird und eine Lebenspartnerschaft verlassen wird. Man beurteilt eine Trennung dann von innen her: von der (Lebens-)Partnerschaft her.

Das scheint das Kriterium zu sein, woran Liebe beurteilt wird: Solange die Liebe noch »draußen«, außerhalb einer Partnerschaft ist, macht sie die Öffentlichkeit neugierig, woran es denn liegt, dass dieser Mann sich ausgerechnet für diese Frau interessiert. Manchmal wird diese Liebe für Unbeteiligte sogar suspekt und vielleicht sogar unheimlich. Das ist die Situation, in der wir manchmal unseren Freunden raten, lieber die Finger von der Sache zu lassen, oder sie warnen, weil sie sowieso keine Chance hätten oder weil das ganz üble Folgen haben könnte. Eine Liebe dagegen, die sich *in* einer Partnerschaft befindet, verdient eher öffentlichen Schutz – übrigens auch dann, wenn wir eigentlich gegen diese Beziehung sind. Unser bester Freund hat eine neue Freundin. Eigentlich stört uns das. Und vielleicht teilen wir ihm sogar unsere Meinung mit. Aber wir werden doch eher nichts dagegen unternehmen. Wir fänden es sogar unmoralisch, diese Partnerschaft mit Druck zu bekämpfen. Liebe hat für unser Empfinden also eine höhere Dignität, sobald jemand nicht nur aufgrund persönlicher Anreize geliebt wird, sondern auch, weil er in einer Lebensgemeinschaft geliebt wird – oder einer Gemeinschaft, die einer Lebensgemeinschaft zumindest nahe kommt.

Das ist der Hintergrund, vor dem ich das Phänomen der Polyamorie betrachten möchte, also die gleichzeitige intime Liebe zu mehreren Menschen. Das Thema Polyamorie ist in der Ethik bislang kaum diskutiert worden – offenbar weil man annimmt, dass es etwas mit Polygamie zu tun hat (also mit der Vielehe). Und es gibt abschließend gute Gründe, warum Polygamie ethisch zu kritisieren ist. (Dazu im Lauf des Buches mehr.[219]) Ich glaube allerdings, dass Polyamorie nicht unbedingt etwas mit Polygamie zu tun haben muss: Bei der Polyamorie geht es um Liebe und intime Partnerschaft; Polygamie dagegen ist eine Institution. Die Gründe gegen die Polygamie liegen – kurz gesagt – vor allem darin, dass dabei die Ungleichheit zwischen Männern und Frauen institutionalisiert wird. Das ist aber bei der Polyamorie nicht der Fall. Deshalb sollten wir uns mit diesem Thema hier gesondert beschäftigen.

Ich halte es für eine Verkürzung, infrage zu stellen, ob man überhaupt mehrere Menschen lieben kann. Denn das können wir in der Tat. Unser Herz ist groß genug dafür. Sonst würden nicht so viele Menschen sich in jemanden verlieben und trotzdem bei ihrem Ehemann oder ihrer Partnerin bleiben. Solche Verschränkungen mögen schwer vorstellbar sein, was damit zu tun haben könnte, dass es natürlich ein emotionales Ungleichgewicht gibt zwischen einer wilden Verliebtheit und einer langjährig gewachsenen Beziehung. Hochemotional ist es jedoch in beiden Beziehungen. Es ist merkwürdig, dass wir zwar denken, dass die Geliebte mehr geliebt wird als

---

[219] Sektion 5.3.1.

der Ehepartner, einfach weil die Schmetterlinge im Bauch da stärker fliegen –, dass aber nur in zehn Prozent der Fälle die geliebte Person auch die spätere Partnerin oder der Partner wird.[220] Das zeigt, dass in einer langjährigen Partnerschaft die Verlustängste und damit die Bindungen höher sind. Die Partnerschaft wird auch hier emotional bewertet.

Dass Menschen für ihre polyamorösen Neigungen kritisiert werden, dürfte wieder daran liegen, dass sie Intimpartnerschaften begehren, die unnötig sind – im Gegensatz zur Elternliebe und Kinderliebe, die sich notwendig in einer Lebensgemeinschaft ereignen. Genauso wie es unnötig war, dass meine Frau sich auf mich eingelassen hat! Wir haben keinen Anspruch auf eine Partnerschaft, zumindest solange wir draußen stehen. (Ob wir diesen Anspruch erwerben, sobald wir drinstehen, werde ich im nächsten Kapitel verhandeln.) Dann aber haben wir auch keinen Anspruch darauf, mit mehreren Menschen intim zu sein und mehrere Menschen zu lieben. Liebesbeziehungen sind von außen betrachtet immer überflüssig. Das ist noch kein hinreichender Grund, polyamoröse Beziehungen abzulehnen – sehr wohl aber eine notwendige Bedingung. Denn wenn intime Liebesbeziehungen nicht überflüssig wären, sondern wenn es einen Anspruch darauf gäbe, mit einer bestimmten Person intim sein zu dürfen, dann besteht auch ein Anspruch auf polyamoröse Beziehungen. Genauer:

Seien a, b und c Variablen für *irgendwelche* Menschen:

Wir nehmen an, für jedes a, b, c gilt: Wenn a und b einen Anspruch darauf haben, miteinander zusammen zu sein, dann

220 DIE ZEIT 30/2012, 13.

hat a diesen Anspruch auch gegenüber c und b gegenüber c und c gegenüber a und b.

Denn ansonsten hätten a und b nicht wirklich einen Anspruch auf eine gemeinsame Beziehung, sondern disjunkte Ansprüche auf irgendeine Beziehung: a hätte also beispielsweise nur einen Anspruch auf eine Beziehung mit irgendeinem, b *oder* c, was den Anspruch auf die Beziehung mit dem anderen ausschließen würde. a hätte also seinen Anspruch verwirkt, mit c eine Beziehung zu haben, *sobald* a mit b zusammen ist. Das widerspricht aber der Ausgangsbedingung, dass a und b ohne eine solche Einschränkung einen Anspruch auf eine gemeinsame Beziehung haben. Wenn also die Ausgangsbedingung erfüllt sein soll, so wäre es eine illegitime Diskriminierung von c, nicht auch einen Anspruch auf eine Beziehung mit a und b zu haben. Denn da die Regel für *jedes* a, b und c gelten soll, so werden gleiche Ansprüche willkürlich verletzt, wenn c dieser Anspruch nicht ebenso gewährt wird.

Solche Ansprüche gewähren wir uns aber nicht. Wir akzeptieren also bereits die Ausgangsbedingung nicht, dass a und b einen Anspruch darauf haben, miteinander zusammen zu sein. Ich finde zwar gelegentlich in meinem Briefkasten eine Aufforderung, sonntags im Gottesdienst abzukündigen, dass sich eine Frau für die Liebesbeziehung mit einem bestimmten Mann zur Verfügung halten soll. Diesen Anspruch gewähren wir uns aber nicht. Denn er würde zulasten unserer Freiheit gehen, die darin besteht, jemanden aufgrund seiner persönlichen Anreize zu lieben. Wiederum zeigt sich, dass die Freiheit ethisch einen höheren Schutz eingeräumt bekommt als die Liebe. In der Konsequenz heißt das, dass intime Liebesbeziehungen zwischen bestimmten Menschen von außen betrachtet überflüssig sind. Sie mögen (manchmal) nützlich sein, erforderlich sind sie nicht.

Nun lieben Menschen aber manchmal mehrere andere: Sie lieben sie unterschiedlich zwar, aber doch mehrere andere. Wenn wir nicht selbst diese Menschen sind und sie auch nicht lieben, können wir also ihre Sehnsucht für mehrfach überflüssig halten. Wir können dann noch weniger Verständnis und Zustimmungsbereitschaft für sie haben, als wir ohnehin schon haben, wenn wir hören, wer gerade wen liebt. Das macht verständlich, warum Polyamorie tendenziell eher abgelehnt wird. Der Anreiz, der in der Person des Geliebten liegt, ist für Außenstehende nicht zwingend. Dann ist aber umso weniger zwingend, wenn jemand gleichzeitig zwei Menschen liebt, deren Anreize beide für Außenstehende nicht zwingend sind.

Das alles begründet aber noch nicht, dass es ethisch falsch oder schlecht ist, mehrere Menschen gleichzeitig zu lieben. Es war ein Ergebnis der vorigen Sektion, dass es ein Recht gibt zu lieben, weil ansonsten die menschliche Freiheit illegitim beschränkt werden würde. Auch wenn Liebe von außen gesehen etwas Überflüssiges, Unnötiges und Unverständliches ist, gewähren wir uns aus ethischen Gründen, solche überflüssigen Beziehungen aufzunehmen – auch wenn wir nicht verpflichtet sind, jemandem genau die Person zur Verfügung zu stellen, die er liebt. Damit stellt sich die Frage, ob wir nicht auch anderen die Freiheit gewähren sollten, mit mehreren anderen zusammen zu sein. Diese Frage wird vor allem für den Partner einer polyamorösen Person konkret: Muss die Partnerin akzeptieren, dass ihr Freund noch eine andere hat?

Nehmen wir an, ich wäre polyamorös und hätte zwei Freundinnen, Petra und Anna. Anna ist im Hinblick auf meine Beziehung zu Petra eine Außenstehende. Anna sieht also meine Beziehung zu Petra vermutlich als etwas Überflüssiges an. Es ist zumindest für Anna nicht zwingend, dass ich außerdem noch mit Petra zusammen bin. Genauso kann Petra meine Beziehung zu Anna sehen. In der Konsequenz werde auch ich selbst beiden Frauen tendenziell ein Außenstehender, weil ich beiden in einer Beziehung begegne, die beide jeweils ausschließt. Dadurch, dass ich beiden zugleich als Außenstehender begegne, wird es beiden leichter, die Anreize, weswegen sie mich lieben, nicht mehr für zwingend zu erachten, um mich zu lieben. Das erleichtert es beiden, die Liebe zu mir als etwas Überflüssiges zu betrachten.

Anna und Petra erleben mich also gleichermaßen innerhalb ihrer Beziehung als auch außerhalb ihrer Beziehung. Sie lieben mich, aber sie nehmen gleichzeitig jeweils den Blick einer Außenstehenden ein, die die Beziehung mit mir für überflüssig halten kann. Dadurch, dass ich also polyamorös bin, schwäche ich die Stabilität beider Liebesbeziehungen. Beide können sich leichter gegen ihre Beziehung mit mir entscheiden. (Genauso ist es übrigens schon, wenn ich nicht polyamorös bin, aber Petra oder Anna denkt, dass ich es bin. Sobald meine Freundin nur denkt, dass ich noch eine andere Freundin habe, findet sie sich außerhalb einer anderen Beziehung vor und kann mich dann auch wie einen Außenstehenden betrachten. Deshalb ist Eifersucht strukturell mit einem gesteigerten Potenzial verbunden, die Beziehung zu beenden.[221])

[221] Das gilt unbeschadet der Feststellung, dass Menschen mit Eifersucht stark an den Partner gebunden werden und dass Eifersucht sogar aus ethischen Gründen der Selbstachtung zu würdigen ist (U. Clement: Wenn Liebe fremdgeht. Vom richtigen Umgang mit Affären; Berlin 2012³, 89f. W. Schmidbauer: Die heimliche Liebe, a.a.O., 28, 39, 42.)

Für den polyamorösen Menschen dagegen sind beide Liebesbeziehungen zwingend. Er kann sich gegen keine Beziehung entscheiden, weil sie überflüssig wäre. Allerdings kann er empfinden, dass er es ist, der mit seiner doppelten Neigung bei beiden Partnerinnen die Kluft erzeugt, die ihn zu einem partiellen Außenstehenden macht. Er kann also erkennen, dass er sich von beiden Frauen *entfernt*, gerade indem er an *beiden* hängt.

Deshalb ist es auch wenig nützlich, wenn Interessengruppen für Polyamorie einen Regelkanon verfassen. Auf einer Website für Polyamorie findet man etwa die Regel, dass sich Polyamoröse zu wechselseitigen klaren Absprachen verpflichten[222]: Wenn du mir freie Liebe gewährst, muss ich auch dir freie Liebe gewähren. Diese Regel kann gar nicht den gewünschten Erfolg haben. Im Gegenteil sogar verschärft sie den Konflikt: Indem jetzt *beide* Liebespartner partiell Außenstehende sind, können beide die Liebe zueinander als überflüssig betrachten. Deshalb trägt es gerade nicht zur Stabilität der Intimbeziehung bei, wenn beide Partner polyamorös sind. Nur unter zwei Bedingungen wird dadurch die Stabilität der Beziehung gestärkt:

1. Ich liebe nicht nur den Anreiz der Person der Geliebten, sondern ich liebe zugleich, *dass* dieser Anreiz überflüssig ist. Ich liebe dann den zwingenden Charakter des Überflüssigen. Dann aber kann ich genauso gut irgendwen lieben, weil ich völlig überflüssige Anreize bei jedem Menschen finde. Das heißt aber: Polyamorie wandelt sich in eine universale Menschenliebe: Ich liebe nicht viele, sondern prinzipiell alle.

---

222 http://polyamory.de/system/files/Poly—Flyer—2014—Druckerei.pdf (Zugriff 04.09.2014).

2. Alle Intimpartner, die ich liebe und die mich lieben, lieben sich untereinander auch, und ich liebe auch alle weiteren Intimpartner von ihnen. Nicht nur liebe ich Anna und Petra, sondern Petra und Anna lieben sich auch. Und sie lieben auch Otto und Heinrich, mit denen Anna und Petra außerdem zusammen sind. Und auch ich liebe Otto und Heinrich – denn sonst wäre ich ja wieder außen vor. Auch dieses Modell führt also prinzipiell in eine universale Menschenliebe.

Einen Einwand möchte ich an dieser Stelle diskutieren: Ich hatte oben[223] gezeigt, dass Liebesbeziehungen bleibende Bindungen erzeugen. Das gilt folglich auch für polyamoröse Partnerschaften. Widerspricht diese Feststellung nicht der These, dass polyamoröse Partnerschaften das Potenzial für Trennungen verstärken? Müsste nicht eher umgekehrt angenommen werden, dass polyamoröse Beziehungen die ewigen Bindungen verdoppeln und insofern sogar vertiefen?

Ich räume ein, dass Polyamorie Bindungen aufbaut. Das widerspricht aber nicht dem gesteigerten Potenzial, sich gegen die Beziehung zu entscheiden. Ich hatte im zweiten Kapitel den trinitarischen Charakter des Verhältnisses von Verliebtsein und Liebe dargestellt: Das Verliebtsein besitzt einen Widerfahrenscharakter, der Menschen in einen Entscheidungszwang stellt. Zugleich erzeugt es Bindungen, die menschliche Entscheidungen transzendieren. Die Entscheidung, die ein Mensch zu seinem Verliebtsein trifft, ist der zweiten trinitätstheologischen Position zuzuschreiben, in der Gott unter menschlichen Bedingungen zur Darstellung gebracht wird. Dauerhafte Bindungen dagegen gehören zum Charakter der

---

223 Sektion 2.1.

Anwesenheit: Die Anwesenheit von Menschen macht sich unabhängig von menschlichen Entscheidungen. Deshalb kann beides der Fall sein: Menschen kann aufgrund einer gesteigerten Kluft zu ihrer Beziehung ein gesteigerter Entscheidungsspielraum zuwachsen, sich gegen die Beziehung zu entscheiden. Aber davon ist das Phänomen der Bindung unbetroffen: Menschen bleiben aneinander gebunden, auch wenn sie kein Liebespaar mehr sind oder sich gegen die Beziehung entschieden haben. Die Anwesenheit des früheren Partners kann ihnen immer wieder widerfahren. Und sie tritt umso massiver auf, je mehr beide durch eine gemeinsame Lebensgeschichte gebunden sind. Deshalb kann in polyamorösen Beziehungen beides zutreffen: gesteigerte Entscheidungsfreiheit gegen die Beziehung und doppelte Bindung – unter der die Betroffenen dann auch gesteigert leiden können.

Ebenfalls räume ich ein, dass die beiden Steigerungen (erhöhte Distanz zur Beziehung und erhöhte Bindung) bereits auftreten, wenn sich ein Mensch in fester Partnerschaft in eine dritte Person verliebt – ohne dass daraus eine Affäre erwächst. Gegen solche Fälle ist jeder Mensch wehrlos, weil Verliebtsein ein Widerfahrnis ist. Daraus folgt zwar, dass Menschen unter dieser Situation leiden können. Ich vermute aber, dass sie weniger leiden, wenn sie die Entscheidung treffen, nicht noch eine zweite Beziehung einzugehen. Zwar bleibt auch in diesem Fall eine Bindung zu einer zweiten geliebten Person zurück, aber sie hat sich nicht zur Bindung zu einem Liebes*partner* entwickelt. Die Bindung ist also lockerer, weil sie unbestimmter ist.[224]

[224] Zur Unbestimmtheit von Liebespflichten s. Kap. 7.

Abschließend noch eine soziologische Einschätzung: Eva Illouz[225] hat gezeigt, dass Frauen und Männer derzeit unter einer normativen Spannung stehen, die es ihnen erschwert, sich partnerschaftlich zu binden.[226] Sie stehen nämlich in der Spannung von Anerkennung und Autonomie. Von jemandem geliebt zu werden, steigert unsere Anerkennung ungemein. Wir spüren konkret, dass wir begehrenswert und liebenswert sind. Zur Anerkennung gehört aber auch, dass sich unser Liebhaber an uns partnerschaftlich bindet. Dazu ist er aber vielleicht nicht bereit: Illouz hat zeigen können, dass sich vor allem Männer zurückziehen, sobald Frauen von Hochzeit reden oder von ihren Kinderwünschen. Eine solche Partnerbindung ist ein Ausdruck der Anerkennung der intimen Partnerschaft. Aber die Anerkennung kollidiert mit dem Wert der Autonomie. Dann äußert der Partner, es sei noch zu »früh«, und er brauche seine Freiheit.

Illouz hat festgestellt, dass in dieser Spannung derzeit die Autonomie die Anerkennung dominiere. Wenn sie mit ihrer Einschätzung Recht hat, so liegt das Problem der Selbstdistanzierung vom Partner nicht nur bei polyamorösen Beziehungen vor, sondern ist inzwischen ein typisches Problem von Intimbeziehungen. Der Vorzug der Autonomie vor der Anerkennung kann auch auf Ängsten vor Partnerbindungen

---

225 Zum Folgenden E. Illouz: Warum Liebe weh tut, a.a.O., 241ff.

226 Da bei mir der Begriff der Bindung mit Anwesenheit korreliert, bei Illouz dagegen mit Anerkennung, werde ich im Folgenden bei meiner Darstellung des Arguments von Illouz von »*Partner*bindung« sprechen. Denn Partnerschaft beruht auf einer reziproken Entscheidung, die Illouz thematisiert. Mein Bindungsbegriff dagegen erstreckt sich auch auf Beziehungen, gegen die sich Menschen entschieden haben und die darum keine Partnerbindungen mehr sind.

beruhen[227], muss also nichts damit zu tun haben, dass wir alle polyamorös geworden sind. Das Problem ist aber das Gleiche: Indem wir die Partnerbindung auf Abstand halten, stellen wir uns sowohl innerhalb als auch außerhalb unserer intimen Partnerschaft auf. Dadurch erlebt uns unser Partner teilweise als Außenstehender und kann daher leichter die Liebe zu uns als überflüssig beurteilen.

Noch ein abschließender Gedanke zur Polyamorie: Polyamorie holt teilweise die sexuelle Intimität aus einer Liebesbeziehung heraus. Denn weil ich nicht nur mit Petra Sex habe, sondern auch mit Anna, die sich beide unter gewöhnlichen Umständen nicht lieben, findet mein Sex mit Anna für Petra außerhalb ihrer Liebesbeziehung mit mir statt – und umgekehrt. Das heißt: In polyamorösen Beziehungen gibt es Sex auch außerhalb einer Liebesbeziehung – für mich zwar nicht, aber doch für Anna und Petra. Und für mich auch, sobald eine der beiden auch polyamorös ist und mit Heinrich oder Otto Sex hat – die ich für gewöhnlich nicht liebe. Da polyamoröse Beziehungen offenbar kaum zu leben sind, ohne dabei die Bedeutung von Intimität massiv zu verändern oder die Partnerschaft zu schwächen, verändert auch Sex mit einer zweiten Geliebten die Bedeutung von Intimität oder schwächt die Partnerschaft.

Nach den ethischen Voraussetzungen von Johannes Fischer lässt sich schlussfolgern, dass zwar am Handeln des polyamorösen Menschen nichts auszusetzen ist, aber an seinem Verhalten sehr wohl. Seine Liebe ist nicht falsch, aber auch nicht gut.[228] Kann Liebe Sünde sein? Vielleicht zwar nicht,

---

227 E. Illouz: Warum Liebe weh tut, a.a.O., 153.

228 Da Fischer das Verhalten an den Geist einer kontingenten Gemein-

aber das rettet unsere Beziehungen nicht. Es kann deshalb eine Tugend sein, nur an eine Person gebunden zu sein, um so glücklicher zu werden und andere glücklicher zu machen. – Damit aber kommen wir zur Frage, ob Sex nur innerhalb einer Liebesbeziehung legitim ist.

4.3 Darf Sex nur aus Liebe sein?

Im vorherigen Kapitel hatte ich diese Frage nur gestreift: Bei der Prostitution und beim Gelegenheitssex lieben wir nicht zwingend die Person, mit der wir intim sind. Zumindest zielt dort der sexuelle Kontakt auf etwas anderes als auf Liebe, nämlich auf sexuelle Lusterfüllung. Ähnliches trifft auch auf die Masturbation zu und auf sexuelle Praktiken, die allein aus fetischistischen Neigungen vollzogen werden. Alle diese Praktiken sind nur legitim, wenn man auch außerhalb einer Liebesbeziehung Sex haben darf und nicht nur aus Liebe. Bei polyamorösen Beziehungen kam zusätzlich das Problem auf, dass jemand mehrere Menschen liebt und vielleicht auch mit ihnen beiden sexuelle Intimhandlungen vollziehen will. Die verminderte Beziehungsstabilität, die dabei entsteht, habe ich aufgezeigt. Aber vielleicht ist es legitim, einfach nur Sex außerhalb der festen Beziehung zu haben – Sex, der nicht mit

schaft gebunden hat, wäre es denkbar, dass sich die Betroffenen polyamoröser Beziehungen unter anderen gesellschaftlichen Bedingungen unkomplizierter verhalten. Phänomenologisch müsste eine solche Gesellschaft die bleibende Anwesenheit einer dritten und vierten Person gut aushalten können. Ich vermute, dass eine solche Entwicklung zulasten der Verbindlichkeit geht, sich füreinander bleibend zu entscheiden.

Liebe verbunden ist. In diesem Fall muss der Liebespartner, der außerhalb der Partnerschaft Sex hat, sich nicht außerhalb der Partnerschaft befinden: Die Beziehung zum Sex-Partner ist keine Liebesbeziehung, sondern eine rein funktionale Beziehung, eine Dienstleistung oder eine Party-Überraschung.

Nun wird vielleicht dieses Verhalten als Untreue ausgelegt. Der Partner könnte einwenden: »Weil du Sex mit einem anderen hast, liebst du mich nicht mehr.« Mit diesem Satz wird eine eindeutige Beziehung zwischen Sex und Liebe hergestellt: Sex darf nur innerhalb einer Liebesbeziehung sein. Aber ist dieser Anspruch berechtigt?

Wir können zumindest annehmen, dass die Geschichte der Sexualität älter ist als die Geschichte der Liebe: Tiere haben immer schon Sex gehabt, aber sie haben kein Verständnis von Liebe, weil Liebe eine Idee von Persönlichkeit und Einzigartigkeit impliziert. Und die beobachtbare Interaktion der meisten Tierarten schließt aus anzunehmen, dass sie eine solche Idee haben.

Es ist auch anzunehmen, dass Menschen erst im Lauf ihrer sozialen Evolution zu lieben gelernt haben. Friedrich Engels hielt es für erwiesen, dass es am Anfang der Menschheit einen sexuellen Kommunismus gab: Jeder konnte mit jedem schlafen.[229] Im Laufe der Geschichte wurde das Feld der Sexualität zunehmend männerdominiert: Männer nahmen Frauen in ihre Familie auf, die sie vorher entführt hatten und vergewaltigten – und zwar so lange, bis die Frauen von einem anderen entführt und vergewaltigt wurden.[230] Nach einer solchen historischen Rekonstruktion hatte Sex nicht viel mit Liebe

229 F. Engels: Der Ursprung der Familie, a.a.O., 41.

230 F. Engels: Der Ursprung der Familie, a.a.O., 58.

zu tun. Die Sexualität ist danach historisch älter als die Liebe – oder anders gesagt: Eine Sexualität ohne Liebe ist älter als eine Sexualität *aus* Liebe.

Ob Engels' historische Rekonstruktion richtig ist oder nicht[231], spielt für diese These keine große Rolle. Denn wir müssen gar nicht so weit zurückgehen: Bis vor 300 Jahren wurden die Ehepaare in Europa von ihren Eltern ausgesucht.[232] Sex sollte es nur in der Ehe geben, war aber unabhängig von der Liebe. Man hoffte, dass beide Partner eine Zuneigung füreinander noch entwickeln würden.[233] Aber auch dann war Sex zunächst von Liebe unabhängig und blieb es weitgehend auch, weil die rationalen Kriterien einer Ehe dominierten.[234]

Etwas überspitzt ausgedrückt: Sex ist also älter als Liebe. Hat Sex damit nicht auch ältere Rechte als die Liebe? Auch wenn Sex in vormodernen Zeiten oft mit Gewalt und Unterdrückung zu tun hatte, haben wir in unseren Zeiten Sex inzwischen kultiviert: Es gibt einvernehmlichen Sex und Fairnessregeln, an denen sich die Sexualpartner orientieren – auch wenn sie sich nicht lieben. Man kann sogar vermuten, dass diese Fairnessregeln außerhalb einer Beziehung eine wichtigere Rolle spielen als in einer Beziehung: Die Vertrauenswürdigkeit eines Sexualpartners hängt daran, dass er Fairnessregeln einhält. Ansonsten könnte er einen Imageschaden im Bekanntenkreis oder bei den entsprechenden Internet-Partnerbörsen erleiden oder sogar strafrechtlich verfolgt werden. Dagegen wird es immer eine hohe Dunkelziffer sexueller Ge-

---

231 Ähnlich rekonstruiert aber auch E. Illouz: Warum Liebe weh tut, a.a.O., 108 u.ö.

232 E. Illouz: Warum Liebe weh tut, a.a.O., 80.

233 E. Illouz: Warum Liebe weh tut, a.a.O., 320.

234 E. Illouz: Warum Liebe weh tut, a.a.O., 319.

walt in der Ehe und in der Liebesbeziehung geben, weil gerade über Liebe Macht aufgebaut werden kann. Ist also Sex ohne Liebe nicht ethisch sogar gerechter – oder zumindest gerechtfertigt?

Diese Frage hat eine absolute Dimension und eine relative Dimension. In ihrer absoluten Dimension fragen wir: Ist es überhaupt legitim, mit jemandem Sex zu haben, wenn man ihn nicht liebt? – In der relativen Dimension könnte es dagegen sein, dass zwar Sex ohne Liebe legitim ist, aber nicht für Menschen, die in einer festen Partnerschaft stehen. Untersuchen wir beide Dimensionen!

4.3.1 Dürfen wir überhaupt Sex ohne Liebe praktizieren?

Folgendes Gedankenexperiment möchte ich zugrunde legen: Nehmen wir an, eine Gruppe von Freunden beschließt, sich zu organisieren. Sie wollen ein Zeichen ihrer Freundschaft etablieren und gründen hierfür einen Club: Jedes Clubmitglied verpflichtet sich, ab sofort nur noch mit Clubmitgliedern Tischtennis zu spielen. Das Tischtennisspiel ist zwar älter als der Club. Deshalb haben bisher alle Clubmitglieder auch vorher schon Tischtennis gespielt, bevor es diesen Club noch nicht gegeben hatte. Aber ab sofort soll das gemeinsame Tischtennisspiel nur noch ein Ausdruck ihrer Freundschaft sein und kann deshalb nur noch innerhalb des Clubs sowie ausschließlich mit Clubmitgliedern gespielt werden. Diese Entscheidung ist eine freiwillige Selbstbegrenzung der Clubmitglieder.

Ab sofort wird diese Verpflichtung also verletzt, sobald ein Clubmitglied mit jemandem Tischtennis spielt, der kein Clubmitglied ist. Die Clubmitglieder können allerdings nicht regeln, dass alle Menschen nur noch Tischtennis spielen dürfen, wenn sie diesem Club zugehören. Innerhalb ihrer Freundschaft können sie sich diese wechselseitige freiwillige Selbstverpflichtung auferlegen. Aber außerhalb des Clubs haben sie weder die Handhabe noch die Legitimation, allen Menschen das Tischtennisspiel zu verbieten, die keine Clubmitglieder sind.

Etwa so ist es mit Liebe und Sex auch: Wer keinen Partner hat, aber Sex, steht außerhalb des »Clubs« der Paare. Diese könnten zwar Sex außerhalb einer Partnerschaft für unmoralisch und abartig halten, aber damit wird Sex außerhalb einer Partnerschaft noch nicht abartig oder unmoralisch. Sex aus Liebe ist allenfalls ein moralisches Kriterium für alle Mitglieder innerhalb des Clubs, und auch nur, weil und sofern sie sich alle dazu freiwillig selbstverpflichtet haben. Diese Entscheidung hat aber keine Auswirkung auf diejenige Sexpraxis, die außerhalb dieses »Clubs« vollzogen wird.

Ein anderes Ergebnis würde allenfalls dann resultieren, wenn Sex ursprünglich eine Erfindung von Liebesbeziehungen gewesen wäre. Dann könnte man Sex außerhalb von Partnerschaften für etwas halten, was Sex seinem Wesen entzieht und entfremdet. Ganz offenbar ist das aber historisch nicht der Fall gewesen: Zuerst gab es Sex ohne Liebe, und erst später haben Intimpaare Sex mit Liebe verbunden. Ob daraus ethisch etwas folgt, lässt sich jedoch weder am Alter von Sex noch am Alter von Liebe direkt ablesen.

Um Sex an Liebe zu binden, könnte man aber folgende Argumentationsstrategie benutzen, dass man das *Wesen* von Sex in der Liebe erkennt. Dann widerspricht jeglicher Sex ohne Liebe *seinem* Wesen. – Diese Argumentationsstrategie halte ich aber selbst für logisch zirkulär: Sie muss voraussetzen, was sie zugleich ausschließt, nämlich dass Liebe der Sexualität inhärent ist.

Meinen Einwand möchte ich so ausführen: Wenn Liebe zum Wesen von Sex gehört, dann muss sich also am Sex selbst aufweisen lassen, dass Liebe dazugehört. Nehmen wir an, es würde uns ein solcher Aufweis gelingen: Zum Beispiel würden wir finden, dass die Sexualpartner sich wesentlich zärtlich berühren – und damit eine Vergewaltigung für eine Abweichung von Sex halten (und nicht nur für eine Abweichung von Menschenwürde). Wir würden also sagen, dass es typisch für Sex ist, dass man sich zärtlich berührt, und nicht, dass man sich mutwillig verletzt und demütigt. Menschen berühren sich aber dann zärtlich, wenn sie liebevoll miteinander sind. Also impliziert Sex seinem Wesen nach Liebe.

Damit würden wir aber sagen, dass Menschen gar nicht miteinander Sex haben können, wenn sie sich nicht lieben: Sie müssen sich automatisch lieben, sobald sie Sex miteinander haben – oder könnten sich umgekehrt auf Sexualität nicht einlassen. Dann kann man aber Sex außerhalb einer Liebesbeziehung auch nicht ethisch verurteilen, denn es gäbe diesen Fall ja gar nicht. Zu verurteilen wäre eher die Situation nach dem Sex, aus der nichts folgen würde: Wenn nach dem One-Night-Stand beide wieder eigene Wege gehen, wäre dieses Verhalten zu verurteilen, nicht aber ihr gemeinsamer Sex. Wer also Liebe zum Wesen der Sexualität zählt, hat dann aus logischen Gründen auch kein Problem mit Sex außerhalb einer Liebesbeziehung, weil es schlicht diesen Fall nicht gibt.

Wenn man aber Liebe nicht aus Sex selbst ableiten kann, bleibt nur noch die Variante, sex-externe Gründe anzuführen, warum Sex nur aus Liebe vollzogen werden darf. Es müsste sich also um Gründe handeln, die mit Sex nichts zu tun haben, die also der Sexualität völlig wesensfremd sind. Mir fallen als Gründe hierfür nur die Gebote einer Autorität ein, zum Beispiel einer göttlichen Autorität oder eines Staates. Andere ethische Gründe haben nämlich wieder etwas mit Sex zu tun: Wenn wir sagen, Sex habe ohne Liebe keinen Nutzen, behaupten wir, dass zwischen liebevollem Sex und Nutzen ein ethisch höherwertiges Verhältnis besteht als zwischen lieblosem Sex und Nutzen. Wenn wir argumentieren, dass es Pflicht ist, Sex nur aus Liebe zu vollziehen, dann unterstellen wir einen *sachgemäßen* Zusammenhang zwischen der Entstehung von Pflichten und liebevollem Sex.[235] In all diesen Fällen würden wir sagen, dass man am Sex selbst ablesen kann, dass er zur Liebe gehört. – Aber eben: Anscheinend ist es anders!

Völlig ohne gehaltvollen Zusammenhang ist es dagegen, wenn jemand diese Forderung aufstellt: »Sex nur aus Liebe!«, allein weil er dazu befugt ist. Eine solche Autorität ist entweder die Entscheidung einer Gemeinschaft – etwa die freiwillige Selbstbegrenzung eines Liebespaares wie beim Tischtennisclub der Freunde, aus der nichts für das Verhältnis von Sex und Liebe *überhaupt* folgt – oder ein legitimer Gesetzgeber, ein Staat mit seinem Gewaltmonopol oder eben Gott.

---

[235] Zu diesen beiden Fällen gehört etwa die Beschränkung von Sex auf Liebesbeziehungen zum Zweck und Schutz der dabei gezeugten Kinder und zum Schutz der familiären Privatheit. Dieses Argument ist allerdings brüchig geworden, seitdem durch Verhütungsmittel zwischen Sex und natürlicher Reproduktion kein zwingender Zusammenhang mehr besteht und das Scheidungsrecht so weit liberalisiert worden ist, dass in Patchworkfamilien die familiäre Geschlossenheit aufgebrochen worden ist. Man müsste dann also ebenso gegen das liberale Recht auf Ehescheidung sein, wie man gegen Sex außerhalb von Liebe ist.

Wenn es eine solche Autorität gibt, die legitim entscheiden kann, dass Sex an Liebe zu binden ist, liegt eine sogenannte »prozeduale« Legitimität vor, die man nicht am Gehalt ablesen kann. Die Entscheidungsprozedur ist legitim gewesen, und nur deshalb ist auch die Entscheidung legitim. Diese Autorität (Staat, Gott) hätte genauso gut andersherum entscheiden können, und das wäre dann auch legitim gewesen. In der Sache liegt ja (qua Voraussetzung) kein Zusammenhang zwischen Sex und Liebe. Daher wäre es auch nur zufällig ethisch richtig, dass Sex nur in Liebe vollzogen werden darf. Man kann diese Position zwar vertreten, aber sie wird das Gewicht kaum tragen können, weswegen Sex ohne Liebe für unmoralisch gehalten wird. Denn er wäre dann nur zufällig unmoralisch. Darüber hinaus kann man fragen, ob ein Staat wirklich dazu legitimiert ist, unsere sexuelle Freiheit zu beschränken, oder ob dies unserer Autonomie und Menschenwürde widerspricht. Auch wenn es Staaten gibt, in denen Menschen wegen unehelichen Sex verfolgt werden, folgt noch nicht, dass diese Staaten ethisch dazu legitimiert sind.

Bei Gott kann man vielleicht eine Ausnahme machen und alles für gerecht erklären, was er entscheidet. (Dann besteht immerhin *für Gott* ein sachlicher Zusammenhang von allem, was er fordert und was er in seinen Forderungen in Zusammenhang bringt – zumindest wenn Gottes prozedurale Entscheidungen nicht zufällig sind.) Damit ist es aber nicht nur eine Frage der prozeduralen Richtigkeit, sondern wird zu einer *theologischen* Frage, ob sich Gott zu dieser Forderung entschieden hat. Haben wir theologische Gründe, das anzunehmen?

Als Gott in der Schöpfungsgeschichte die Menschen gesegnet hat mit den Worten: »Seid fruchtbar und mehret euch«

(Gen 1,28), da hat er nicht die Ehe gesegnet und auch nichts von Liebe gesagt. Das Erste, was in der Bibel gesegnet ist, ist vielmehr die Sexualität, aber nicht die Liebe. Dagegen kenne ich keine Bibelstelle, in der Gott die erotische Liebe segnet (höchstens Liebes*paare*, aber eben nicht ihre Liebe) oder gar die Ehe.

Eine interessante gebotsethische Position hierzu vertritt Karl Barth. Er benutzt die Autorität Gottes dazu, um einen Zusammenhang zwischen Liebe und Sex herzustellen, der von Natur aus nicht besteht. Nach Barth kann Sex nur aus Liebe geschehen[236], und zwar weil Gottes Gebot den ganzen Menschen beansprucht[237] und damit alle einzelnen Elemente des menschlichen Lebens *normativ* vereinigt. Zum anderen schließt das Gebot Gottes ein, dass der Mensch in dem, was er will und wählt, in der Einheit dazu steht, wozu er von Gott bestimmt ist. Wie ich bereits dargestellt habe, heißt lieben für Barth *wählen*. Zum Wesen der Wahl gehört es nun,

1. dass nur einer wählt, also eine Willensinstanz. Denn ansonsten würde die Wahl mit sich im Unreinen sein. Es muss daher beim Wählen eine *Willenseinheit* geben.[238]
2. dass sie eine bestimmte und *eindeutige* Wahl ist: Indem man wählt, schließt man eindeutig anderes aus.[239]
3. dass sie eine *ganzheitliche* Wahl ist. Denn wäre sie das nicht, dann wäre sie nur teilweise bestimmt und damit teilweise unbestimmt.[240]

[236] K. Barth: KD III,4, a.a.O., 154.

[237] K. Barth: KD III,4, a.a.O., 146.

[238] K. Barth: KD III,4, a.a.O., 219.

[239] K. Barth: KD III,4, a.a.O., 220, 222.

[240] K. Barth: KD III,4, a.a.O., 144, 146, 209.

Das bedeutet, dass nur *ein* Mensch ausschließlich *einen* Menschen wählen kann, und zwar diesen eindeutig und *ganzheitlich*. Man kann also nur einen Menschen ganz wählen, wenn man überhaupt wählt. Genau diese Wahl nennt Barth Liebe. Deshalb wäre es keine Wahl, wenn wir nur Sex mit jemandem haben wollten, ohne ihn zu lieben: Denn wir wären dabei nicht eindeutig und ganzheitlich in unserer Wahl. Wir würden nur etwas von ihm wollen und würden ihn daher nicht wählen. Gott hat uns aber dazu bestimmt zu wählen.[241] »*Koitus ohne Koexistenz* ist … eine dämonische Angelegenheit.«[242] Das Geschlechtliche wird »von Gottes Gebot nur in seinem Zusammenhang mit dem gesamten geschichtlichen Sein des Menschen vor Gott und in der Gemeinschaft erfasst. Wer es aus diesem herausnimmt, wer es privatisiert …, der entzieht sich eben damit … dem Gebot Gottes.«[243]

Barths Argument ist schlüssig, aber man könnte mit ihm gerade auch für Sex außerhalb der Ehe sein. Obwohl also das Argument in sich schlüssig ist, begründet es nicht hinreichend, dass Sex nur in einer Liebesbeziehung legitim ist. Barth begeht vielmehr einen logischen Zirkelschluss: Er setzt voraus, was er begründen will, nämlich dass Sex nur in einer ganzheitlichen Liebesbeziehung legitim ist.

Die Ausführung meiner Kritik will ich mit einer Rückfrage beginnen: Wenn es nur dann zu einer echten Begegnung zwischen Mann und Frau kommt, wenn sich beide ganzheitlich wählen, wie können sie dann überhaupt mit anderen Frauen und Männern umgehen, die nicht ihre Liebespartner

---

241 K. Barth: KD III,4, a.a.O., 219.

242 K. Barth: KD III,4, a.a.O., 148, Herv. K. B.

243 K. Barth: KD III,4, a.a.O., 146.

sind? Aufgrund welcher ethischen Basis begegnen sich Arbeitskolleginnen, Kommilitonen und Sportpartner beiderlei Geschlechts? Barth hat darauf geantwortet, dass das Gebot Gottes sich nicht in der Liebesbeziehung und in der Ehe erschöpft, denn sonst wäre es nicht ganzheitlich.[244] Ansonsten dürften wir außerhalb der Ehe keine Kontakte haben und wären damit in unserer Einheit normativ eingeschränkt. Deshalb ist zum Beispiel die Frau »in irgendeiner Nähe oder Ferne in mannigfaltiger Gestalt unübersehbar auch für ihn [den Mann, L. O.] da, auch wenn sie als Liebes- und Ehegefährtin für ihn nun eben nicht in Frage kommt«.[245]

Damit sagt Barth entweder, dass zur Ganzheit des Menschen alle Begegnungen zwischen ihm und dem anderen Geschlecht dazugehören. Oder er sagt, dass alle Begegnungen beiderlei Geschlechts ganzheitlich sind, und zwar gleichgültig, ob es zum Sex kommt oder nicht. Die Frau an der Kasse des Supermarkts nebenan hat dann zu mir ebenso eine ganzheitliche Beziehung wie meine Ehefrau. Es gehört nämlich zu meiner Beziehung zwischen der Frau an der Kasse und mir, dass wir uns ganzheitlich und eindeutig entschieden haben, keine Liebespartner zu werden. Wir haben keine gleichgültige Beziehung zueinander, sondern eine gewählte. Und gerade dadurch wird die Beziehung auch ganzheitlich, weil wir gewählt haben, keinen Sex miteinander zu haben.

Ich frage mich allerdings, ob ich mit ihr auch nicht essen und trinken darf. Denn auch Essen und Trinken gehört zur Ganzheitlichkeit dazu. Und Barth stellt Sex in einen Zusam-

244 K. Barth: KD III,4, a.a.O., 155, 183.
245 K. Barth: KD III,4, a.a.O., 183.

menhang mit Essen und Trinken.[246] Nehmen wir an, beim Supermarkt nebenan wird gerade ein neuer Käse zum Verkauf angeboten. Und jeder, der an die Kasse kommt, darf einmal ein Stückchen Käse probieren – also auch ich. Und während ich probiere, isst die Kassiererin auch ein Stück. Ist das erlaubt? Wenn nicht, dann dürften wir auch nicht mehr gemeinsam Abendmahl feiern. Wenn doch, worin besteht aber dann der Unterschied zwischen gemeinsam essen und gemeinsam Sex haben? Natürlich finden wir alle, dass es einen Unterschied gibt zwischen gemeinsam essen und gemeinsam Sex haben. Aber Barth markiert diesen Unterschied gerade nicht. Er markiert vielmehr den Unterschied darüber, dass eine andere Ganzheitlichkeit gefordert ist, je nachdem, ob ich mit jemandem Sex habe oder nicht: Beides ist zwar ganzheitlich, aber anders.

Barth begründet aber nicht, warum meine Beziehung zur Kassiererin nur dann ganzheitlich ist, wenn wir keinen Sex haben, aber doch ganzheitlich, wenn wir gemeinsam essen. Er unterstellt einfach, dass es so ist. Und damit setzt er voraus, was er eigentlich beweisen will: nämlich dass Sex nur in einer Liebesbeziehung vollzogen werden kann. Darin besteht sein Zirkelschluss.

Dagegen könnte ich aber doch auch Sex mit der Kassiererin als reine Gefälligkeit verstehen, ebenso wie sie mir aus reiner Gefälligkeit ein Stückchen Käse zum Probieren anbietet. Was wäre daran weniger ganzheitlich, wenn wir beide eine entsprechende Wahl vornehmen? Meine ganzheitliche Beziehung zur Kassiererin besteht ja nicht nur darin, dass *nichts* erlaubt ist, was in der Ehe erlaubt ist. Denn dann dürfte ich

---

[246] K. Barth: KD III,4, a.a.O., 147.

keinen Kontakt mit ihr haben, und nur noch ehelose Menschen dürften im Supermarkt einkaufen.

Ich nehme an, dass man meistens diesem Zirkelschluss erliegt, wenn man Sex außerhalb einer Liebesbeziehung ethisch verurteilt. Es wird grundlos vorausgesetzt, dass Sex nur in einer Liebesbeziehung vorkommen darf. Aber wir unterscheiden nicht, dass Liebende aus Liebe gerne Sex miteinander haben – und dass Sex nur innerhalb einer Liebesbeziehung sein darf. Das mag mit einem anderen wichtigen Grund zusammenhängen, den man ebenso wenig verwechseln darf, nämlich dass Liebende sich oft freiwillig selbst verpflichten, nur miteinander Sex zu haben – wie wir an dem Tischtennisclub gesehen haben. Es ist ethisch nicht zu beanstanden, dass Liebende sich selbst dazu freiwillig verpflichten. Aber es ist ethisch übergriffig, wenn sie andere Menschen verurteilen, die aus anderen Gründen Sex haben.

Sex außerhalb von Liebe kann ethisch transparenter und verbindlicher sein als Sex innerhalb einer Liebesbeziehung. Die Gründe hierfür habe ich schon genannt: Sex außerhalb von Liebe ist ethisch, wenn er auf wechselseitigem Einvernehmen beruht. Die wechselseitige Achtung vor der Autonomie des Intimpartners hat Priorität vor allem anderen. Die Gefahr, den Partner durch subtile sexuelle Herrschaft unter Druck zu setzen, ist hier deutlich geringer bei Intimpartnern, die keine weiteren Motivationen aneinander haben als Sex. Dagegen kann einem Liebespartner mit Liebesentzug gedroht werden, wenn er sich nicht gefällig zeigt. Sex außerhalb einer Liebesbeziehung ist grundsätzlich transparenter als innerhalb einer Liebesbeziehung: Wenn einer der Partner Regeln verletzt, muss er fürchten, dass er öffentlich dafür stigmatisiert wird.

Das alles schließt nicht aus, dass sich zwei Sexualpartner gerade durch ihre Intimität, die sie genießen, ineinander verlieben. Das Problem, das daraus entstehen kann, ist die Polyamorie: Ich bin zwar in festen Händen, habe aber reinen Gefälligkeitssex mit einer anderen Frau und habe mich jetzt dummerweise auch in sie verliebt. Dieses Risiko beim Sex ist aber kein Argument gegen Sex außerhalb einer Liebesbeziehung. Denn man kann sich in allen möglichen Situationen verlieben, im gemeinsamen Griechischkurs ebenso wie im Facebook-Chat – und sogar an der Kasse im Supermarkt. Das alles aber zu verbieten, damit wir uns möglichst nicht auch in jemanden anderen verlieben, würden wir alle wohl eine unzulässige und auch vergebliche Freiheitsbeschränkung nennen.

4.3.2 *Sex ohne Liebe mit Menschen in fester Partnerschaft*

Menschen in fester Partnerschaft ähneln dem Tischtennisclub, dessen Mitglieder sich gegenseitig versprochen haben, nur noch mit Clubmitgliedern Tischtennis zu spielen. Interessant ist allerdings, dass ein solches Versprechen in einer intimen Partnerschaft so gut wie nie ausdrücklich abgegeben wird – und in der Regel nur dann, wenn es bereits Treueprobleme in der Partnerschaft gibt. Wenn eine Liebesbeziehung beginnt, erwarten die Partner in der Regel wortlos voneinander, dass sie nur noch miteinander Sex haben. Es hilft dann nichts, wenn der beim Ehebruch erwischte Partner gesteht: »Es war nur Sex, es war keine Liebe.« Woher kommen diese Erwartungen? Und sind sie berechtigt?

Ich habe vorher gesagt, dass Sex aller Wahrscheinlichkeit nach älter ist als Liebe. Es kann demnach Sex ohne Liebe geben.

Aber offenbar kränkt es die meisten Menschen, wenn ihr fester Partner Sex ohne Liebe mit einer anderen Person hat. Was ist anders beim Sex als etwa bei anderen Kommunikationsformen? Wir können ja auch verletzt sein darüber, dass unser Partner sich mit seinem besten Freund besser unterhalten kann als mit uns. Und trotzdem würden wir diesen Umstand weniger als Treuebruch verstehen. Was ist also anders beim Sex als bei einer guten Unterhaltung?

Wenn wir so fragen, unterstellen wir, dass Liebe etwas an unserem Verständnis von Sex verändert. Man kann zwar auch ohne Liebe Sex haben, aber offenbar ändert sich die Wertigkeit von Sex fundamental, sobald wir jemanden lieben. Auf einmal denken wir, dass wir und unsere Partnerin nur noch aus Liebe Sex haben dürfen – und zwar nur noch aus Liebe zueinander. Nicht Sex enthält also diese entscheidende Moral, sondern die Liebe.

Diese Moral wird aber anscheinend nicht aus reiner Freiwilligkeit erzeugt. Sie beruht also nicht auf einem Vertrag oder einem Versprechen. Vielmehr scheint die Liebe selbst einen zwingenden Charakter zu erzeugen, an dem die Liebespartner auch ohne ihren Willen gebunden sind. Mit Johannes Fischer ist es der Geist der Liebe, der die ethische Verbindlichkeit schafft, und nicht die Liebespartner. Aber warum zwingt dieser Geist dazu, nur noch Sex mit dem Liebespartner zu haben, während wir uns nach wie vor mit unseren Freunden gut unterhalten dürfen, mit ihnen musizieren und tanzen und manchmal sogar gemeinsam in Urlaub fahren dürfen?

Naheliegend ist das Argument, dass Sex für die Zeugung von Kindern offen ist. Damit schließt der Geist der Liebe die Zusammengehörigkeit zu den gemeinsamen Kindern ein. Für diese eher katholische Interpretation gibt es auch eine evangelische Spielart, die zuletzt von Wilfried Härle[247] und Eilert Herms geäußert worden ist. Das Typische an der evangelischen Spielart ist es, dass sie zwar auch andere Gründe für Sex akzeptiert, als Kinder zu zeugen. Statt moralisch richtigem und falschem Sex (in der katholischen Moraltheologie) geht es Herms eher um moralisch besseren und schlechteren Sex: Liebe bedeutet für Herms ein radikales Wohlgefallen für den Partner. Radikal ist das Wohlgefallen dadurch, dass alles geliebt wird, was der Partner ist und kann. In heterosexuellen Beziehungen kann der Partner mit mir zusammen Kinder zeugen. Also liebe ich mit meinem radikalen Wohlgefallen den Partner, indem ich auch die Nachkommen liebe, die er hervorbringen kann.[248]

Diese evangelische Spielart eines katholischen Arguments wirkt auf mich allerdings ziemlich künstlich. Nehmen wir an: Ich hasse Hunde, aber meine Liebespartnerin hat einen Hund. Muss ich jetzt wirklich den Hund lieben? Dann folgt ein Dilemma: Meine Liebespartnerin liebt mich mit einem radikalen Wohlgefallen. Also muss sie nach Herms auch lieben, dass ich Hunde hasse. In der Konsequenz drehen wir in der Liebe alles auf den Kopf: Ich muss ihren Hund lieben, während meine Freundin meinen Hundehass lieben muss.

Mir gefällt zwar die Beschreibung von Herms, dass Liebe etwas mit einem radikalen Wohlgefallen zu tun hat. Ich würde allerdings das radikale Wohlgefallen anders beschreiben. Denn mit Herms' Übersteigerung von Radikalität geht der zwingende Charakter der Liebe gerade wieder verloren. Denn nehmen wir an, meine Partnerin hat zwar keinen Hund, dafür

---

[247] W. Härle: Ethik, a.a.O., 346.

[248] E. Herms: Liebe, Sexualität, Ehe, a.a.O., 117, 131f.

aber einen anderen sexuellen Intimpartner neben mir – noch dazu einen, den ich nicht leiden kann. Muss ich jetzt den anderen Intimpartner lieben und kann nur so meine Liebespartnerin radikal lieben? Dann würden wir nicht mehr verstehen, warum der Geist der Liebe offenbar den zwingenden Charakter entstehen lässt, nur mit dem Liebespartner Sex zu haben.

Folgerichtig hat Herms auch den Anspruch zurückgewiesen, dass radikales Wohlgefallen exklusiv ist. Wir können also mehrere Menschen zugleich lieben – und damit auch mit mehreren zugleich Sex haben. Eifersucht hält Herms für ethisch ungerechtfertigt bei Menschen, die sich wechselseitig mit radikalem Wohlgefallen lieben.[249] An dieser Stelle ist Herms dann gar nicht mehr katholisch, weil er damit die Polyamorie zum ethischen Normalfall von Liebe erklärt und offenbar auch die Familie abschafft zugunsten einer Kommune von offenen Liebesbeziehungen, die alle gemeinsam Kinder aufziehen – eigene und fremde Kinder.

Am Beispiel Herms zeigt sich, dass man mit dem Argument, dass man mit Sex Kinder zeugen kann, auch zu gegenteiligen Schlussfolgerungen kommen kann als die katholische Moraltheologie. Kinder erklären uns noch nicht, warum wir nur mit unserem einzigen Liebespartner Sex haben sollten. Auch wenn wir eine andere Meinung haben mögen als Herms, sind Kinder nicht das schlagende Argument: Denn nehmen wir an, meine Frau und ich haben uns entschieden, keine Kinder zeugen zu wollen. Erlaubt mir damit meine Frau automatisch, dass ich auch mit anderen Frauen Sex habe? Offenbar verletzt es auch Menschen in solchen Beziehungen, wenn der Partner außerhalb der Partnerschaft Sex hat.

---

[249] E. Herms: Liebe, Sexualität, Ehe, a.a.O., 132.

Ein anderes Argument stammt von Jörg Hübner: Hübner kommt auf die negative Freiheit zurück, auf die Liebende verzichten.[250] Sobald wir eine Partnerschaft eingehen, verzichten wir auf diese negative Freiheit. Wir entscheiden uns frei, ein Stück Freiheit aufzugeben. Die Pointe bei Hübner: Ein Weniger an negativer Freiheit führt zu einem Mehr an positiver Freiheit.[251] Denn durch diesen Verzicht kommt etwas zustande, was es sonst nicht gäbe: eben eine Liebesbeziehung. Menschen können gerade so ihre positive Freiheit entfalten und eine Beziehung aus Freiheit eingehen, dass sie auf ihre negative Freiheit verzichten.[252]

Ich finde diesen Gedanken in der Grundlage plausibel, aber nicht mehr in der Konkretion. Er erklärt nämlich noch nicht, warum eine Liebesbeziehung die Partner drängt, nur miteinander Sex zu haben. Inhaltlich ist auch Hübners Argument zirkulär: Es setzt voraus, was es beweisen will, nämlich dass Sex nur innerhalb einer Liebesbeziehung ethisch ist. Aber so, wie Hübner das Verhältnis von positiver und negativer Freiheit bestimmt, ist es rein formal bestimmt worden, also ohne inhaltliche Zusätze. Dann kann aber auch positive Freiheit wachsen, wenn man inhaltlich auf eine andere Ausgestaltung negativer Freiheit verzichtet. Meine negative Freiheit gebe ich ja schon dadurch auf, dass ich mich entscheide, neben meiner Ehefrau noch zwei andere Intimpartnerinnen zu haben – und nicht beliebig viele. Dieser Verzicht auf negative Freiheit führt dabei sogar zu einem Mehr an positiver Freiheit: Ich habe mehr und vielseitigeren Sex, weil ich mich

---

250 Sektion 3.4.

251 J. Hübner: Ethik der Freiheit, a.a.O., 259.

252 J. Hübner: Ethik der Freiheit, a.a.O., 272.

auf drei Intimpartnerinnen beschränke, als wenn ich nur mit meiner Frau schlafe. Zugleich habe ich eine feste Beziehung, die ich nicht hätte, wenn ich alle Gelegenheiten mit allen Frauen nutze. Meine Beschränkung auf drei Intimpartnerinnen führt also zu einem Mehr an positiver Freiheit, als wenn ich nur eine Frau hätte. Leider wird meine Frau durch mein Verhalten verletzt. Hübners Position erklärt aber nicht, warum das so ist.

Hübner hatte mit seinem Freiheitsverständnis die Position des Soziologen Arnold Gehlen abgelehnt. In seiner Kritik verdient Hübner sogar noch den Vorzug. Gehlen hatte gemeint: Wir verzichten auf Sex mit mehreren und konzentrieren uns auf einen Intimpartner, damit wir uns sozial entlasten. Dadurch müssen wir nicht permanent mit Rivalen konkurrieren, weil wir uns mit einem festen Partner zufriedengeben. Somit wird uns ermöglicht, unsere Kreativität in andere Lebensprojekte zu stecken als ins permanente sexuelle Werben. Eine soziale Kultur wird also dadurch stabiler und vielseitiger.

Das mag ja alles sein, aber es erklärt nicht, warum Menschen das auch so wollen. Vielleicht wollen Menschen anders zusammenleben als in einem möglichst kulturell stabilen Miteinander. Hübners Kritik lautet daher: Bei Gehlen muss sich die menschliche Freiheit der Institution Einehe fügen.[253] Deshalb ist Gehlens Erklärung weder phänomenologisch noch ethisch überzeugend.

Der Philosoph Richard Wasserstrom hat sich gefragt, warum sich eigentlich Liebespartner gedemütigt und erniedrigt

---

[253] Ebd.

fühlen, wenn der Partner mit einer anderen Person Sex hat.[254] Mit dieser Frage bringt Wasserstrom die ethische Bewertung von Gefühlen in die Debatte. Haben Gefühle einen ethischen Wert? Und ist es ethisch berechtigt, mit bestimmten Gefühlen Ansprüche zu begründen? Wasserstrom meint, dass das beim Sex außerhalb der Beziehung nicht zwingend der Fall ist. Im kulturellen Vergleich könne man sehen, dass Sex nicht dieselbe mystische Bedeutung habe wie in unserer westlichen Kultur.[255] Natürlich ist es unethisch, den Liebespartner vorsätzlich erniedrigen zu wollen, indem man mit einem Dritten Sex hat. Aber die meisten Menschen, die sexuelle Kontakte außerhalb einer Partnerschaft haben, lieben ihren Liebespartner und wollen ihn nicht erniedrigen. Es könnte also sein, dass das Gefühl der Erniedrigung unberechtigt ist. Der betrogene Partner bildet sich dann nur ein, erniedrigt worden zu sein, und ist vielleicht nicht real betrogen worden.

Wasserstrom hat zwar Gefühle in die Debatte gebracht, aber er hat ihre ethische Berechtigung in Zweifel gezogen. Im Kulturvergleich hat sich für ihn herausgestellt, dass sich zwar Menschen erniedrigt fühlen können, aber nicht müssen. Letztlich hat Wasserstrom damit nicht wirklich Gefühle ethisch analysiert, sondern nur überprüft, ob sie als ethische Indikatoren taugen. Das scheint für ihn offenbar nicht der Fall zu sein. Damit hat er letztlich auch zirkulär argumentiert: Er setzt voraus, was er beweisen will, nämlich dass Gefühle nur dann ethisch relevant sind, wenn sie gar keine Gefühle sind, sondern versteckte ethische Gedanken. Dann aber

---

254 R. A. Wasserstrom: Is Adultary Immoral? in: R. M. Stewart (Ed.): Philosophical Perspectives on Sex and Love, 159–167, 162f.

255 R. A. Wasserstrom: Is Adultary Immoral?, a.a.O., 163, 167.

macht Wasserstrom seinen Rekurs auf Gefühle letztlich überflüssig.

Will man Gefühle in der Ethik nicht überflüssig machen, muss man sie wertschätzen als das, was sie sind. Im Anschluss an den Philosophen Hermann Schmitz nenne ich Gefühle atmosphärische Zugänge zur Welt.[256] Schmitz versteht Gefühle nicht als private Erregungen in mir, sondern sie erschließen mir die Wirklichkeit. Sie sind also ebenso außen wie innen – wenn man überhaupt diesen Gegensatz benutzen will. Ich fürchte mich vor etwas außerhalb von mir. Ich freue mich auf ein Ereignis in meiner Umgebung. Ich liebe jemanden anderen. Überall verbindet mich das Gefühl mit der Wirklichkeit. Und in den meisten Fällen verbindet mich das Gefühl mit etwas Wirklichem, das wirklich der Fall ist: Der andere, den ich liebe, existiert wirklich, vielleicht ebenso wie das, wovor ich mich fürchte oder worauf ich mich freue. Gefühle haben keinen geringeren Wirklichkeitsbezug als Gedanken. Gefühle können sich zwar täuschen, aber Gedanken ebenso. Denn wir können an etwas denken, was es nicht gibt. Deshalb sollte man Gefühle als Phänomene zur Wirklichkeitserschließung ernst nehmen.

Gefühle unterscheiden sich aber von Gedanken gehaltlich in einer Hinsicht: Gedanken sind gehaltlich präzise bestimmt. Gefühle dagegen können beides zugleich sein: klar und unbestimmt. So kann ich mich auf heute Abend freuen, obwohl ich an nichts Genaues denke, was heute Abend passieren wird. Ich liebe jemanden, aber ich kann nicht sagen, was genau mich bei ihm bezaubert. Deshalb spricht Hermann Schmitz davon, dass Gefühle Atmosphären sind: Sie haben

256 H. Schmitz: Der Leib, der Raum und die Gefühle; Ostfildern 1998, 64.

eine »chaotische Mannigfaltigkeit«[257], die sie auch dann noch behalten, wenn sie klar sind.[258] Ich halte den Begriff der Atmosphäre deshalb für treffend, weil er keine private Empfindung assoziiert, sondern einen Raum. Atmosphären befinden sich im Raum. Räume vermitteln also Gefühle. Sie sind öffentliche, Raum konstituierende Zugänge zur Wirklichkeit. Räume sind nicht einfach da, sondern sie werden atmosphärisch konstituiert. Woran sonst sollten wir feststellen, dass etwas ein abgeschlossener Raum ist?

Schmitz bringt dafür ein Beispiel: Wenn ich gute Laune habe und betrete einen Raum voller trauriger Menschen, werde ich auch sofort ernst.[259] Die traurige Atmosphäre muss mich zwar nicht ergreifen, so dass ich selber traurig werde. Aber sie zwingt mich, ernst zu werden. Sie zwingt mir auf, sie zu achten.[260] Atmosphären ereignen sich daher *zwischen* Menschen: Sie verbinden Menschen räumlich, indem sie den sozialen Raum strukturieren, in dem sich diese Menschen aufhalten.

Es kann also sein, dass eine Liebesbeziehung atmosphärische Zwänge schafft, die es uns atmosphärisch erschweren, Sex mit Dritten zu haben. Die Theorie der Atmosphären von Schmitz behauptet nicht, dass in allen Kulturen dieselben Zwänge herrschen. Deshalb ist es möglich, dass in unserer Kultur die Atmosphäre gestört ist, wenn einer der Liebespartner mit jemandem außerhalb der Beziehung schläft – während das in anderen Kulturen weniger problematisch sein

257 H. Schmitz: Der unerschöpfliche Gegenstand. Grundzüge der Philosophie; Bonn 1995², 50f. u.ö.

258 Ebd.

259 H. Schmitz: Der Leib, der Raum und die Gefühle, a.a.O., 25.

260 H. Schmitz: Der unerschöpfliche Gegenstand, a.a.O., 303.

mag. Übrigens kann die Atmosphäre sogar dann gestört sein, wenn die betrogene Person keinen Verdacht schöpft. Nach dem Seitensprung kann man sich schuldig fühlen und ein schlechtes Gewissen haben, wenn man sich dem Liebespartner wieder nähert.

Kommt der Seitensprung heraus, so fühlt sich die betrogene Person eben oft erniedrigt und körperlich entehrt. Sie schämt sich dann oft, vor dem Partner nackt zu sein, oder hält sein Bedürfnis nach Intimität für eine körperliche Grenzverletzung. Die atmosphärische Störung erstreckt sich also über beide – und meistens auch über den Dritten, der jetzt ebenso verunsichert ist oder Vorwürfe gemacht bekommt.

Natürlich kann man immer noch fragen, ob solche Gefühle berechtigt sind. Warum fühlt sich zum Beispiel der betrogene Partner körperlich verletzt, obwohl er doch körperlich gar nicht am Seitensprung beteiligt war? Wie begründet sich die Scham, wenn er sich doch gar nicht selbst beim Seitensprung ausgezogen hat? – Gefühle als Atmosphären erzeugen zwar Verbindlichkeiten, aber sie sie machen diese Verbindlichkeiten nicht schon legitim. Was legitim ist, können wir aber nach Schmitz nicht unter Absehung der Gefühle diskutieren. Wir sind atmosphärisch immer irgendwie betroffen.[261] Selbst wenn wir also die Gefühle des betrogenen Partners zurückweisen wollen, sind wir dabei von irgendwelchen Gefühlen geleitet: entweder sogar noch von der Atmosphäre, die jetzt gestört ist, oder wir argumentieren aus einer anderen atmosphärischen Betroffenheit heraus.

Im arabischen Raum etwa heiraten Männer nur Frauen, die Jungfrauen sind – obwohl die Scheidungsraten ebenso

---

[261] H. Schmitz: Der unerschöpfliche Gegenstand, a.a.O., 350.

hoch sind wie in Europa. Geschiedene Frauen haben dadurch kaum eine Chance, sich wieder zu verheiraten. Auch die sexuelle Freizügigkeit unter Jugendlichen ist ähnlich verbreitet wie in westlichen Gesellschaften. Deshalb unterziehen sich die meisten Frauen vor der Hochzeit einer Operation, in der ihnen die Jungfernhaut wieder zugenäht wird. – Warum spielt Jungfräulichkeit eine so große atmosphärische Rolle in dieser Kultur? Offenbar weil der Mann ansonsten beim Geschlechtsverkehr seinen Intimkontakt als verunreinigt empfindet: Im Körper seiner Partnerin begegnet er körperlich einem zweiten Mann – wodurch der Intimkontakt verletzt wird.[262]

Aus unserer Kultur heraus gibt es starke Gründe, diese Gefühle zu kritisieren: Sie beruhen nämlich auf einem Besitzanspruch des Mannes auf den Körper der Frau. Der Mann beansprucht, den Körper seiner Frau selber zu öffnen. Ein umgekehrtes rückwirkendes Recht der Frau auf den Körper des Mannes scheint es nicht zu geben. Die atmosphärische Verbindlichkeit beruht hier also auf einer patriarchalen Kultur, die ethisch zurückzuweisen ist. Allerdings kritisieren wir diese Kultur, weil wir selbst anderen atmosphärischen Verbindlichkeiten unterliegen. Wir können also einen Geist der Liebe nur kritisieren, weil wir selbst von einem (anderen) Geist der Liebe betroffen sind.

Was für alle Atmosphären gilt, ist aber die Tatsache, dass liebende Menschen aufeinander Rücksicht nehmen. Auch

[262] Nun könnten Männer ja wissen, dass sie vermutlich von ihrer Frau hinters Licht geführt werden, da die sexuelle Freizügigkeit eben auch im arabischen Raum hoch ist. Offenbar ist das aber nicht das entscheidende Problem. Phänomenologisch näherliegend ist das Gefühl, dass ein anderer Mann die Jungfernhaut durchtrennt hat, wenn sie aktuell durchtrennt ist.

wenn sich je nach Atmosphäre der Gehalt ändert, was unter Rücksichtsnahme zu verstehen ist, achten Liebende die Verletzlichkeit ihres Partners. Ich halte die Regel nicht für zwingend, dass Menschen keinen Sex außerhalb ihrer Partnerschaft haben sollten; aber in unserer Kultur bewahrt diese Regel vor atmosphärischen Störungen. Es liegt nicht am Sex selbst, dass er nur in einer Liebesbeziehung praktiziert werden darf. Es liegt also nicht an der Natur des sexuellen Intimlebens, und es gibt kein Naturrecht der Sexualität. In anderen Kulturen mag sexuelle Freizügigkeit ein kleineres Problem sein, als die Jungfräulichkeit zu verlieren. Und in anderen Kulturen könnte es sein, dass Tischtennis mit Dritten die Intimität verletzt. In unserer Kultur achtet man dagegen den Liebespartner, indem man sich auf Sex nur aus Liebe beschränkt.

In der Liebe nehmen wir also Rücksicht darauf, was den Geliebten kränkt. Sex ist da nicht anders als andere Themen: Wenn ich Hunde hasse, aber meine Freundin einen Hund hat, werde ich zurückhaltend sein mit meinem Hundehass – vorausgesetzt, ich möchte mit ihr zusammenbleiben. Wenn ich das jedoch aufs Spiel setzen will, kann ich auch Sex mit Dritten haben.

4.4 Was zeichnet Liebesbeziehungen in sexueller Hinsicht aus?

Ich hatte zu Beginn des dritten Kapitels bereits Positionen vorgestellt, die Sex als solchen moralisch verurteilen, weil dadurch Macht über einen von beiden ausgeübt wird.[263] Sex ist laut der Positionen von Jean-Paul Sartre bis zu den Femi-

[263] Sektion 3.1.

nistinnen Sonja Johnson und Andrea Dworkin als solcher sadomasochistisch. Ich hatte zudem angedeutet, dass Sex außerhalb von Liebesbeziehungen mit wechselseitiger Zustimmung und Transparenz verbunden ist. In dieser Hinsicht sind sexuelle Liebesbeziehungen anderen sexuellen Beziehungen sogar im moralischen Nachteil. In Deutschland ist die Vergewaltigung innerhalb der Ehe ein sehr junger Straftatbestand. Bis 1997 galt Vergewaltigung zwar als ein Verbrechen, aber nicht bei Ehepartnern. Ein Grund dafür liegt darin, dass der Ehevertrag letztendlich alles vor der Öffentlichkeit verschleiert, was darin passiert.

In einer Liebesbeziehung wirken subtile Mittel, den einen Partner sexuell zu disziplinieren – sowohl in der Frage der Häufigkeit als auch der sexuellen Praxis. Wer nicht mit dem Partner schläft oder nicht dazu bereit ist, wird mit Lieblosigkeit gestraft. Außerhalb einer Liebesbeziehung wirken solche Erpressungen natürlich lächerlich und zahnlos. Es ist deswegen gut möglich, dass Sex außerhalb einer Liebesbeziehung fairer und gleichberechtigter ist als Sex innerhalb einer Liebesbeziehung.

Man könnte einwenden, dass das zwar so im Hinblick auf die Vorstufen zum Sex und auf die sexuelle Praxis der Fall ist, nicht aber in der sexuellen Erfüllung: Wer von einer Hure befriedigt worden ist, hat vielleicht ein größeres Abenteuer erlebt als mit seiner Freundin. Aber diese sexuelle Begeisterung führt zu nichts. Beim Sex mit der Freundin hingegen kann die Liebe durch den sexuellen Kontakt noch mehr angefeuert werden. Nach dem Sex teilen beide das Lebensglück, das sie während des Aktes empfunden haben.

Mit diesem Einwand behauptet man, dass Sex in einer Liebesbeziehung besserer Sex ist. Doch selbst dann behauptet man nicht, dass Sex in einer Liebesbeziehung *ethisch* besser ist. Denn selbst wenn diese Erfüllung oft nur dadurch zustande kommt, dass einer der Partner den anderen bedrängt und subtil erpresst, kann man sich fragen, ob dieses geteilte Lebensglück wahrhaftig ist. Zudem müsste man näher beschreiben, woraus dieses Lebensglück besteht, das beide angeblich miteinander teilen, und wie weit es reicht. Reicht es bis zum nächsten Morgen? Reicht es bis zum Kinderwunsch und zur Familienplanung; oder dazu, dass sich beide mehr lieben und enger aneinander gebunden sind? Oder reicht es dazu, dass das Begehren zunimmt und damit auch die Enttäuschung vorprogrammiert ist, weil es das nächste Mal nicht ganz so aufregend sein wird wie jetzt?

Man müsste untersuchen, wie glücklich Menschen innerhalb einer Liebesbeziehung nach dem Sex sind im Vergleich zu Menschen, die außerhalb einer Liebesbeziehung Sex hatten. Immerhin gibt es eine Studie aus dem Jahr 2000, die belegt, dass Menschen, die außerhalb einer Liebesbeziehung Sex haben, sich oft danach leer fühlen.[264] Aber das muss noch nicht heißen, dass Menschen glücklicher sind, die in ihrer Liebesbeziehung Sex erleben. Und es muss auch nicht so bleiben: Vorstellungen vom Glück variieren historisch.[265] Guter Sex bedeutet für jemanden außerhalb einer Liebesbeziehung etwas anderes als innerhalb einer Liebesbeziehung. Deshalb ist es schwer, beide Fälle zu vergleichen. Andere Studien verweisen etwa darauf, dass sexuelle Zufriedenheit bei Paaren im Lauf

---

264 D. M. Buss: The Evolution of Happiness; American Psychologist 55/2000, 15–23, 17.

265 J. Kuhl: Pendeln um die Goldene Mitte. Glück aus psychologischer Perspektive; Forschung & Lehre 2013, 884–885, 884.

der Partnerschaft abnimmt, aber auch nicht mehr so wichtig ist wie etwa Zufriedenheit von Intimität und Liebe.[266]

Glücklich zu werden, ist für Aristoteles das höchste Ziel der Ethik. Danach kann die Frage nicht vernachlässigt werden, welcher Sex glücklicher macht. Eine Studie, die 2013 im Magazin Forschung & Lehre veröffentlicht wurde, kann zwar einen relativ hohen Einfluss von Ehe, Partnerschaft und Freundschaften auf das Lebensglück feststellen. Sex ist allerdings entweder dort nicht eigens ermittelt worden oder spielt keine große Rolle.[267] Eine Gehaltserhöhung von 15 Prozent macht sechs Mal weniger glücklich, als eine feste Partnerschaft zu haben. Nun haben auch Singles Sex, aber sie scheinen dadurch diesen Trend nicht umkehren zu können, den Menschen mit fester Partnerschaft haben. Selbst wenn also Sex von Singles glücklicher macht als Sex in fester Partnerschaft, sind Menschen in fester Partnerschaft glücklicher – offenbar weil bei einer festen Partnerschaft noch mehr Faktoren zum Lebensglück realisiert werden als Sex. Sex steht dort in einem lebensförderlicheren Kontext.

Zugespitzt gesagt, scheint also in einer Liebesbeziehung Sex nicht so wichtig zu sein. Liebespaare könnten auch einigermaßen gut auf Sex verzichten, ohne viel Glück zu verlieren. Sie würden dabei weniger auf der Glücksskala zurückfallen als Singles aufholen, wenn sie viel Sex haben. Ich vermute, dass das statistische Material diese Zuspitzung belegt, die ich hier vornehme. Immerhin belegt es, dass Liebe ein viel wichtigerer Glücksbringer ist als Sex.[268]

---

266 B. Bowald: Prostitution: Überlegungen aus ethischer Perspektive zu Praxis, Wertung und Politik; Münster 2010, 101f.

267 Forschung & Lehre 2013, 896.

268 Nach einer Studie von 2004 haben Amerikaner in fester Partnerschaft

Gerade dann aber lässt sich leichter darüber diskutieren, ob Sex in einer Liebesbeziehung ethisch fragwürdiger ist als außerhalb. Einen sexuellen Partner außerhalb einer festen Partnerschaft finde ich nur, wenn ich mich an bestimmte Fairnessregeln halte und wenn ich mich transparent bewerten lasse. Außerhalb der Partnerschaft gibt es also höhere Kontrollen für fairen Sex als innerhalb. Ich muss schon bereit sein, meine Beziehung aufs Spiel zu setzen, wenn ich nicht nur meinem besten Freund ausplaudere, welche fiesen Praktiken meine Freundin von mir verlangt, sondern damit vor die Presse gehe.

Eva Illouz hat deshalb davon gesprochen, dass die Emanzipationsbewegung unvollendet geblieben ist. Der Feminismus habe es nicht geschafft, dass die männliche und weibliche Sehnsucht nach Liebe erfüllt worden sei.[269] Zwar habe es gewisse kulturelle Veränderungen gegeben, die aber weder sozial noch sexuell überzeugten. Der Feminismus ent-erotisiere Geschlechterbeziehungen.[270] Für Illouz sei es erotischer, dass ein Mann einer Frau die Tür aufhalte, als dass ein Mann eine Frau fragt: »Darf ich deine Brüste berühren?«[271] Zwischen Ero-

---

wohl mehr Sex als Singles (D. G. Blanchflower/A. J. Oswald: Money, Sex and Happiness. An Empirical Study, http://www.dartmouth.edu/~blnchflr/papers/w10499.pdf; Zugriff 19.01.2014). Ähnlich beschreibt Volkmar Sigusch die deutschen Verhältnisse: »Etwa 95 Prozent der Sexualakte finden in festen Beziehungen statt. Singles, die unter den Befragten 25 Prozent ausmachten, bekommen vom Kuchen der Sexualität nur 5 Prozent ab« (DIE ZEIT 35/2014). Das heißt aber nicht, dass Sex die differentia specifica ist, denn dann könnten Singles auch aufholen, wenn sie einfach nur mehr Sex hätten. Und Partnerbörsen würden genau diese Aufholjagd beschleunigen.

269 E. Illouz: Warum Liebe weh tut, a.a.O., 427.

270 E. Illouz: Warum Liebe weh tut, a.a.O., 336.

271 E. Illouz: Warum Liebe weh tut, a.a.O., 335.

tik und Macht bestehe eine Beziehung der Verschleierung, die gerade beim Türaufhalten gespielt werde. Es ist nichts dabei, wenn ein Sklave einem Herrn die Tür aufhält. Aber wenn ein Mann einer Frau die Tür aufhält, erzeugt das ein Knistern, was damit zu tun hat, dass der Mächtigere von beiden in die Spielrolle des Unterwürfigen schlüpft. Denn mächtiger ist in patriarchalen Gesellschaften der Mann. An diesem Beispiel zeigt sich die erotisierende Technik der Verschleierung.

Sexualität muss aber, wenn sie fair sein soll, solche Abmachungen generieren wie: »Darf ich deine Brüste berühren?« Wenn ein ethisches Äquivalenzprinzip machtfreier Beziehungen und emotional symmetrischer Beziehungen zwischen beiden Partnern gelten soll[272], dann müssen kognitive Mittel der Interaktion in die Sexualität eingebaut werden[273], die auch die emotionale Selbststeuerung verändern.[274] Immerhin hat also der Feminismus den politischen Willen geschaffen, dass in einer Partnerschaft Fairness und Symmetrie gelten sollen. Aber wie dieses Ziel realisiert werden kann, ist noch weitgehend ungeklärt. Sex außerhalb der Partnerschaft trägt jedenfalls laut Illouz nichts dazu bei, obwohl dort Fairnessregeln eher in Geltung gebracht worden sind als innerhalb einer Liebesbeziehung. Das ist eine sehr interessante Pointe ihrer Studie. Außerhalb einer Liebesbeziehung ist Sex zwar fairer. Aber diese Fairness ist erkauft mit einer wachsenden Instabilität von Liebesbeziehungen.

Ich hatte bereits Illouz' Beschreibung vorgestellt, dass zwei Werte in einer modernen Liebesbeziehung in Konflikt

---

272 E. Illouz: Warum Liebe weh tut, a.a.O., 309.

273 E. Illouz: Warum Liebe weh tut, a.a.O., 317.

274 E. Illouz: Warum Liebe weh tut, a.a.O., 314.

miteinander liegen: Anerkennung und Autonomie.[275] Dabei ordnet Frau Illouz die Autonomie tendenziell einem männlichen Interesse zu und die Anerkennung einem weiblichen: Eine Frau will darin anerkannt werden, dass sie die einzige ist. Ein Mann dagegen möchte frei bleiben und nicht unter dem Druck stehen, bald eine Familie gründen zu müssen. Die Fairness, die nun beim Sex außerhalb einer Partnerschaft zugrunde gelegt wird, ist die faire Zuteilung wechselseitiger Autonomie. Zugleich wird damit aber der Wert der Anerkennung geschwächt, der wiederum für eine stabile Liebesbeziehung grundlegend ist. Folglich hilft es für einen fairen Sex innerhalb einer Liebesbeziehung nichts, dass Sexualpartner außerhalb einer Liebesbeziehung eine Fairnesskultur entwickelt haben. Man könnte sogar sagen: Eine faire Sex-Kultur außerhalb einer Partnerschaft schadet sogar einer Fairness-Kultur in Liebesbeziehungen – und damit auch einem fairen Sex in Liebesbeziehungen – einfach deshalb, weil der Wert der Autonomie zu Lasten der Anerkennung geht und damit eine faire Zuteilung von Autonomie auf Kosten der Liebe vorgenommen wird.

Ich fasse zusammen: Es scheint so zu sein, dass Liebesbeziehungen glücklich machen. Sex spielt dabei auch eine Rolle, aber nicht so sehr, weil er Sex ist, als vielmehr, weil er aus Liebe geschieht. Sex in einer Liebesbeziehung kann aber auch ethisch kritisiert werden, weil ein Liebespartner den anderen leichter dominieren kann und weil Sex in einer Liebesbeziehung unfairer zu sein droht als außerhalb. Allerdings schwächt es einen fairen Sex in einer Liebesbeziehung sogar noch, wenn es außerhalb von Partnerschaften fairen Sex

---

275 Sektion 4.2.

gibt – einfach weil der Wert für diese Fairness genau gegensätzlich ist wie für einen fairen Sex innerhalb einer Beziehung.

Das bedeutet, dass Sex in einer Liebesbeziehung nicht einfach ethisch besser ist. Es heißt vielmehr, dass Sex innerhalb einer Liebesbeziehung ethisch besonders fragil ist. Es bedarf einer eigenständigen ethischen Kultur von Sex in einer Liebesbeziehung. Diese Kultur lässt sich vermutlich nicht dadurch herstellen, dass der Fokus auf Sex gelegt wird, sondern auf die Liebesbeziehung. Denn noch einmal: Eine sexuelle Beziehung ohne Liebe ist von Autonomie geprägt, eine stabile Liebesbeziehung dagegen von Anerkennung. Es geht also nicht einfach um die Frage: Wie kriegen wir fairen Sex in einer Liebesbeziehung hin? Vielmehr muss allgemeiner gefragt werden: Wie kriegen wir *in einer Liebesbeziehung* eine faire Zuteilung von *Anerkennung* hin? Wenn wir darauf eine Antwort haben, lässt sich auch beantworten, wie fairer Sex in einer Partnerschaft aussieht.

Feministinnen betonen gelegentlich, dass eine Ehe ihrem Wesen nach bei Frauen Leid erzeugt.[276] Damit weisen sie die Möglichkeit zurück, dass ein institutioneller Rahmen für die Stabilisierung einer Liebesbeziehung Frauen schützt. Fairen Sex innerhalb der Liebe bekommt man danach also gar nicht hin. Andere Feministinnen argumentieren vorsichtiger und sagen, dass Institutionen so lange Frauen gefährden, solange sie unter dem männerdominierten Wert der Autonomie konstituiert werden. Sie fordern demgegenüber einen institutionellen Rahmen für Familien, der das Streben nach mehr Autonomie kontrollierend begrenzt.[277]

276 W. L. Lee: Commentary, a.a.O., 242.

277 A. V. Soady: Critical Response to »Virtue Ethics and Adultary«; in: A. L. McEvoy (Ed.): Sex, Love and Friendship, a.a.O., 149–154, 151f.

Ich meine, dass das Problem des unfairen Sex in einer Liebesbeziehung nicht erst in der Ehe beginnt, sondern bereits in jeder erotischen Liebesbeziehung – auch schon beim ersten Sex unter Jugendlichen. Bislang hat die Gesellschaft die Autonomie von Liebespartnern gestärkt: Mädchen haben jetzt ein Recht auf die Pille danach, damit sie keine sozialen Nachteile durch eine ungewollte Schwangerschaft in Kauf nehmen müssen. Dadurch ist natürlich auch die sexuelle Freizügigkeit erhöht worden. Allerdings ist eine wichtige Entwicklung bislang ausgeblieben, nämlich dass sich Mädchen und Jungen dadurch stärken, dass sie sich anerkennen. Im Gegenteil: Die meisten Pädagogen und auch Ethiker finden es richtig, dass Jugendliche sich sexuell erproben dürfen, ohne dass dies gleich mit einer festen Liebesbeziehung zu tun haben muss.[278] Es gibt auch eine amerikanische Variante dazu, die zwar genau umgekehrt klingt, aber nicht ist: Weil Jugendliche ihre Autonomie verlieren und in Abhängigkeit geraten, wenn sie zu früh Eltern werden, sollte die Sexualerziehung darauf hinwirken, dass Jugendliche noch gar keinen Sex haben.[279] All diese Vorschläge schützen die Autonomie der Partner und schwächen dabei die wechselseitige Anerkennung der Sexualpartner als Liebespartner.

Nun betonen andere Rechtskulturen stärker den Wert der Anerkennung, indem Sex dort bedeutet, dass die beiden Sexualpartner entweder heiraten müssen oder dass der Straftatbe-

278 I. Karle: Sexualität in der Moderne, a.a.O., 273. Dies.: Liebe in der Moderne, a.a.O., 164. C. J. Simon: Just Friends, Friends and Lovers, or ...?, a.a.O., 34.

279 R. Van Wyk: The Morality of Teenage Sex and its Implications for Sex Education; in: A. L. McEvoy (Ed.): Sex, Love and Friendship, a.a.O., 39–50, 39f.

stand der Vergewaltigung oder des Ehebruchs erfüllt ist. In Deutschland war es bis vor wenigen Jahrzehnten auch üblich, dass man geheiratet hat, wenn nach einem unverbindlichen Sexualakt ein Kind gezeugt wurde. Auch heute kommen solche Fälle noch vor. Wir halten zwar weitgehend diese Praxis für überholt, weil sie nämlich der Autonomie der Partner entgegensteht. Man mag argumentieren: Warum sollen die beiden heiraten, wenn sie sich nicht lieben, sondern nur Sex miteinander hatten? Aber mit dem Einwand wird unterstrichen, dass zurzeit mit Liebe der Wert der Autonomie stärker assoziiert ist als der Wert der Anerkennung. Wenn umgekehrt Sex zur Ehe führen soll, dann wird mit dem Sexualakt der Wert der Anerkennung gestärkt, der für eine stabile Liebesbeziehung fundamental ist. Solche Rechtskulturen verlangen von den Sexualpartnern von Anfang an eine Entscheidung darüber, in welchem Verhältnis sie zueinander stehen wollen. Und damit erfüllen sie eine wichtige Bedingung für einen fairen Sex in einer Beziehung.

Das Problem an dieser strengen Verbindung von Sex und Ehe ist allerdings, dass der faire Sex nur sehr formal ist und nur für den Anfang der Liebesbeziehung unterstützt wird. Sobald das Paar verheiratet ist, löst sich die Fairness wieder auf. Dadurch können sich die Partner wieder leichter sexuell ausbeuten. In den meisten Ländern gilt eine Vergewaltigung von Frauen durch ihre Ehemänner als legal oder als Kavaliersdelikt.

In unserer Gesellschaft besteht die rechtliche Freiheit, Sex auch außerhalb einer Liebesbeziehung zu vollziehen. Damit ist die Autonomie gestärkt, während zugleich die Ressourcen für einen fairen Sex innerhalb einer Liebesbeziehung geschwächt sind. Damit bürdet die Gesellschaft den Liebespartnern allein die Verantwortung auf, Regeln für einen fairen Sex selbst zu vereinbaren. Die Anerkennung wird auch in dieser Hinsicht von der Autonomie abhängig gemacht. Das Recht hat zwar inzwischen Liebespartner vor Vergewaltigung geschützt. Das ist aber nur eine Bedingung für fairen Sex und noch nicht seine Erfüllung. Was fairer Sex ist, müssen Liebespartner selbst bestimmen. Und damit ist die Fairness auch schon bedroht. Denn wenn die Liebespartner Machtmittel gegeneinander einsetzen, um ihre sexuellen Bedürfnisse zu befriedigen, ist bereits die Ausgangsbedingung unfair, über fairen Sex nachzudenken.

Fairer Sex in der Liebesbeziehung kann also nur garantiert werden, wo er auch zu einer öffentlichen Angelegenheit gemacht wird, also zu einem sozialethischen Thema. Die feministische Bewegung hat das erreicht. Inzwischen lassen sich Paare auch öfter beraten, wenn sie in Problemen stecken. Eine öffentliche Sensibilisierung ermöglicht es Paaren, Fairnessregeln in einer intimen Situation zu entdecken, in die eigentlich kein Dritter hineinschauen soll. Ein öffentlicher Diskurs über die Sexualethik schafft Paaren eine Resonanz für ihr Sexualverhalten und Erleben. Von ihrer Verantwortung sind sie damit nicht befreit, selbst zu vereinbaren, wie sie einen fairen Sex leben. Aber eine öffentliche Sensibilisierung ist das Äußerste, was in einer von Autonomie geprägten Gesellschaft möglich ist, um in intimen Situationen Fairness zu etablieren.

4.5 Ist Sex zweckfrei?

An dieser Stelle möchte ich noch eine Entwicklung in der Bewertung der Sexualität reflektieren, nämlich die scheinbare Zweckfreiheit von Sex oder der Selbstzweck von Sex. Nach der katholischen Sexualmoral hat Sex den einzigen Zweck, Kinder zu zeugen. Die sexuelle Lust mag die Ursache für den Sexualakt sein; nicht sie ist aber der Zweck, sondern die Reproduktion der menschlichen Gattung. Die evangelische Ethik hat sich davon in den letzten Jahrzehnten verabschiedet, indem sie immerhin der Ehe einen Selbstzweck gegeben hat.[280] Ausdrücklich bezieht sich Jörg Hübner dabei auf Kant, der dem Ehevertrag den Zweck gegeben hat, dass sich die Ehepartner gegenseitig zur sexuellen Lust anbieten.[281] Die Ehe hat keinen Zweck außer in sich selbst, nämlich im wechselseitigen sexuellen Gebrauch. Für Kant bedeutete das, dass es außerhalb der Ehe keinen Sex geben darf. Er ließ aber offen, ob Sex selbst einen Zweck hat.

Soziologisch beobachtet Eva Illouz, dass Sex inzwischen nicht nur aus dem Eheleben herausgelöst wird, sondern auch aus dem Gefühlsleben für den Sexualpartner. Sie folgert daraus, dass Sex inzwischen ein Selbstzweck[282] zuerkannt wird. Ein Sexualleben wird sogar »um seiner selbst willen« gelebt.[283] Theologisch hat Isolde Karle ebenso die Bestimmung der Sexualität als »Freude am leiblichen Leben« bei Dietrich Bonhoeffer als »selbstzwecklich«[284] charakterisiert.[285]

---

280 K. Barth: KD III,4, a.a.O., 211; T. Rendtorff: Ethik Bd. II, a.a.O., 17; J. Hübner: Ethik der Freiheit, a.a.O., 267. Demgegenüber sind die kritischen Töne gegen das EKD-Familienpapier von 2013 als Warnsignale einer rekatholisierenden Sozialmoral zu werten, in denen die »Generativität« wieder in den Vordergrund gestellt wird (z.B. J. Ochel: Die Orientierungshilfe der EKD zu Ehe und Familie, a.a.O., 226, 235).

281 I. Kant: Metaphysik der Sitten (Akademie-Ausgabe), 278.

282 E. Illouz: Warum Liebe weh tut, a.a.O., 96.

283 A.a.O., 97.

284 I. Karle: Liebe in der Moderne, a.a.O., 161.

285 Bei Bonhoeffer dagegen wird eine Selbstzwecklichkeit des geschlecht-

Das sind starke Begriffe aus der Ethik. Mit dem Begriff »Selbstzweck« begründete Kant, dass jeder Mensch eine Würde hat.[286] Wenn Sex einen Selbstzweck hat, dann hat Sex also eine Würde, nicht um damit etwas anderes zu erreichen (etwa Kinder zu zeugen), sondern um selbst realisiert zu sein. – Den Ausdruck »um seiner selbst willen«[287] habe ich bereits näher veranschaulicht: Er kann zum einen ästhetisch gemeint sein. Dann bedeutet Sex so etwas wie Zweckfreiheit. Und er kann zum anderen ethisch gemeint sein, nämlich so, dass der Prozess des (sexuellen) Begehrens im Begehren mitbegehrt wird.

Ich kann allenfalls noch nachvollziehen, dass die evangelische Sozialethik der Ehe einen Selbstzweck gibt. Dagegen halte ich es für fatal, wenn Sex einen Selbstzweck in ethischer Hinsicht haben soll. Wenn Sex Selbstzweck ist, dann ist er nicht nur unabhängig von Liebe, sondern auch unabhängig von Lust. Auch lustloser Sex ist dann Selbstzweck. Das kann sich ethisch fatal auswirken. Zum Beispiel lässt sich deutlich schwerer argumentieren, dass Sexualpartner ein gleiches Recht auf sexuelle Lusterfüllung haben. Wenn Sex unabhängig von der Lusterfüllung Selbstzweck ist, dann ist auch der Keuschheitsgürtel legitim, und dann kann auch der Verstümmelung der Genitalien nicht auf der Ebene der Selbstzwecklichkeit von Sex widersprochen werden. Natürlich kann man sagen, dass die Menschenwürde verbietet, dass Menschen

---

lichen Zusammenlebens parallel zum Zweck der Fortpflanzung und der Liebe gesehen (D. Bonhoeffer: Ethik [DBW 6]; Gütersloh 1992, 182). Es handelt sich um eine »gebundene« Selbstzwecklichkeit, die nie isoliert von Zwecken besteht.

286 I. Kant: Grundlegung zur Metaphysik der Sitten; Leipzig 1947³, 52.

287 Sektion 1.2.

sexuell misshandelt oder körperlich versehrt werden. In der vorigen Sektion wurde aber schon das Problem erkannt, dass Sexualpartner aus Liebe subtil zu etwas gezwungen werden können. Nehmen wir an, der Mann verlangt von seiner Frau, dass sie ihre Genitalien beschneiden lässt, weil er sonst mit ihr nicht schlafen will. Sie willigt ein – aus Liebe. Formal hat sie sich dann autonom dazu entschieden. Somit ist die Menschenwürde formell geachtet worden und auch die sexuelle Selbstbestimmung der Frau. Aber die Lust ist nicht geschützt worden.

In ästhetischer Hinsicht kann Sex dagegen durchaus »zweckfrei« sein. Kant hatte von ästhetischen Urteilen gesagt, dass der Zweck ästhetischer Objekte nicht auf einen Begriff gebracht werden kann. Sie besitzen zwar eine Zweckmäßigkeit, aber keine, die sich begrifflich auf den Punkt bringen lässt.[288] Das ästhetische Urteil ergibt sich über ein freies Spiel der Gemütskräfte.[289] Insofern könnte man ästhetisch von einer Zweckfreiheit sprechen – wobei Kant diesen Begriff selbst nicht verwendet, sondern eine Zweckmäßigkeit ohne Zweck. Eine solche ist subjektiv, und sie gründet in der menschlichen Lust.[290] Ästhetische Urteile haben einen allgemeinen Anspruch, sie verdienen allgemeine Beistimmung.[291] Wenn man Sex also ästhetisch im Sinne Kants versteht, dann muss die Lust dabei respektiert werden. Dabei können alle Sexualpartner das ästhetische Urteil nur dann akzeptieren, wenn ihre Gemütskräfte nicht behindert werden. Die allgemeine

---

288 I. Kant: Kritik der Urteilskraft (hg. W. Weischedel, Bd. X); Frankfurt a.M. 1974, § 15.

289 I. Kant: Kritik der Urteilskraft, a.a.O., § 9.

290 I. Kant: Kritik der Urteilskraft, a.a.O., 99.

291 I. Kant: Kritik der Urteilskraft, a.a.O., 101f.

Beistimmung ästhetischer Urteile verlangt also die Gewährleistung des Lustgefühls.

Dasselbe ist der Fall, wenn Sex einen ethischen Wert »um seiner selbst willen« besitzt, und zwar so, wie ich es bei Aristoteles rekonstruiert habe: Das Begehren wird im Begehren mitbegehrt. Und zugleich werden die Menschen mit begehrt, die das Begehren ebenfalls um seiner selbst willen begehren. Diese Menschen sind nach Aristoteles diejenigen, die geliebt werden. Versteht man Sex ebenfalls so, dann ist Sex nur in Liebe möglich: Man begehrt nicht nur das sexuelle Begehren, sondern man begehrt auch den Menschen, mit dem man Sex gemeinsam auslebt und dem man das Beste wünscht: eben dem geliebten Menschen.

Die Formeln, die dem Sex eine eigene Wertigkeit geben wollen, leisten also ethisch nicht das, was sie leisten wollen: Sie erreichen entweder nicht, dass Sex das reziproke Recht auf Lusterfüllung einschließt. Oder sie führen den Sex doch wieder zurück auf Liebe. Oder diese Wertigkeit ist nicht ethisch, sondern ästhetisch, woraus man ethisch nur sehr wenig ableiten kann.

Ich bin daher vorsichtig, der Sexualität einen Selbstzweck einzuräumen. Mir scheint, dass wir ethisch mehr gewinnen, wenn wir Sex als Mittel zu einem Zweck verstehen. Nur gibt es mehrere Zwecke, die mit Sex erreicht werden können: Kinder zu zeugen, ist einer, Lusterfüllung ein anderer, und wieder ein anderer, die Liebe auszudrücken, die man füreinander empfindet.

4.6 Was ist der besondere Liebesausdruck der sexuellen Intimität?

Zum Abschluss dieses Kapitels möchte ich eine knappe phänomenologische Einschätzung geben, warum sexuelle Intimität eine derart herausgehobene Rolle im Liebesausdruck spielt – so sehr, dass es Liebende verletzt, wenn ihre Partner mit einer dritten Person Sex haben. Anscheinend erleben sich Liebende als zurückgesetzt, wenn der sexuelle Kontakt, der sich zwischen ihnen als Liebesausdruck zeigt, auch an Dritten vollzogen wird. Das ist deshalb auffällig, weil einerseits alle möglichen Verhaltensweisen Liebe ausdrücken können und weil andererseits Sex – ebenso wie andere mögliche Verhaltensweisen – auch ohne Liebe vollzogen werden kann. Ich kann meiner Frau zuliebe an den Schrank gehen, um ihr eine Tafel Schokolade zu bringen, damit sie ihre spannende Lektüre nicht unterbrechen muss, obwohl sie Schokolade naschen möchte. Ich kann aber auch einem losen Bekannten bei seinem Besuch Schokolade anbieten, ohne dass meine Frau dabei eifersüchtig wird. Im letzteren Fall verhalte ich mich aus Höflichkeit so, im ersten Fall aus Liebe – was auch sowohl von meinem Gast als auch von meiner Frau entsprechend verstanden wird. Warum aber kann ich mit meinem Gast nicht aus Höflichkeit sexuellen Kontakt haben, ohne dass dabei meine Frau verletzt wird, obwohl wir doch davon ausgehen können, dass Sex ältere Rechte hat als Liebe?

An anderer Stelle[292] habe ich den Vorschlag gemacht, dass Liebende ihre Nacktheit als Ausdruck wählen, dem Partner ihre Offenheit für den Widerfahrenscharakter der Liebe zu

[292] L. Ohly: Schöpfungstheologie und Schöpfungsethik, a.a.O., 230.

schenken. In dieser These sind drei Elemente von besonderer Bedeutung:

1. Beim sexuellen Kontakt ist man nackt – vielleicht nicht vollständig; Sexualpartner können Fetische tragen oder Schmuck, und sie können aufgrund anderer Gründe darauf verzichtet haben, einen Teil ihrer Kleidung ausgezogen zu haben. Das ändert nichts am Phänomen der Nacktheit. Nackt ist nicht einfach der Mensch, der keine Kleidung trägt, sondern der Mensch, der sich vor einem anderen entblößt hat. Nacktheit ist damit ein *Beziehungszustand* zwischen zwei Menschen: Der nackte Mensch ist den Blicken anderer ausgesetzt. Aber ebenso wenig, wie Blicke phänomenologisch mit den Augen als Sinnesorganen identisch sind[293], ist Nacktheit mit einem *Körper* ohne Kleidung identisch. Man kann auch angezogen vor anderen bloßgestellt und bereits durch Blicke »ausgezogen« werden.

2. Scham ist daher eine typische Begleiterscheinung der Nacktheit, einfach deshalb, weil man sich vor anderen schämt und weil Scham die Erfahrung ist, durch Blicke anderer zu deren Objekt gemacht zu werden.[294] Wer aber Liebe *ausdrücken* will, muss dabei nicht nur irgendetwas ausdrücken, sondern sich selbst. Er muss damit sich selbst in den Blick eines anderen stellen. Daher ist es folgerichtig, dass Liebende Nacktheit *wählen*, um damit Liebe auszudrücken. Sie wählen, sich selbst dem Blick des anderen auszusetzen, damit er darin ihre Liebe entdecken kann. Sartre selbst hatte bekanntlich den sexuellen Kontakt als sadomasochistisches Geschehen beschrieben:

---

293 J.-P. Sartre: Das Sein und das Nichts, a.a.O., 466.

294 J.-P. Sartre: Das Sein und das Nichts, a.a.O., 471.

Der Sadist will sich selbst nicht verobjektivieren, sondern den anderen zum Objekt machen. Dagegen kann nach Sartre nur ein Masochist sich selbst zum Objekt fremder Blicke machen wollen. Meine Position räumt ein, dass Sartre Recht haben könnte im Hinblick auf den sexuellen Akt *als solchen*, nicht aber im Hinblick auf den sexuellen Akt *als Ausdruck von Liebe*. Die Bloßstellung der eigenen Nacktheit wird in der Liebe gewählt, damit der andere darin den liebenden Menschen sehen kann, wie er liebt.

3. Da sexuelle Erregung einen Widerfahrenscharakter hat, will der liebende Mensch dem anderen diesen Widerfahrenscharakter im Beziehungszustand seiner Nacktheit schenken. Er will, dass der andere von der Nacktheit des liebenden Menschen erregt wird – dass sich also an ihm das Widerfahren der sexuellen Erregung zeigt. Es soll sich aber als Liebesausdruck zeigen und demnach als Widerfahren der Liebe. Deshalb öffnen sich liebende Menschen in der sexuellen Intimität für den Widerfahrenscharakter der Liebe, für den das Widerfahren der Sexualität als Liebesausdruck gewählt wird. Zwar können Liebende weder machen, dass der andere wirklich sexuell erregt wird oder auch das Widerfahren von Liebe erlebt. Aber sie öffnen sich für den Widerfahrenscharakter der Liebe hier stärker als sonst.

Da Nacktheit ein Beziehungszustand ist, zähle ich auch das lang anhaltende intensive Küssen zum Phänomen der Nacktheit dazu. Tatsächlich kann man sich davor schämen, wie man küsst und wie man dabei vom anderen wahrgenommen wird, wie man riecht oder schmeckt. Entsprechend kann es verletzen, wenn ein Liebespartner eine dritte Person intensiv küsst, weil der Partner seine Nacktheit einer dritten Person für eine Gelegenheit des Widerfahrens der Liebe schenkt. Wer hingegen Blumen an seine Geliebte verschenkt, gibt sich zwar auch selbst zu erkennen, ohne jedoch sich oder den anderen dabei für den Widerfahrenscharakter sexueller Erregung zu öffnen. Deshalb sind bei der Sexualität als Liebesausdruck alle drei Momente miteinander verwoben: die *Nacktheit*, die *Wahl* für die Nacktheit und die Offenheit für den *Widerfahrenscharakter* sexueller Erregung.

Sexuelle Intimität wird daher durch Liebe etwas Besonderes, weil Liebende wählen, dass mit der sexuellen Intimität etwas Besonderes ausgedrückt werden soll. Das legt zwar nicht fest, dass Sex nur mit einer geliebten Person praktiziert werden kann oder darf. Aber es macht verständlich, warum sich diese Besonderheit auf nur eine Person bezieht. Denn wäre Sex als eigener Liebesausdruck für die Offenheit des Widerfahrens sexueller Erregung für mehrere Menschen gleichzeitig offen, so würde der sexuelle Liebesausdruck diese Eindeutigkeit verlieren, die er vor der geliebten Person gerade signifikant machen will. Zwar ist Eindeutigkeit nicht mit Exklusivität identisch. Deshalb kann es durchaus Kulturen geben, in denen liebende Menschen zusätzlich oder sogar alternativ[295] mit Dritten sexuellen Kontakt haben, ohne dass dadurch der Partner verletzt wird. Die Besonderheit aber gegenüber anderen Ausdrucksformen, etwa Blumen zu verschenken oder die Tafel Schokolade aus dem Schrank zu holen, verliert in solchen Kulturen der sexuelle Kontakt. Da Liebe nun immer einer Person gilt, die als jemand Besonderes erlebt wird, wird Lie-

[295] Diesen Fall kann ich mir nur vorstellen, wenn einer der Liebespartner keinen sexuellen Kontakt wünscht – nicht einmal in den rudimentären Formen, die noch nicht zum Geschlechtsakt führen.

besausdruck, darauf achten, diese Besonderheit des Erlebens auszudrücken.

Meine phänomenologische Bemerkung zur Sexualität als Liebesausdruck macht übrigens auch verständlich, warum langjährige Liebesbeziehungen weniger sexuelle Kontakte haben als am Anfang einer Beziehung: Sie verfügen nämlich über weitere individualisierte Codes ihrer Liebe. Die zeitweise oder dauerhafte Pflege eines kranken Liebespartners ist hier ebenso ein weiterer Liebesausdruck wie Kunstsprachen oder Anspielungen, die nur die Liebespartner verstehen. In dieser Situation wäre es durchaus denkbar, dass die Partner mit Dritten sexuelle Kontakte haben, ohne dass sie sich dabei verletzen. Warum diese Fälle dennoch eintreten und wie mit ihnen umzugehen ist, wird uns im nächsten Kapitel beschäftigen.

5 Das Problem des Ehebruchs

In unserem Rechtssystem ist die Vielehe verboten, die Polygamie (§ 1306 BGB; § 172 StGB). Genauer ausgedrückt, ist verboten, auf deutschem Boden eine Vielehe einzugehen und in einer Vielehe zu leben. Nicht verboten ist es dagegen, sich in Deutschland dauerhaft aufzuhalten und zugleich eine Vielehe eingegangen zu sein, die in einem Ausland geschlossen worden ist, in dem die Vielehe zugelassen ist (§ 7 Abs. 2 S. 2 StGB). Dennoch steht die Einehe unter einem strikten Rechtsschutz.

Der so strikt auch wieder nicht ist! Denn unser Rechtssystem enthält ein liberales Scheidungsrecht. Bis 1976 durfte die Ehe nur geschieden werden, wenn einem Ehepartner Schuld nachgewiesen werden konnte. Entsprechend der Schuldermittlung wurden auch die Fragen der finanziellen Abgeltung der Ehepartner behandelt. Seit 1976 nun ist die Ehescheidung auch möglich, wenn eine Zerrüttung erkannt ist. Hier wird einfach festgestellt, dass ein eheliches Zusammenleben nicht mehr möglich ist. Die finanzielle Unterstützung von geschiedenem Ehepartner und der Kinder sowie das Umgangsrecht mit den gemeinsamen Kindern wird im Scheidungsprozess geregelt, ohne dass die Schuldige zahlen muss, sondern die Finanzkräftige. Auch bekommt nicht der Schuldige die Kinder abgenommen, sondern es soll möglichst ein gemeinsames Sorgerecht organisiert werden. Auch nach der Scheidung besteht damit ein Verantwortungsverhältnis zwischen den Ehepartnern. Dieses Verantwortungsverhältnis – insbesondere die Unterhaltspflicht – endet aber laut neuerer Änderungen im Bürgerlichen Gesetzbuch nach einer bestimmten Frist (§ 1578b BGB).

Diese liberale Entwicklung des Ehescheidungsrechts führt faktisch zu einer »diachronen Polygamie« – man spricht auch von der »seriellen Monogamie«, was aber ein komisches Wort ist, denn auch wer sein ganzes Leben mit nur einer Person verheiratet ist, ist »seriell« monogam. Deshalb halte ich den Ausdruck »diachrone Polygamie« für treffender. Lag die Quote zwischen geschiedenen gegenüber geschlossenen Ehen in Deutschland im Jahr 1950 noch bei 18 Prozent, so im Jahr 2011 bei rund 50 Prozent.[296] Ein beträchtlicher Anteil der Bevölkerung in Deutschland ist mindestens zweimal im eigenen Leben verheiratet. Darüber hinaus gibt es einen hohen Anteil von Singles.[297] Von ihnen wechseln etliche ihre Partner öfter oder verkehren sogar gleichzeitig mit mehreren Partnern. Damit stellt sich die Frage: Ist die Einehe eigentlich eine ethische Norm? Was ist der besondere Wert der Einehe? Und warum soll er so hoch geschützt werden, dass die Polygamie nach deutschem Recht und nach dem Recht westlicher Länder zu verbieten ist?

Warum ist diese Frage wichtig für Ehebruch? Weil die ethische Bewertung des Ehebruchs davon abhängt, wie die

---

296 Statistisches Bundesamt/Wissenschaftszentrum Berlin für Sozialforschung (Hg.): Datenreport 2013. Ein Sozialreport für die Bundesrepublik Deutschland; Bonn 2013, 50.

297 Jede zweite Frau in Deutschland unter 30 Jahren lebt als Single; bei den Männern sind es fast zwei Drittel. In den höheren Altersstufen bis 50 Jahren liegt der Anteil bei beiden Geschlechtern etwa gleich, nämlich bei rund einem Drittel (Datenreport 2013, a.a.O., 39).

Ehe ethisch bewertet wird. Lässt sich die Vielehe rechtfertigen, so bedeutet zumindest nicht jede neue intime Beziehung Ehebruch. Ebenso ist es, wenn sich die Ehe überhaupt nicht ethisch rechtfertigen lässt. Dann ist der Ehebruch zumindest kein ethisch anstößiges Verhalten, sondern vielmehr eine Befreiung.[298] Nur wenn die *auf Dauer angelegte* Einehe ethisch gerechtfertigt werden kann, kann die Ehe in ethisch zu verurteilender Weise gebrochen werden. Was also spricht ethisch für die Einehe?

Einerseits beansprucht das westliche Ideal der Intimität dieselbe Exklusivität wie das Gebot der Gottesliebe: Gott kann man als Gott nur allein lieben. Andererseits rebelliert gegen die Anwendung dieser Exklusivität auf Intimpartner inzwischen die westliche Lebensart. Daher müssen wir prüfen, welche Gründe eigentlich für die Einehe sprechen. Welche ethischen Gründe für eine exklusive Intimbeziehung sind so stark, dass sie die Vielehe oder die Mehrfachpartnerschaft ausschließen?

5.1 Forschungsmeinungen für die Einehe

In der neueren Fachliteratur – vor allem in soziologischen und psychologischen Beiträgen – findet man vor allem die folgenden Gründe:

---

[298] Das wäre etwa auch der Fall, wenn ein Geschlecht bei der Vielehe benachteiligt wäre. Wenn etwa Frauen in manchen Kulturen nur einen Ehemann haben dürfen, aber der Mann mehrere Ehefrauen, so wäre der Ehebruch einer Frau die Befreiung aus einer Institution, die Frauen diskriminiert.

1. Die Einehe begrenzt familieninterne und externe Konfliktpotenziale.
2. Intime Liebe ist gekennzeichnet durch die Ausbildung exklusiver Kommunikationscodes, die damit der Mehrfachpartnerschaft widerspricht.
3. Die Mobilisierung und Flexibilisierung der sozialen Wirklichkeit erzeugt ein psychisches Vakuum, das nur durch die Gegenbewegung einer exklusiven Vertrauensbeziehung aufgefangen werden kann.
4. In Liebesbeziehungen wird die Eigentümlichkeit des Personhaften als solche offenbar. Diese Eigentümlichkeit lässt sich nicht verdoppeln.

5.1.1 *Die Entlastungsthese (S. Freud, A. Gehlen)*

1) Die Einehe begrenzt familieninterne und -externe Konfliktpotenziale. Sie sorgt für »Triebverzicht« (ein Ausdruck von Siegmund Freud[299]) und befriedet so eine Gesellschaft.

Durch die Einehe wird verhindert, dass die Ehefrauen desselben Ehepartners eifersüchtig aufeinander werden. Tatsächlich sind Eifersuchtsszenen von polygamen Ehebeziehungen historisch gut dokumentiert. Schon in der Bibel geht ein Riss durch eine Familie, und zwar durch alle Generationen, allein dadurch, dass zwei Ehefrauen gegenüber ihrem gemeinsamen Ehemann in Konkurrenz stehen. Biblische Beispiele sind die Konkurrenzgeschichte zwischen Sara und Hagar bei Abraham und zwischen Rahel, Lea, Silpa und Bilha bei Jakob.

[299] Z.B. S. Freud: Totem und Tabu; GW Bd. IX, 13, 120. Weitere Bezüge: Bd XVI, 224; VII, 144, XVI, 188. Ähnlich A. Gehlen (nach J. Hübner: Ethik der Freiheit, a.a.O., 272).

Aber auch externe Konfliktpotenziale lassen sich ausschalten, wenn man die Einehe zur Norm erklärt. Die Mehrfachpartnerschaft verschärft Ungleichheiten. Wenn Sie drei Frauen haben, aber ich nur eine, kann Neid entstehen. Das wäre noch das Geringste. In gesellschaftlichen Situationen des Geburtenrückgangs wäre zudem zu vermuten, dass noch weniger Kinder geboren werden, wenn etwa manche Männer oder Frauen ehelos bleiben müssten, weil andere zu viele Eheleute haben. Wer mehrere Eheleute hat, wird vermutlich weniger Kinder zeugen als wenn alle in einer Ehe leben könnten.

Ich halte diese Argumente für nachvollziehbar. Die Frage ist nur, ob sie stark genug sind, um den Schutz der Einehe und das Verbot der Polygamie zu rechtfertigen. Den familieninternen Konflikt haben auch andere Familienmitglieder in ihren Rollen zu bestehen. Geschwister sind oft neidisch aufeinander. Eltern können aufeinander eifersüchtig sein, weil die Kinder ihren Lieblingsvater oder die Lieblingsmutter haben. Wer diesen Konflikt nicht zulassen will, müsste die Familie überhaupt verbieten. Das konfliktfreieste Familienverhältnis wäre das alleinerziehende Elternteil von nur einem Kind. Man kann auch genau umgekehrt argumentieren. Die Einehe wäre der Versuch einer Konfliktvermeidung, aber nicht der Konfliktkultur. Ethisch ist es hingegen zunächst normal und auch nicht zu verurteilen, dass Konflikte entstehen. (Gäbe es keine Konflikte, gäbe es keine Ethik.) Entscheidend für die Ethik ist dagegen, wie wir Konflikte austragen sollen. Wenn die Ehegatten derselben Ehepartnerin aufeinander eifersüchtig sind, ist das ein Konflikt, aber noch keine ethische Katastrophe. Man kann auch ethisch leben, wenn man in einer polygamen Ehe lebt.

Das externe Argument halte ich auch nicht für ausreichend, und zwar deswegen nicht, weil es die Liebe ausschaltet. Es bemisst den ethischen Charakter intimer Liebesbeziehungen allein an seiner gesellschaftlichen Funktion und ignoriert damit den Charakter, der eine Beziehung überhaupt erst zur *Liebes*beziehung macht. Es mag sein, dass weniger Kinder auf die Welt kommen, wenn man polygame Ehen zulässt. Aber das Argument wird niemanden interessieren, der in einer Liebesbeziehung steht oder auf sie hinstrebt. Auf diese Funktion wird man sein Bedürfnis nach Intimität auch nicht reduzieren wollen. Wer intim leben will, muss daher folgerichtig entweder davon überzeugt werden, dass der Wunsch nach Intimität am besten in der Partnerschaft mit nur einem Menschen gewährleistet wird. Oder man wird die Mehrfachpartnerschaft wählen – wie es eben auch viele Menschen in unserer Gesellschaft tun, zumindest diachron.

5.1.2 *Liebe als unübertragbare Kommunikation (N. Luhmann)*

Damit komme ich zum zweiten Argument, das ein echtes Argument für die monogame Intimität ist:

2) Liebe ist gekennzeichnet durch die Ausbildung exklusiver Kommunikationscodes, die damit der Mehrfachpartnerschaft widerspricht.

Diese These lässt sich vom Soziologen Niklas Luhmann her entwickeln. Er hat durch einen historischen Einblick eine soziologische Theorie der Liebe entworfen. Das Typische für die Liebe in modernen Gesellschaften ist, dass sie individuell vollzogen wird. Indem wir lieben, lieben wir als Individuen und nicht als Exemplare einer sozialen Gruppe oder als Exemplare der Menschheit. Für die individuelle Liebe ist charakteristisch, dass die eigene individuelle Weltsicht darin zum Ausdruck kommt. Wie ich die Welt sehe, wird in der Liebe mit zum Thema. Luhmann radikalisiert diesen Gedanken der Individualität und behauptet, dass, wenn wir alles individuell betrachten, es keine gemeinsamen Fakten gibt, auf die wir uns einigen können. Alles könnte auch von anderen anders verstanden werden. Das impliziert die Wahrscheinlichkeit dafür, dass alles von anderen auch gar nicht verstanden werden könnte. Individualität ist kaum kommunikabel.

Deshalb zielen Liebesbeziehungen auf die Kommunikation des Inkommunikablen. Was man eigentlich nicht kommunizieren kann, weil es höchst individuell ist, kommunizieren zwei Menschen in der Liebesbeziehung. Sie tun das, indem sie exklusive Sprachcodes entwickeln – Insider-Witze, die kein anderer versteht; erfundene Wörter, die ganze gemeinsame Geschichten repräsentieren, aber von niemandem Dritten verstanden werden. Sogar Fiktives wird kommuniziert als Teil der gemeinsamen Welt. Entscheidend ist: In der Liebesbeziehung wird nichts ausgespart. Die ganze individuelle Weltsicht kommt in der Intimkommunikation vor[300], sogar das Unbenennbare. Individuelle Liebesbeziehungen ziehen dabei die Kommunikation des Unbenennbaren sogar öfter der Kommunikation des Benennbaren vor, einfach weil individuelle Weltsichten auch gegenüber dem Partner nur fragil kommunikabel sind. Die gesteigerte Rolle der – offenbar bei Luhmann als sprachlos verstandenen – Sexualität in Liebesbeziehungen gegenüber vormodernen Paarbeziehungen ist ein Indiz für diese These.[301]

[300] N. Luhmann: Liebe als Passion. Zur Codierung von Intimität; Frankfurt a.M. 1994[7], 25.

[301] N. Luhmann: Liebe als Passion, a.a.O., 157.

Gerade weil wir von dieser prekären Instabilität der individuellen Liebe wissen, könnten wir nach Luhmann auch scheuen, stabile Liebesbeziehungen einzugehen.[302] Wer öfter seinen Partner wechselt, unterstreicht dabei, wie instabil die Liebe ist. Der Punkt ist nur: Auch wer öfter seine Partner wechselt oder sogar in mehreren Partnerschaften gleichzeitig lebt, muss mit seinen Partnern seine individuelle Weltsicht kommunizieren. Das ist nötig, damit wir überhaupt individuell lieben. Dazu darf nichts ausgespart bleiben. Diese Kommunikation der individuellen Weltsicht braucht Zeit. Wie viel Zeit aber haben Menschen dazu in häufig wechselnden Partnerschaften zur Verfügung? Und was kann fehlen, wenn ich meine individuelle Weltsicht in *einer* Partnerschaft kommuniziere? Es kann eigentlich nichts fehlen, weil ja eben eine komplette Weltsicht kommuniziert wird. Deshalb kann ich auch nicht von einer zweiten Partnerschaft *noch mehr* bekommen. Wenn die individuelle Liebesbeziehung alles unterbringen kann, was mich ausmacht, dann fehlt mir nichts, was ich noch in einer zweiten Liebesbeziehung unterbringen müsste. Oder umgekehrt ausgedrückt, liebe ich nicht individuell, wenn ich doch zwei Beziehungen habe.

Das ist übrigens kein ethisches Argument, das Luhmann hier vorträgt. Luhmann ist ethik-skeptisch und meint, dass sich die sozialen Konflikte der Gegenwart nicht ethisch lösen lassen.[303] Sein Argument ist funktionalistisch: Liebesbeziehungen reagieren auf den Bedarf der individuellen Darstel-

---

302 N. Luhmann: Liebe als Passion, a.a.O., 215.

303 N. Luhmann: Soziale Systeme, a.a.O., 325. Ders.: Liebe als Passion, a.a.O., 117.

lung von allem. Daher können sie nur monogam sein – zumindest zu einem bestimmten zeitlichen Abschnitt.

Luhmanns Theorie enthält ein sehr originelles Argument für den Strukturvorteil von Einehen. Aber reicht es schon aus als Argument für das Privileg der Einehe? Hätte Luhmann ethisch argumentiert, hätte er vermutlich selbst gesagt, dass es nicht ausreicht, und zwar weil eine individuelle Weltsicht überhaupt erst gegenüber einer geliebten Person konkret kommuniziert wird. Die geliebte Person wird dabei in allen Weltbezügen konkret begleitet.[304] Das heißt jedoch, dass sich die individuelle Weltsicht jedes Mal verändert, je nachdem wem gegenüber jemand sie kommuniziert. Folglich kann man gegenüber zwei geliebten Personen jeweils die eigene universale Weltsicht kommunizieren und kommuniziert dabei dennoch jeweils Unterschiedliches. Die Beziehung zum geliebten Gegenüber wird nämlich in der jeweiligen Weltsicht mitkommuniziert. Und mindestens dadurch entstehen unterschiedliche Abschattierungen derselben individuellen Weltsicht.

Luhmanns These zur Funktion der individuellen Liebe könnte man daher gerade auch benutzen, um polygame Liebesbeziehungen zu rechtfertigen. Man könnte sogar von einer Steigerung der Individualität sprechen, je mehr Partnerschaften ich habe, in denen ich meine individuelle Weltsicht kommunizieren kann. Deshalb scheint mir Luhmanns Argument nicht ausreichend zu sein, um die exklusive Intimpartnerschaft zu rechtfertigen.

---

304 N. Luhmann: Liebe als Passion, a.a.O., 25.

5.1.3 Einehe als Gegengewicht zur gesellschaftlichen Hypermobilität (E. Gernsheim-Beck)

3) Die Mobilisierung und Flexibilisierung der sozialen Wirklichkeit erzeugt ein psychisches Vakuum, das nur durch die Gegenbewegung einer exklusiven Vertrauensbeziehung aufgefangen werden kann.

Die Soziologen Elisabeth Beck-Gernsheim und Ulrich Beck haben dieses Argument vorgebracht.[305] Es lässt sich leichter veranschaulichen als Luhmanns Theorie: Wir müssen in der Regel mehrfach in unserem Leben umziehen allein aus beruflichen Gründen oder aus Gründen der Lebensplanung. Persönliche Beziehungen werden dadurch zunehmend anonymisiert und aus Traditionen herausgerissen. Wer öfter umzieht, ist schlechter angebunden an die Verwurzelungen seines jeweiligen Wohnortes. Wer irgendwo hinzieht, muss sich aktiv entscheiden, sich in die lokale Kultur einzuleben, während man umgekehrt passiv immer schon in der heimischen Kultur verwurzelt ist, wenn man sein bisheriges Leben lang am selben Ort lebt. Eine flexible und mobile Lebenswelt verändert also die Bedingungen des sozialen Zusammenlebens.

In dieser Situation ist die individuelle Lebensführung das einzig Sichere, worauf sich eine Person verlassen kann. Das ist aber wenig, weil der Person die soziale Einbettung fehlt. Die Sehnsucht entsteht dadurch, mit jemandem den eigenen individuellen Lebensentwurf zu teilen. Enge Vertrauensbeziehungen geben psychischen Schutz. Die Gegenbewegung zur anonymen Lebenswelt ist die behütete Gefühlsgemeinschaft zu zweit. Beides verträgt sich gut: Meinem Partner kann ich

---

305 E. Gernsheim-Beck/U. Beck: Das ganz normale Chaos der Liebe, a.a.O., 69-78.

am ehesten noch zumuten, die Wohnorte ebenso zu wechseln wie ich. Da wir eine Gefühlsgemeinschaft eingegangen sind, ändert sich nichts an unserer Partnerschaft, wenn die beruflichen und sozialen Bedingungen schnelllebig variieren. Die Zweiergemeinschaft ist der ruhende Pol in einer rasanten Lebensentwicklung.

Auch hier scheint der Eindruck zu bestehen, dass polygame Partnerschaften unflexibler reagieren als die Zweierbeziehung. Erstens würde ein Wohnwechsel mit mehreren Ehegatten die soziale Herausforderung erhöhen. (Gibt es am neuen Wohnort für alle Eheleute einen neuen Job? Werden alle gleichermaßen gewinnen? Das ist deutlich schwieriger zu bewerkstelligen als bei nur zwei Partnern.) Und zweitens wird das Bedürfnis nach Gefühlsgemeinschaft in polygamen Partnerschaften aufgeteilt. Man fühlt eben nicht dasselbe mit verschiedenen Partnern. Und damit wird die Gefühlseinheit bedroht, die gerade zu einer Gefühlsgemeinschaft motiviert.

Aber auch dieses Argument hält einer Prüfung nicht stand, um damit die Vielehe ethisch zu verurteilen. Zunächst einmal sind manchmal schon die Partner einer Einehe nicht so flexibel, wie man sich das wünscht. Dann reagieren viele Personen mit »Lebensabschnittsgefährten«, mit Gefühlsgemeinschaft zwar, aber auf Zeit. Außerdem wird die Herausforderung für die ganze Familie auch bei einer Einehe unterschätzt: Denn auch die Kinder des Ehepaares müssen in der mobilen Gesellschaft »ankommen«. Wenn das *ethisch* eine zu hohe Zumutung ist, dann wäre eine kinderlose Ehe ethisch höherwertig als eine kinderreiche Familie.

Das andere Argument, dass ich mein Bedürfnis nach Gefühlsgemeinschaft aufteile, wenn ich mehrere Partner gleichzeitig habe, überzeugt ebenfalls nicht, solange nicht klar ist, was die Gefühlsgemeinschaft genau beinhaltet: Beinhaltet sie meine ganze Weltsicht wie bei Luhmann, dann können mehrere Partner sogar mehrere individuelle Ausprägungen meiner Weltsicht sicherstellen und damit meine emotional-psychische Sicherheit erhöhen. Wenn dagegen eine Gefühlsgemeinschaft immer nur Teile des individuellen Lebens sichert, Nischen der Ruhe und der Geborgenheit, dann kann die Beziehung zu mehreren Partnern gleichzeitig erst recht Ruhe und Geborgenheit steigern.

5.1.4 *Die Entdeckung der Eigentümlichkeit (E. Herms)*

4) In Liebesbeziehungen wird die Eigentümlichkeit des Personhaften als solche offenbar. Diese Eigentümlichkeit lässt sich nicht verdoppeln.

Eilert Herms[306] entwickelt dieses Argument in Auseinandersetzung mit Jean-Paul Sartres Theorie der Liebe. Für Sartre bin ich für mich unerkennbar. Alles, was ich von mir für mich erkennbar mache, bin gar nicht ich, sondern nur ein konstruierter Entwurf meiner selbst. In der Liebe zu einem anderen erkenne ich mich dagegen, wie mich der Geliebte erkennt. Und dabei will ich erreichen, dass mich der andere liebt, damit ich mich im anderen mit Wohlgefallen entdecken kann. Ich will mich im anderen als jemanden entdecken, der mir gefällt. Bei Sartre scheitert dieser Versuch einer verschachtelten Selbsterkenntnis.[307] Liebe ist daher der erfolglose Versuch der Selbsterkenntnis. Herms aber gewinnt aus Sartres skeptischer Einschätzung eine Schlüsselerfahrung, um die es in der Liebe

---

306 E. Herms: Liebe, Sexualität, Ehe, a.a.O., 103.

307 J.-P. Sartre: Das Sein und das Nichts, a.a.O., 644f.

eigentlich geht: nämlich um Eigentümlichkeit. In der Liebe entdecke ich das Thema der persönlichen Eigentümlichkeit, und zwar nicht nur meiner oder deiner Eigentümlichkeit, sondern der persönlichen Eigentümlichkeit überhaupt.[308] Nicht, was an mir konkret liebenswert ist, macht mich auch schon liebenswert. Sondern meine Eigentümlichkeit als solche ist liebenswert und ermöglicht überhaupt erst, dass man an mir Konkretes liebenswert findet.[309] Liebe ist somit die Entdeckung der persönlichen Eigentümlichkeit unabhängig von der lebensgeschichtlich gewachsenen Eigenart eines menschlichen Charakters.

Nehmen wir also an, Sie lieben jemanden, den Sie so empathisch finden, der so gut auf Sie eingehen kann und mit Ihnen fühlt. Warum reicht das alles nicht als Begründung dafür aus, dass Sie ihn lieben? Vielleicht erzählen Sie Ihrer besten Freundin, dass Ihnen dieser Mensch deshalb so gut gefällt, weil er so empathisch ist und gut auf Sie eingehen kann. Und Ihre Freundin stimmt Ihnen zu und findet auch, dass dieser Mann diese Charaktereigenschaften hat. Aber sie liebt ihn nicht. Also liegt es nicht an seinen konkreten Eigenschaften, warum er von Ihnen geliebt wird. Erst wenn Sie in diesem Menschen die persönliche Eigentümlichkeit entdecken, also wenn Ihnen gefällt, dass dieser Mensch eigentümlich ist, können Sie ihn laut Herms auch dafür lieben, dass er empathisch ist und so gut auf Sie eingeht. Sie würden gar nicht erkennen, dass dieser Mensch so empathisch ist und gut auf Sie eingeht, wenn Sie nicht seine Eigentümlichkeit erkennen. Seine Eigentümlichkeit ist also die Wurzel der Liebe. Gerade

308 E. Herms: Liebe, Sexualität, Ehe, a.a.O., 103.

309 Ebd.

deshalb verlieben wir uns in völlig verschiedene Menschen und nicht alle in denselben: Wir lieben eben nicht alle solche Leute, die empathisch sind und gut auf uns eingehen. Manche finden auch Draufgänger toll oder witzige Leute, manche eher geheimnisvolle Menschen oder solche, die einfach nur gut aussehen. Wir lieben aber alle die Eigentümlichkeit eines Menschen, die persönliche Eigentümlichkeit überhaupt, die wir in einem bestimmten Menschen finden.

Herms geht es also offenbar um eine Idee der Eigentümlichkeit, die unabhängig von bestimmten Eigenschaften eines Menschen entdeckt wird. Alle Menschen sind zwar eigentümlich. Aber die Eigentümlichkeit, aus der ein Wohlgefallen entsteht, wird nur in *einem* Menschen entdeckt. Wenn sie auch noch in einem anderen Menschen entdeckt wird, dann handelt es sich ja um dieselbe Idee, um dieselbe Eigentümlichkeit und folglich um keine Steigerung. Auch wenn meine Eigentümlichkeit in der Eigentümlichkeit des anderen Menschen mit eingeschlossen ist und ich sie in seiner Eigentümlichkeit entdecke, entdecke ich dann eben nichts Neues, wenn ich die Eigentümlichkeit in einem zweiten anderen Menschen entdecke. Die Idee der Eigentümlichkeit lässt sich also nicht verdoppeln. Ich erinnere daran, dass Herms mit einem anderen Argument, nämlich dass radikales Wohlgefallen Eifersucht ausschließt, die Polyamorie gestärkt hatte.[310] Mit dem Argument hier, dass sich die Idee der Eigentümlichkeit nicht verdoppeln lässt, schwächt er die Polyamorie aber wieder: Wenn ich die Idee der Eigentümlichkeit in einem Menschen entdecke, dann entdecke ich in einem anderen nicht noch mehr Eigentümlichkeit. Wer daher mehrere Men-

310 Sektion 4.3.2.

schen gleichzeitig mit radikalem Wohlgefallen liebt, liebt dabei letztlich doch nur einen. Beide Argumente führen daher letztlich zu folgender Synthese, dass Polyamorie eigentlich gar keine Polyamorie ist, sondern nur die Bestätigung der Idee der nicht-steigerbaren Eigentümlichkeit.

Damit hebt sich aber der Einwand gegen die Polygamie auf: Wenn ich also in verschiedenen Menschen dieselbe Eigentümlichkeit entdecke, und wenn die Entdeckung von Eigentümlichkeit die Wurzel der Liebe ist, dann kann ich auch mehrere Menschen gleichzeitig lieben, ohne dass sich dabei etwas ändert. Ich liebe ja dann immer mit derselben Qualität, nämlich indem ich dieselbe Eigentümlichkeit liebe. Man könnte vielleicht einwenden: Und warum liebst du dann mehrere Menschen, wenn du doch schon bei einem Menschen die eine Eigentümlichkeit entdeckt hast? Warum tust du dir diesen unnötigen Stress an? Aber diese Frage verrät, dass dabei die Liebe wie ein Geschehen behandelt wird, das möglichst effektiv sein soll. Könnte es nicht sein, dass Liebe höchst ineffektiv ist?

5.1.5 *Fazit*

Und könnte es nicht sein, dass ein Charakterzug dieser Ineffektivität eben darin besteht, dass man durchaus manchmal in die Falle tappt, zwei Menschen gleichzeitig liebt und mit ihnen eine Beziehung führen will? Ich halte diese Möglichkeit in ethischen Beiträgen für eine tabuisierte Option. Die Theologische Ethik hat sich ohnehin mit dem Thema Ehebruch seit Jahrzehnten nicht mehr ernsthaft beschäftigt. Das ist völlig erstaunlich. Denn seitdem die Scheidungsraten in die Höhe geschnellt sind, steht das Thema Ehebruch auf der Tagesordnung. Evangelische Pfarrerinnen und Pfarrer geraten immer wieder in Verlegenheit, wenn sie Brautpaare trauen sollen, die sich schon zum zweiten oder dritten Mal verheiraten, und wenn sie dann über dauerhafte Liebesbeziehungen predigen wollen. Ehebruch wird geduldet, aber die Illusion gleichwohl aufrechterhalten, man könne und dürfe nur einen Menschen intim lieben. Müsste man nicht gerade jetzt eine neue Beziehungsethik formulieren können, weil eben der Ehebruch üblich geworden ist und auch in die Öffentlichkeit getragen wird? Bei allen Vorbehalten, die ich zur Polyamorie geäußert habe: Könnte es nicht umgekehrt sein, dass Ehebruch gerade dadurch verhindert wird, dass man die Illusion aufgibt, eine Liebesbeziehung könne und dürfe man nur mit einem Menschen erleben? Werden vielleicht Menschen gerade dadurch zum Ehebruch gezwungen, weil sie ihre Gefühle nicht verstehen, sobald sie eine zweite Person lieben, und weil die Ethik diese Gefühle auch nicht verstehbar machen will? Die Ethik tabuisiert die Erfahrung, sich in mehrere Menschen zu verlieben. Sie vertraut dabei auf eine fragwürdige Phänomenologie der Intimität zu zweit und blendet die gesellschaftlichen Folgen aus, die sich daraus ergeben. Die hohen Scheidungsraten sind jedenfalls ein Ausdruck dafür, dass Menschen mit dem Ideal der Einehe überfordert sind. Es ist aber nicht ausgemacht, ob die Konfliktpotenziale der Liebe sich leichter bearbeiten lassen, wenn man Scheidungen einräumt, als wenn man neben der Ehe aufgeschlossen weiteren Liebesbeziehungen ethische Aufmerksamkeit schenkt.

Faktisch besteht hier eine Indifferenz zwischen der gegenwärtig geltenden liberalen Scheidungspraxis und der Engführung der intimen Liebe auf eine Partnerin oder einen Partner. Bei den hohen Scheidungsraten kann man behaupten, dass gesellschaftlich inzwischen beides toleriert wird und weder in der Ethik noch in politischen Willensbildungsprozessen grundsätzliche Vorstöße gegen das eine oder das andere unternommen werden. Es bleibt somit eine Indifferenz in der Frage, was eigentlich gelten soll. Und damit entstehen auch unzählige individuelle Strategien, wie man mit dem Phänomen der Intimität umgehen soll. Diese Strategien werden in die Privatsphäre abgeschoben, weil sich die Öffentlichkeit davor scheut, das ethische Problem der Liebe neu auszutragen. Das »Private« ist aber eine *öffentliche* Konstruktion[311] der Nichteinmischung[312], die zudem zumal in Liebesfragen nicht eingehalten wird. Wie wir schon in Kapitel 2 gesehen haben, wird die liberale Vorstellung der Nichteinmischung bei der Partnerwahl permanent unterlaufen, ohne dass die ethischen Kriterien hierfür klar wären. Mit der Erwartung, dass man im Privatbereich mit der Indifferenz aus Liberalität und Bindung umgehen soll, werden also reale Herrschaftsinstrumente über Menschen in ihrem Privatleben verschleiert. Daher bedarf es einer sozialethischen Beurteilung der Ehebruchsthematik.

5.2 Der zwingende Charakter der Liebes-Begegnung

An anderer Stelle habe ich Ehebruch rein sexuell ausgelegt, nämlich an die wechselseitige sexuelle Erregung bei wechselseitiger Zustimmung gebunden.[313] Hier dagegen geht es mir um den Bruch der Ehe zweier Menschen aufgrund dessen,

311 S. Žižek: Event, a.a.O., 157.

312 J. Lanier: Who Owns the Future? New York 2013, 21.

313 L. Ohly: Schöpfungstheologie und Schöpfungsethik, a.a.O., 219.

dass eine dritte Person als mögliche Geliebte ins Spiel kommt – ohne dass der Sexualakt mit einem außerehelichen Partner vollzogen worden sein muss. Im Ergebnis gleichen sich meine beiden Darstellungen.[314] Mit meiner anderen Beschreibung von Ehebruch weite ich allerdings den Geltungsbereich meiner Überlegungen aus. Deshalb wird hier eine andere, formale Beschreibung des Ehebruchs vorgenommen.

Liebesbeziehungen zeichnen sich dadurch aus, dass sie durch Begegnung entstehen. Sie treffen einen Menschen total und können ihn gerade deshalb auch in eine Krise stürzen. Die bisherige Lebensform wird dadurch in Zweifel gezogen. Wer liebt und auf die Liebe der Geliebten hofft, sieht sich mit einer Lebensveränderung konfrontiert. Die Begegnung erzeugt einen zwingenden Charakter. Dieser Charakter muss dabei gar nicht von der geliebten Person ausgehen. Sie muss nicht selber lieben, wenn man sie liebt. Und doch erzeugt die Begegnung einen zwingenden Charakter, der ohne die geliebte Person nie entstehen würde.

Dieser zwingende Charakter bezieht sich auf vieles: auf Gefühle, auf die Moralität von Handlungen, die Selbstidentität des Liebenden und auf die Kommunikation. Meistens wird die Gefühlsseite überschätzt und die anderen Dimensionen unterschätzt. Das liegt daran, dass man Liebe weitgehend mit einem Gefühl verwechselt. Nun ist Liebe zwar von Gefühlen begleitet, aber selbst kein Gefühl. Johannes Fischer etwa beschreibt Liebe als eine Kommunikationsausrichtung[315], ähnlich auch Niklas Luhmann. Auch in der Phänomenologie wird Liebe nicht mit Gefühlen gleichgesetzt. Hermann Schmitz

---

314 A.a.O., 217–238.

315 J. Fischer: Leben aus dem Geist, a.a.O., 151.

beschreibt sie als eine Atmosphäre.[316] Max Scheler hat sie eine wertschöpfende Auffassung genannt.[317]

Indem ich Liebe phänomenologisch beschreibe, nehme ich Aspekte anderer Autoren auf: Wer liebt, richtet sich auf einen geliebten anderen und betrachtet ihn mit unbedingtem Wohlgefallen. Liebe schließt dabei die Entscheidung ein, sich zu diesem anderen hin zu übersteigen. Mit dieser Entscheidung unterscheidet sich Liebe vom Verliebtsein.[318] Damit ist aber Liebe auch gegeben, wenn das Herz nicht rast und wenn die Hände trocken bleiben. Gefühle sind leibbezogene Reflexe auf Begegnungen irgendwelcher Art, Liebe dagegen eine exzentrische Übersteigung des Selbst über seinen eigenen Leib hinaus auf ein geliebtes Du. Daher bedeutet das Nichtvorhandensein extremer Gefühlsschwankungen und -wallungen nicht, dass ein Mensch nicht liebt. Liebe ist zwar nicht gefühlslos, aber doch gefühlsfrei. Mit allen möglichen Gefühlen kann man sich auf ein geliebtes Du beziehen – einfach deshalb, weil Gefühle im Leib bleiben, aber der Liebende aus sich herausgeht.

Deshalb ist es möglich, dass man in der Liebe eifersüchtig wird, ärgerlich, traurig, albern, sexuell erregt usw. Werden auf diese Weise phänomenologisch Liebe und Gefühle voneinander unterschieden, wird auch klar, warum etwa langjährige Partnerschaften dazu führen, dass sich Gefühlsschwankungen beruhigen, aber dass man trotzdem noch liebt. Wer nicht mehr Schmetterlinge im Bauch hat, muss trotzdem nicht an

---

316 H. Schmitz: Der unerschöpfliche Gegenstand, 292, 302.

317 M. Scheler: Der Formalismus der Ethik und die materiale Wertethik; 124.

318 L. Ohly: Schöpfungstheologie und Schöpfungsethik, a.a.O., 211.

seiner Liebe zweifeln. Liebende einer langjährigen Beziehung haben andere Gefühle zueinander, aber die Selbstüberschreitung zum anderen Menschen über den eigenen Leib hinaus wird auch dort vollzogen.

Es wäre also ein Kurzschluss zu meinen, dass, sobald mein Herz nicht mehr rast, wenn ich die Geliebte sehe, ich sie nicht mehr liebe und der zwingende Charakter der Liebe nicht mehr vorliegen würde. Denn der zwingende Charakter äußert sich auch in ganz anderen Hinsichten als nur im Leib. Er besteht darin, ihm gerecht werden zu sollen. »Ich liebe dich« heißt: Ich muss dir entsprechen mit deiner Höhe und Würde, mit deiner unvergleichlichen Größe. Kein Wunder, dass die intime Liebe ein Thema der Ethik ist: Wer liebt, fühlt sich öfter auch zu klein für die Person, die er liebt. Er kann sich schuldig fühlen für seine eigene Unzulänglichkeit, oder sich dafür schämen, dass er selbst nicht an die Größe der geliebten Person heranreicht. Man kann die Scham zwar überspielen und sich zu groß für den anderen fühlen wie ein Aufschneider. Aber auch diese Reaktion zeigt, dass es bei der Liebe eben darum geht: Wie entspreche ich der geliebten Person?

Der zwingende Charakter der Liebe äußert sich auch darin, dass sich die geliebte Person in allem Möglichen repräsentiert. Ich bin der geliebten Person überall ausgesetzt. Daher kann ich ihr auch nirgendwohin entkommen. Wenn man unglücklich verliebt ist, sieht man dauernd Pärchen, die sich permanent küssen. Wenn man nicht verliebt oder glücklich verliebt ist, laufen genauso viele küssende Pärchen um einen herum, aber man sieht sie nicht – jedenfalls nicht als die Repräsentation der geliebten Person. Sie sind dann bedeutungslos, weil man dann nicht darin die geliebte Person sieht. Genauso ist es mit Gegenständen: Warum sehe ich ausgerechnet jetzt überall Frauen mit Nagellack in genau der Farbe, wie ihn die Geliebte zurzeit trägt, oder mit demselben T-Shirt wie sie? Auch den Klingelton *ihres* Handys höre ich dauernd in der U-Bahn. Übrigens höre ich sogar auch dann denselben Klingelton, wenn es ein ganz anderer Klingelton ist. Denn allein dass es *irgendein* Klingelton ist, macht mich auf die geliebte Person aufmerksam.

Die geliebte Person wird allgegenwärtig. Das gilt nicht in derselben Weise für langjährige Liebesbeziehungen, aber in modifizierter Weise eben auch da. Sie hören den Klingelton und denken an die letzte Anekdote, die Sie gemeinsam mit dem Handy erlebt haben. Oder Sie erinnern sich beim klingelnden Handy, dass Sie noch einkaufen fahren sollen, um ein paar Tomaten mitzubringen. Die geliebte Person wird auch hier allgegenwärtig und ebenso der zwingende Charakter der Beziehung. Er muss zwar nicht, kann sich aber in jeder Begegnung äußern, auch in der Begegnung mit fremden Menschen.

Ich möchte kurz vertiefen, worin dieser zwingende Charakter besteht. Ich habe gesagt: Die geliebte Person wird allgegenwärtig. Sie wird aber gerade dadurch allgegenwärtig, dass sie nirgendwo die ist, die ich begehre. Es ist nur ein T-Shirt, aber es ist nicht sie. Es ist nur der gleiche Nagellack, es sind aber nicht ihre Hände oder Füße. Ich bin ihr überall ausgeliefert, kann ihr aber nirgendwo entsprechen. Ich begegne ihr überall, aber ich verpasse sie doch. Ich komme entweder zu spät oder bin am falschen Ort. Die geliebte Person ist dauernd bei mir, aber ich kaum bei ihr. Das macht den zwingenden Charakter der Liebe so aufdringlich. Und es macht verständlich, dass Liebe unter dem Charakter der Forderung steht. »Ich liebe dich« heißt: Ich muss dir entsprechen.

Auch glückliche Liebesbeziehungen sind davon geprägt. Das merkt man schon daran, wie schwer es einem Paar fällt, sich einige Tage nicht zu sehen, und welch heilige Bedeutung dann auf einmal eine virtuelle Kurznachricht bekommt. Auch langjährige Beziehungen sind davon geprägt. Sie unterscheiden sich nur darin, dass die Strategien eingespielt sind, wie wir zusammenleben, ohne uns ganz entsprechen zu können. Aber gerade wenn man sich streitet, tritt sehr stark der zwingende Charakter hervor. Wir entsprechen uns nicht. Da kann ich noch so sehr den anderen dafür verantwortlich machen. Ich kann auch da nicht aus ihm jemanden machen, dem ich entspreche. Es ist ja ein Streit *in* einer Liebesbeziehung (manchmal auch ein Streit, in dem es *um* die Liebesbeziehung geht; dann geht es eben genau darum, dass die Beziehung mir entgleitet und ich gerade nicht ihrem zwingenden Charakter entsprechen kann). Der Streit ist das Signal dafür, dass ich für die Beziehung nicht bürgen kann, aber für sie bürgen soll.

5.3 Der zwingende Charakter beim Ehebruch

Beim Ehebruch nun kollidiert der zwingende Charakter einer Liebesbeziehung mit dem zwingenden Charakter einer anderen Liebesbeziehung. In der Bergpredigt wird Jesus ja mit den Worten zitiert: »Wer eine Frau ansieht, sie zu begehren, der hat schon mit ihr die Ehe gebrochen in seinem Herzen« (Mt 5,28). Der Ehebruch wird also nicht erst im sexuellen Akt vollzogen, sondern bereits in dem Moment, wo es zu einer Irritation kommt im Hinblick darauf, welcher Charakter denn nun zwingt. Es ist eine Verdopplung der Allgegenwart der geliebten Person: Es sind nun die lackierten Nägel meiner Frau *und* meiner Geliebten, die ich irgendwo an jemandem sehe. Die Unfähigkeit, der geliebten Person zu entsprechen, wird noch einmal potenziert. Denn sie löst geradezu ihr Misslingen aus durch die gelingende Beziehung zur anderen Person. Weil ich die Geliebte zum Lachen bringe, hintergehe ich meine Frau. Die Kurznachricht, mit der ich der Geliebten antworte, verdunkelt mir zugleich die Nähe zu meiner Frau.

So wie Jesus hier zitiert wird, liegt das Problem in der Wahrnehmung. »Wenn dich aber dein rechtes Auge zum Abfall verführt, so reiß es aus und wirf's von dir. Es ist besser für dich, dass eins deiner Glieder verderbe und nicht der ganze Leib in die Hölle geworfen werde. Wenn dich deine rechte Hand zum Abfall verführt, so hau sie ab und wirf sie von dir. Es ist besser für dich, dass eins deiner Glieder verderbe und nicht der ganze Leib in die Hölle fahre« (Mt 5,29f). Damit hat der biblische Jesus eine Bestandsaufnahme geliefert und zugleich eine Entscheidung getroffen, wie damit umzugehen ist. Die Bestandsaufnahme lautet, dass das Dilemma durch die Wahrnehmung entsteht. Ich sehe überall die geliebte Person. Nun liebe ich aber zwei Personen. Also sehe ich überall beide und sehe mich überall mit beiden konfrontiert. Das heißt aber: Ich bin nicht einfach nur der Forderung der Liebe ausgeliefert, der ich nicht entsprechen kann, sondern *sehe doppelt* und damit nicht einmal mehr scharf. Was der zwingende Charakter der Liebe eigentlich von mir fordert, wird unscharf.

In dieser Situation der Unschärfe trifft der biblische Jesus die Entscheidung, die Wahrnehmung abzuschneiden. Das Auge auszureißen oder die Hand abzuschneiden, soll angeblich dazu führen, in der überreizten Wahrnehmung beruhigt zu werden. Das Dilemma, dass man überall mit zwei Geliebten zu tun hat, soll dadurch beruhigt werden, dass die eigene

Hypersensibilität reduziert wird. Ich halte diesen Vorschlag, abgesehen von seiner Grausamkeit, nicht für wirklich realistisch. Wer sich die Hand abschneidet, verhindert zwar, dass er sich nicht mehr selbst die Nägel lackieren kann. Aber darin liegt ja auch nicht das Problem, sondern allenfalls in den lackierten Nägeln geliebter Menschen. Und ihnen entkommt man nicht, wenn man sich die Hand abschneidet. Auch der blinde Mensch wird überall mit beiden Geliebten zu tun haben. Vorher dagegen, bevor man sich in die zweite Person verliebt haben wird, hat man noch gar nicht gemerkt, worum es geht. Hier ist man also auch bereits blind, sogar wenn man Augen hat. Ist einem dann das Verliebtsein widerfahren, hilft keine Blindheit mehr, weil auch derjenige, der sich die Augen ausreißt, doppelt sehen wird. Die Augen werden einem also erst aufgetan, wenn es zu spät ist, und bleiben auch offen. Sören Kierkegaard hat dieses Phänomen anhand der Sünde des Menschen dargestellt: Der Mensch, der von Gott gut geschaffen wurde und daher nicht sündigen konnte, wird dadurch zum Sünder, dass er die Möglichkeit zur Sünde erst rückblickend konstituierte[319] (als »Möglichkeit für die Möglichkeit«[320]) – also erst, als es zu spät war, um diese Möglichkeit noch abzuwenden.

Die Entscheidung, die hinter dem bestialischen Rat Jesu steht, impliziert, dass in diesem Dilemma der zwingende Charakter der Ehe die höhere Priorität verdient gegenüber dem zwingenden Charakter der Beziehung zur Geliebten. Ich halte auch diese Annahme für eine Verharmlosung des Pro-

---

319 S. Kierkegaard: Der Begriff Angst; hg. v. Ernesto Grassi unter Mitarbeit v. Walter Hess; übersetzt v. Lieselotte Richter; o.O. 1963², 24f.

320 S. Kierkegaard: Der Begriff Angst, a.a.O., 40.

blems, weil die Unschärfe der Liebe nicht nur bei der intimen Liebe entsteht. Dasselbe Problem kann bei allen Formen der Liebe auftreten, dass alles Mögliche die geliebte Person repräsentiert, und zwar so, dass man ihr dabei nicht so begegnet, wie man will. Auch die Liebe zu den eigenen Kindern kann sich so darstellen, vor allem wenn sie unglücklich ist: Nach einer Ehescheidung etwa leiden manche Eltern so sehr darunter, ihre Kinder nicht sehen zu dürfen, dass sie überall den Repräsentationen ihrer Kinder begegnen, ohne ihnen entsprechen zu können. Und wenn man mehrere Kinder hat, tritt auch diese Situation in derselben Unschärfe auf wie bei der intimen Liebe. Trotzdem hat Jesus nie verlangt, dass wir alle höchstens ein Kind bekommen dürfen. Wer von meinem Einwand nicht überzeugt ist, weil diese Situation ja bereits die Ehescheidung voraussetzt, die Jesus hier zu verurteilen scheint, mache sich dasselbe Problem anhand mehrerer sehr guter Freunde klar, die in ein fernes Land ziehen.

Jesu Argument zum Ehebruch ist daher stark kulturabhängig und setzt bereits voraus, was es begründen will: nämlich dass die intime Liebe zu zwei Menschen letztlich die Liebe zerstört. Die exklusive Legitimität der Einehe wird vorausgesetzt, um den Ehebruch dann ethisch zu verurteilen. Das ist ein logischer Zirkelschluss, der eigentlich gar nichts ethisch begründet. Ich teile, was der biblische Jesus dieser Perikope im Hinblick auf Wahrnehmungen sagt: Die Irritation der intimen Liebe entsteht bereits an der Stelle, wie man geliebte Menschen wahrnimmt. Was ich zurückweise, ist der Anspruch, dass die intime Liebe strukturell nur gegenüber einer Person möglich ist.

Ich vertrete vielmehr die Position, dass die intime Liebe das Problem verdoppelt, der geliebten Person entsprechen zu sollen, aber ihr immer auch etwas schuldig zu bleiben. Ich habe diese Verdopplung eine Kollision genannt: Es kollidiert die Liebe zur geliebten Person mit der Liebe zum Ehemann oder zur Ehefrau. Ich sehe aber darin keinen Widerspruch zum Phänomen der Liebe selbst, sondern nur eine gesteigerte Überbeanspruchung beim liebenden Menschen. Ich halte diese Überbeanspruchung bereits für gegeben in anderen Liebesformen. Sie ist also kein typisches Problem der intimen Liebe, und sie ist vor allem auch kein Widerspruchsphänomen der Liebe, die die Liebe zerstört. Sie erzeugt aber ein ethisches Problem, das nach einer kreativen Lösung verlangt, weil hier Ansprüche miteinander kollidieren, die sich eigentlich nicht zugleich einlösen lassen.

5.4 Das theologische Element der ethischen Entscheidung

Zwei Vorbemerkungen möchte ich vorausschicken, bevor ich frage, wie aus meiner Sicht das Problem kreativ zu lösen wäre. Diese Vorbemerkungen sind »hard facts«: Ich halte sie für logisch unumstößlich. Insofern bedürfen sie keiner kreativen Überbrückung. Ich spreche trotzdem hier an dieser Stelle erst von ihnen, weil es ein kreativer Weg sein kann, gedankliche Umwege zu gehen, anstatt sich gleich am Thema der doppelten intimen Liebe festzubeißen.

5.4.1 *Die Ehe als Einehe*

Ich halte das Problem um mehrfache Intimbeziehungen nicht für eine typische Sinnkrise der Liebe, wohl aber für eine Sinnkrise der Institution Ehe. Die Polygamie kann ethisch gar nicht gerechtfertigt werden, obwohl ich die Argumente gegen sie zurückgewiesen habe, die ich bisher in diesem Kapitel vorgestellt habe. Polygamie ist entweder ungerechtfertigt. Oder sie ist zwar gerechtfertigt, löst aber dann zugleich die Institution Ehe überhaupt auf. Selbst wer also eine solche gleichberechtigte polygame Eheauffassung durchsetzen will, will letztlich die Ehe als Institution abschaffen. Das kann man wollen, aber es löst nicht das Problem des Ehebruchs. Es umgeht vielmehr dieses Problem, das aber nach wie vor besteht, nämlich als Problem der Überbeanspruchung von Liebe.

Ich werde meine Argumente kurz ausführen, warum die Polygamie entweder ethisch falsch ist oder die Ehe abschafft. Als Institution kann die Vielehe nur praktiziert werden, wenn ein Geschlecht einem anderen vorgezogen wird. Synchrone polygame Ehen gibt es bislang nur in Gesellschaften, die ein Geschlecht dem anderen vorziehen – in der Regel das männliche Geschlecht dem weiblichen. Ein Mann darf mehrere Frauen haben, während Frauen davon ausgeschlossen sind, mehrere Männer zu haben. In manchen Urvölkern mag das umgekehrt sein, ändert aber nichts daran, dass hier ein Geschlecht diskriminiert wird, weil es nicht die gleichen Rechte erhält. Eine solche Diskriminierung kann nur dann gerechtfertigt werden, wenn die Gründe ethisch höher stehen als die Gleichbehandlung. Dabei müssen sie den Test bestehen, reziprok eingefordert werden zu können, also so, dass auch Frauen ihr zustimmen können, ohne bereits diskriminiert zu werden.

Aber ist die Diskriminierung wirklich zwingend? Könnte es nicht eine Gesellschaft geben, in der manche Männer mehrere Ehefrauen haben und manche *andere* Frauen mehrere Ehemänner? Dann würde zwar nicht ein Geschlecht diskriminiert, wohl aber bestimmte Individuen: Die Rechte zur Polygamie wären ungleich verteilt. Nehmen wir an, meine Frau heiratet noch einen weiteren Mann. Dann bin ich von jetzt an von dem Recht ausgeschlossen, mehrere Ehefrauen zu haben. (Warum das so ist, liegt an dem zweiten Grund gegen die Polygamie, den ich noch ausführen werde: weil nämlich ansonsten die Ehe als Institution aufgehoben wird.) In diesem Fall könnte es manche Männer geben, die mehrere Ehefrauen haben, aber ich hätte dieses Recht nicht. Ich hätte es überhaupt nur realisieren können, wenn ich vor meiner Frau noch einen zweiten Ehepartner gefunden hätte – so dass meine Frau keinen zweiten Mann mehr hätte heiraten dürfen. So oder so wäre auch in meiner Ehe das Recht auf Vielehe ungleich verteilt. In einer Gesellschaft gleichberechtigter Geschlechter würde also die Polygamie zur Ungleichberechtigung von Menschen führen.

Das wäre nur anders, wenn ich genauso das Recht wie meine Frau hätte, noch eine weitere Person zu heiraten. Aber sobald dieses Recht zugestanden ist, um Gleichberechtigung zu erzielen, wird damit die Ehe als Institution aufgelöst. Das führt zu meinem zweiten Punkt. Nehmen wir an: Ich heirate zwei Frauen, die ebenso bereits beide jeweils mit einem weiteren Mann verheiratet sind. Welche familiäre Beziehung habe ich zu diesen beiden Männern? Und weiter: Welche Beziehung hat meine erste Frau zum zweiten Mann meiner zweiten Frau? Sind die beiden automatisch auch miteinander verheiratet? Es würden dann Ehen *indirekt* miteinander geschlossen, also ohne die Willenserklärung der beteiligten (indirekten) Eheleute einzuholen. Um das auszuschließen, wäre die Ehe keine Institution mehr, sondern nur noch ein persönlicher Status einer Person. Ich hätte nämlich zwei Ehefrauen, die aber beide nochmals verheiratet wären mit Personen, die mit mir keine Familie bilden. In einer gleichberechtigten polygamen Situation kann jede Person in mehreren Familien zugleich leben. Das bedeutet die Abschaffung der Ehe als Rechtsinstitut der Familie. Ich könnte zugleich in mehreren Familien leben, die aber ansonsten zueinander keine familienrechtliche Verbindung hätten. Die Ehe wäre damit nur noch eine private Institution von Einzelpersonen. Wer also eine solche gleichberechtigte polygame Eheauffassung durchsetzen will, will letztlich die Ehe als Institution abschaffen.

Wie wäre es aber schließlich, wenn die Eheleute meiner Ehefrauen zustimmen, auch mit mir und miteinander verheiratet zu sein? Dann wären doch analog zum emphatischen Ausdruck »Deine Freunde sind auch meine Freunde« nach unserer Zustimmung »deine Eheleute auch meine Eheleute«. – Ich halte diesen Sonderfall für den einzig möglichen Fall, in dem Polygamie eine ethisch akzeptable Institution wäre. Er dürfte allerdings ein seltener Sonderfall bleiben, denn, wie schon die Polyamorie nahelegt[321], ist die Wahrscheinlichkeit gering, dass man die Entscheidung trifft, sich an jemanden Dritten zu binden, der die eigene Bindung zum Intimpartner lockert. Es mag solche Sonderfälle geben; die Frage ist nur, ob es ein Recht darauf geben sollte, solche Sonderfälle zu institutionalisieren. Institutionen sichern die Verlässlichkeit sozialer Erwartungen, die aber hier zur Verlässlichkeit individueller Erwartungen mutiert.

Das ist keine strenge Zurückweisung gegen diesen Ausnahmefall von Polygamie. Wer aber umgekehrt die Ehe ethisch rechtfertigen kann, wird auch für die Einehe gute ethische

---

321 Sektion 4.2.

Gründe haben. Die Gründe für die Ehe müssen dabei nichts damit zu tun haben, dass die Ehe aus einer Liebesbeziehung hervorgeht oder gar darin besteht. Eilert Herms etwa begründet die Ehe über den familiären Schutz der Kinder.[322] Sicher könnte man noch andere Gründe nennen, etwa die kulturelle Domestizierung sexueller Begierden gegenüber allen möglichen Personen des anderen Geschlechts, also in etwa das, was Freud Triebverzicht nannte. Entscheidend ist nur: Wenn man die Ehe ethisch rechtfertigen kann, dann heißt das auch, dass für die Einehe die besten Gründe vorliegen.

5.4.2 *Die Partnerschaft mit dem älteren zwingenden Charakter*

Die ältere Liebesbeziehung hat natürlich ihren zwingenden Charakter länger als eine neuere Liebesbeziehung. Es wäre unethisch, die neuere Liebesbeziehung der älteren vorzuziehen, nur weil etwa die Gefühle bei der neueren Beziehung intensiver sind. Es wird dann der zwingende Charakter der Liebesbeziehung übersehen, der über bestimmte eindeutige Gefühle hinausgeht. Das bedeutet: Der liebende Mensch, der eine zweite Person liebt, ist nach wie vor dem zwingenden Charakter der älteren Liebesbeziehung ausgesetzt. Der zwingende Charakter der neueren Liebesbeziehung hat dem dadurch Rechnung zu tragen, dass sie ihren zwingenden Charakter nur entfalten darf, indem sie den zwingenden Charakter der älteren Beziehung dabei nicht hintergeht.

Wer folglich zwei Menschen liebt, muss dabei anerkennen, dass die ältere Liebesbeziehung in gewisser Weise den »zwingenderen« Charakter hat. Denn die neuere Liebesbeziehung

[322] E. Herms: Liebe, Sexualität, Ehe, a.a.O., 118.

konnte nur entstehen, während man bereits gebunden gewesen ist. Die ältere Beziehung hat dagegen ihren zwingenden Charakter unabhängig von der neueren Beziehung entfaltet. Eine kreative Lösung muss beides so mit einbeziehen, dass der zwingende Charakter der älteren Beziehung dabei berücksichtigt bleibt.

Natürlich hat auch die neuere Beziehung einen zwingenden Charakter, den man nicht einfach ignorieren darf. Aber der zwingende Charakter der neuen Beziehung ist in gewisser Weise dem zwingenden Charakter der älteren Beziehung nachgeordnet. In der Geltung sind beide zwingenden Charaktere zwar ethisch gleichwertig. Aber in der Genese des zwingenden Charakters der zweiten Beziehung ist der zwingende Charakter der ersten Beziehung immer schon vorausgesetzt. Der zwingende Charakter der neueren Beziehung steht sozusagen unter einem Vorbehalt, dass der zwingende Charakter der älteren Beziehung gewahrt bleibt. Genau dieser Vorbehalt fehlt der älteren Beziehung zumindest in der Entstehung.

5.4.3 Der christologisch-ethische Lösungsbeitrag

Kreatives Denken sucht nach Strategien, wie sich Ansprüche vermitteln lassen, die sich eigentlich ausschließen. Diese kreative Aufgabe wird im offenen ethischen Diskurs entfaltet. In diesem offenen Diskurs lassen sich Lösungen nicht mit dem einfachen Gegensatz von richtig oder falsch finden. Richtig oder falsch gäbe es nur, wenn es eine logische Lösung gäbe, die es aber bei einem Konflikt der Überbeanspruchung zweier zwingender Charaktere nicht gibt. Kreative Lösungen sind daher unterhalb dessen angesiedelt, was richtig oder falsch ist. Sie zielen auf individuelle Verfahren, Kompromisse, revidierbares Ausprobieren, auf Entlastung trotz Überbeanspruchung (etwa indem man Vergebung einübt). Keine dieser Lösungen werden einen Ewigkeitscharakter beanspruchen, weil sie immer nur kreativ eine Lösung zu einem Thema finden, für das es keine Lösung ein für alle Mal gibt. Das Einzige, was Ewigkeitscharakter tragen könnte, ist die kreative Strategie selbst.

Kreative Überbrückungen sind notwendig umstritten. Man könnte das Problem kreativ auch anders lösen oder gar nicht kreativ. Genau deshalb ist theologisch der Diskurs um den besten Weg beim christologischen Element der ethischen Entscheidung angesiedelt. Denn paradigmatisch hierfür ist die Einsicht, wie sie in der paulinischen Versöhnungstheologie zum Ausdruck kommt: »Gott hat den, der von keiner Sünde wusste, für uns zur Sünde gemacht, damit wir die Gerechtigkeit Gottes würden in ihm« (2Kor 5,21). Christus wird *von Gott selbst* zur Sünde gemacht. Es ist demnach Gottes Entscheidung, seine eigenen Ansprüche zu unterbieten und zu unterlaufen. Ethik ist nach Paulus gescheitert angesichts des Dilemmas der Überbeanspruchung des Gesetzes. Sie ist aber zugleich neu ermöglicht worden aufgrund der Entscheidung Gottes, seine eigenen ethischen Ansprüche *kreativ* zu unterbieten: »Ist *jemand in Christus*, so ist eine neue Schöpfung; das Alte ist vergangen, siehe, Neues ist geworden« (2Kor 5,17). Alles ist dann anders geworden, weil nicht etwa ich in Christus bin, sondern *Gott* in Christus: »*Gott* war *in Christus* und versöhnte die Welt mit sich selber und rechnete ihnen ihre Sünden nicht zu« (2Kor 5,19). Hier zeigt sich der freie Aspekt der Unterbietung von Ansprüchen. Gott erniedrigt sich in Christus und erzeugt damit völlig neue ethische Realitäten. Die Versöhnung der Welt ist die Aufhebung der ethischen Überbeanspruchung und die Freigabe zur kreativen Unterbietung der Ansprüche. Ansprüche sollen nicht einfach unterboten werden. Das wäre schlechthin unethisch. Vielmehr sollen sie unterboten werden, indem sie weiterhin orientieren, obwohl man sie aufgrund von Überbeanspruchungen nicht erfüllen *kann*.

Nach paulinischem Verständnis ist das Gesetz in Christus aufgehoben. Darin ist eingeschlossen, dass der Sinn des Gesetzes noch gültig ist und gerade durch Christus in Geltung gebracht werden soll (Röm 3,31; Gal 6,2). Das ist eine Paradoxie, die logisch nicht aufgeht. Aber *kreativ* kann sie bearbeitet werden. Den gegensätzlichen Ansprüchen zweier Intimpartnerschaften kann ich nicht zugleich gerecht werden, obwohl sie beide einen zwingenden Charakter ausbilden, den ich anerkenne (gerade darin besteht ja der zwingende Charakter). Ich muss in meinem Handeln mindestens einen Anspruch unterlaufen und scheitere insofern an ihm. Das »Gesetz« wird gebrochen. Aber ich achte den Anspruch gleichwohl, den ich unterlaufe. Ich richte mich in meinem Handeln so aus, *als ob* ich auch diesen Anspruch erfülle, obwohl ich faktisch daran scheitere.

Daraus kann ich mir eine kreative Lösung aus der Überbeanspruchung einer Doppelbeziehung vorstellen: Die neuere Beziehung darf gelebt werden, wenn sie mit dem zwingenden Charakter beider Beziehungen spielerisch umzugehen weiß. Die jüngere Beziehung lässt sich zwar nicht als Ehe führen, jedenfalls nicht, solange die erste Ehe formell und existenziell besteht. Die Kommunikationsform der Liebe muss sich in der zweiten Beziehung so von der Ehe unterscheiden, dass die Kommunikationsform der Ehe noch funktionieren kann. Wie viel Zeit sich das neue Paar füreinander nimmt; welche Pläne man miteinander schmiedet; wie weit man in erotischer und sexueller Hinsicht geht, wird immer rückgekoppelt an die Kommunikationsform der Ehe, also der ersten Beziehung.

Umgekehrt haben die Partner in der Ehe zu berücksichtigen, dass auch innerhalb der zweiten Beziehung ein zwingender Charakter besteht, dem man auch dann nicht entkommt, wenn man sich zwingt, die neue Beziehung zu beenden. Denn die Anwesenheit der geliebten dritten Person lässt sich so nicht beseitigen. Sie verschwindet nicht einfach aus dem Leben, indem man sich ab sofort nicht mehr mit ihr trifft. Die Macht ihrer Anwesenheit wirkt sich sogar noch in der Ehe aus, etwa wenn der verliebte Ehepartner beim intimen ehelichen Kontakt an sie denkt oder wenn er Schuldgefühle hat – gegen wen auch immer.[323]

Liebe ist darüber hinaus nicht monopolistisch, vor allem nicht für die theologische Ethik. Das einzige Monopol der Liebe besteht im Gebot der Gottesliebe. Wer Gott von ganzem Herzen lieben soll, soll eben keine anderen Götter haben. Aber die Liebe zu anderen Menschen ist nicht monopolistisch. Sonst wäre sie gerade eine Konkurrenzbeziehung zur Gottesliebe – und damit Götzendienst. Die Liebe zu anderen Menschen ist vielmehr *jeweils* unverwechselbar, jeweils unvergleichlich, aber nicht monopolistisch.

Der ethische Fehler an der klassischen Verurteilung des Ehebruchs besteht darin, dass hier mehrere Verwechslungen bestehen:

1. Die Verwechslung von exklusiv und monopolistisch. Alle Liebesbeziehungen sind exklusiv. Die Liebe zu meinem Sohn ist unvergleichlich und daher auch nicht mit der Liebe zu mei-

[323] Sektion 2.3.

ner Tochter verrechenbar, die nämlich auch unvergleichlich ist. Monopolistisch kann Liebe aber gerade dann nicht sein.

2. Die Verwechslung einer exklusiven Liebesbeziehung mit der Exklusivität einer Ehe. Wenn die ethische Funktion einer Ehe weit darüber hinausgeht, dass es sich um eine Liebesbeziehung handelt, dann behält sie ihre Funktion auch dann, wenn Beziehungsprobleme entstehen. Zurzeit schält sich in der evangelischen Sozialethik der Konsens heraus, dass die Ehe zum Schutz der Kinder da sei. Somit bleibt dieser zwingende Charakter der Ehe auch erhalten, wenn Beziehungsprobleme auftreten. Man entkommt diesem zwingenden Charakter auch dann nicht, wenn man sich scheiden lässt. Der zwingende Charakter der Ehe bleibt bestehen, auch wenn die Ehe formell aufgelöst wird.

Beziehungsprobleme sind der Normalfall unter zwischenmenschlichen Beziehungen, erst recht in Liebesbeziehungen. Sie liegen aber nicht in der Alternative, ob man die Beziehung bejaht oder verneint. Vielmehr fordert ihr zwingender Charakter die Beziehungspartner auf, kreative Lösungen für ihre Beziehungsprobleme zu finden. Das gilt auch für zerrüttete Beziehungen, für Beziehungen, in denen einer der Partner schwere Persönlichkeitsveränderungen durchgemacht hat, und für Beziehungen, in denen Gewalt herrscht. In vielen Fällen wird eine Ehescheidung nötig sein, aber nur um dadurch die ethische Funktion der Ehe kreativ einzulösen, nämlich den Schutz der Kinder, der Ehepartnerin oder des Ehepartners vor Übergriffen.

3. Die Verwechslung der Schuldfrage beim Ehebruch mit der Verantwortung für die Ehe. In der Regel ist es so, dass ein Partner für den Ehebruch die Schuld trägt. Aber die Verantwortung für die Ehe tragen beide Ehepartner, auch dann, wenn

sich ein Partner bereits schuldig gemacht hat. Es widerspricht dem zwingenden Charakter einer Ehe, wenn sich der andere Partner durch den Ehebruch von seiner Verantwortung für die Ehe entbunden sieht. Denn die hintergangene Ehefrau bleibt dem zwingenden Charakter der Ehe ebenso ausgesetzt wie der Ehemann, der sich zum Seitensprung hat hinreißen lassen.

5.5 Ergebnis

Die gegenwärtige liberale Praxis, sich scheiden zu lassen, führt eigentlich zur Auflösung der Institution Ehe. Der zwingende Charakter, der Geschiedene immer wieder einholen kann, steht in einem ungeklärten Verhältnis zur liberalen Scheidungspraxis. Ein Großteil der Menschen in den westlichen Ländern lebt diachron polygam, ohne bei den Folgeproblemen bleibender Anwesenheit der geschiedenen Ehepartner institutionell begleitet zu sein. Wenn man das nicht ethisch gutheißen will, muss man wollen, dass weniger Ehen geschieden werden. Dabei muss man den zwingenden Charakter einer Ehe anerkennen. Dieser zwingende Charakter steht durchaus in Konflikt mit dem zwingenden Charakter anderer Beziehungen, manchmal auch mit dem zwingenden Charakter anderer intimer Liebesbeziehungen. Daraus kann eine Überbeanspruchung entstehen.

Dieser Überbeanspruchung wird man nicht dadurch entkommen, dass man eine liberale Scheidungspraxis auslebt. Denn sie führt gerade zur diachronen Polygamie und ignoriert den gleichwohl bleibenden zwingenden Charakter der Ehe. Vielmehr kommt man der Überbeanspruchung nur kreativ bei, indem man die Unverwechselbarkeit jeder einzelnen

Liebesbeziehung kreativ entfaltet. Natürlich verletzt es den Ehepartner, wenn die Ehepartnerin sich in jemanden anderen verliebt. Aber diese Verletzung ist kreativ aufzuarbeiten. Sie muss *innerhalb* der Beziehung bewältigt werden. Darin besteht gerade der zwingende Charakter der Beziehung für beide Ehepartner.

Zur kreativen Bewältigung des zwingenden Charakters gehört auch die Entscheidung, ob es eine Ehe verkraftet, dass die Ehepartner mit Dritten intimen sexuellen Kontakt haben. Der zwingende Charakter einer Liebesbeziehung eröffnet zwar die Möglichkeit, sexuell intim zu werden. Gerade darin zeigt sich das *unbedingte* Wohlgefallen der Liebe, dass »alles« miteinander zumindest möglich wird und man sich ganz füreinander hingibt. Aber eine Liebesbeziehung legt nicht darauf fest, dass man alle Möglichkeiten ausschöpft, was sowieso nicht gelingt. Es besteht immer ein Überangebot an Möglichkeiten, aus dem man eine Beziehung realisiert.[324] In einer Liebesbeziehung ist alles möglich, aber nicht alles kann wirklich werden. Deshalb besteht gerade eine kreative Freiheit, Liebesbeziehungen zur Entfaltung zu bringen. Und dabei wird der zwingende Charakter der Ehe zu berücksichtigen sein. Dadurch kann es sein, dass man zwar zu Dritten eine Liebesbeziehung aufbaut, aber auf Sex verzichtet, um dadurch etwas anderes in der Beziehung zu realisieren.

---

[324] Ansonst kann man gar nicht liebevoll miteinander umgehen, sondern nur instinktgeleitet und unfrei. Anders gesagt, hat man Möglichkeiten nur dann, wenn sie keine blinden Notwendigkeiten zur Verwirklichung sind. Das setzt voraus, dass man, wenn man überhaupt Möglichkeiten hat, immer mehr Möglichkeiten hat als die Möglichkeiten, die man verwirklicht.

6 »Lass uns Freunde sein!« Zur Ethik der Freundschaft

Mit diesem Kapitel gehe ich über den bisherigen Bereich der romantischen oder erotischen Liebe hinaus. Der Grund ist, dass Freundschaften eine ähnlich gelagerte Problematik enthalten: Niemand von uns ist verpflichtet, mit jemandem anderen befreundet zu sein. Und trotzdem erzeugen Freundschaften moralische Verbindlichkeiten. Freundschaften sind außerdem sehr oft in gewisser Weise ebenso intime Partnerschaften. Mit der besten Freundin können viele Menschen besser vertrauliche Themen besprechen als mit ihren Liebespartnern. Sie sind insofern intim, als auch Themen persönlicher Sexualität oder erotischer Reize zu den Themen gehören, die in dieser Vertraulichkeit besprochen werden können.[325]

Daneben gibt es aber auch Unterschiede zwischen Freundschaften und einer Liebesbeziehung: Wir können problemlos mehrere Freunde zugleich haben. Zwar können Freunde auch

---

[325] Deshalb benutze ich den Ausdruck »intim« in einem weiten Sinne auch für solche Beziehungen, die zwar nicht selbst Sex praktizieren, aber sich auch voreinander im phänomenologischen Sinn persönlich entblößen, um sich für den Widerfahrenscharakter der Liebe zu öffnen. Dieser phänomenologische Sinn von Nacktheit (Sektion 4.6) trifft auf Freundschaften ebenso zu wie auf das Verhältnis zwischen Eltern und ihren Kindern. Dazu verweise ich auf die Einleitung dieses Buches, wonach auch solche Beziehungen von einem Begehren geleitet sind. Daher ist das Verhältnis zur Therapeutin oder zum Arzt, in der ebenfalls Vertrauliches preisgegeben wird, selbst in diesem weiten Sinne keine Intimbeziehung.

aufeinander eifersüchtig sein, aber es besteht eine stärkere Akzeptanz dafür, mehrere Freunde zu haben als mehrere Liebespartner. Nun hatte ich allerdings in diesem Buch stärker atmosphärische Gründe genannt, weshalb wir nicht mehrere Liebespartner zugleich haben, als ethische Argumente herangeführt. Insofern kann sogar dieser Unterschied sich atmosphärisch relativieren. Faktisch geschieht das sogar oft, wenn Liebespartner nach einer Trennung nicht einmal ihren guten Vorsatz umsetzen können, noch Freunde zu bleiben. Offenbar ist es für Menschen, die Probleme mit ihrer Liebe zueinander haben, dann ebenso schwer, noch miteinander befreundet zu sein.

Warum ist es für Liebespaare nach der Trennung oft zu schwer, Freunde zu bleiben? Man könnte meinen, dass es einen ehemaligen Liebespartner demütigt, nur noch ein Freund zu sein. Nach dieser Annahme ist es also weniger wert, nur ein Freund zu sein als ein Liebespartner. Aber wenn diese Logik zutrifft, dürfte man den Kontakt nicht ganz abbrechen. Denn ein völliger Kontaktabbruch ist noch weniger wert, als ein Freund zu sein. Nach dieser Argumentation ist es also nicht ausreichend, Freundschaften nur deshalb abzubrechen, weil sie weniger wert sind als Liebesbeziehungen. Und das verweist auf die Möglichkeit, dass die Annahme nicht stimmt: Vielleicht sind Freundschaften gar nicht weniger wert als Liebespartnerschaften. Vielleicht kränkt uns eher bei dem Vorschlag: »Lass uns Freunde bleiben!«, dass man die volle Verantwortung nicht anerkennen will, die man eigentlich für seine Freunde hat.

Ein Freund sein, kann bedeuten: immer für den anderen da sein, wenn er es braucht. Wer dagegen nach einem Beziehungsbruch vorschlägt: »Lass uns Freunde bleiben!«, für den bedeutet Freundschaft, für den anderen immer dann da sein, wenn man selbst es will. »Lass uns Freunde bleiben!« kann also bedeuten, eigentlich weniger zu wollen als eine Freundschaft. Deshalb ist Freundschaft ein Thema einer Ethik der Intimität: Sowohl das Verhältnis zu Liebesbeziehungen ist unklar als auch das Verhältnis zur Ethik.

Platon hat zwischen Liebe und Freundschaft nicht scharf unterschieden. Auch bei Aristoteles gibt es keine klare Unterscheidung. Es ist interessant, dass sich die katholische Liebesethik auf beide antiken Philosophen bezieht, um allerdings damit die Ehe zu begründen.[326] Das spezifische Kennzeichen der partnerschaftlichen Liebe wird damit verfehlt, aus der dann angeblich die Ehe folgen soll – wenn doch Liebe eigentlich Freundschaft ist.

Das Neue Testament hat sich mit Freundschaften kaum befasst. Im Gegenteil: Die Feindesliebe wird dort für wichtiger erachtet als die Freundschaft. In der Bergpredigt hat Jesus sogar beides gegenübergestellt: Freundschaften gelten dort als nicht typisch christlich (Mt 5,46) – das heißt nicht, dass Jesus Freundschaften ablehnt, aber doch für begründungsbedürftig hält. Freundschaften können für ihn offenbar die menschliche Vollkommenheit behindern, wenn sie nämlich den Blick versperren für die Feindesliebe. Auch die Nächstenliebe ist etwas anderes als Freundschaftsliebe, weil sie die Feindesliebe einschließt. Nur das Johannesevangelium hebt die Liebe zu den Freunden hervor: Jesus ist dabei das Vorbild des Freundes,

---

[326] M. F. Peschl: Über das Verschwinden der Gründe in der Liebe zwischen Mann und Frau; in: G. Kugler/D. Borel (Hg.): Entdeckung der Freundschaft, a.a.O., 130–136, 131; Margarita Seiwald: Kaffeetratscherl oder Forellenfischen, a.a.O., 119.

der sein Leben lässt für die Freunde (Joh 15,13). Daraus folgt für das johanneische Gemeindebild, dass alle Christen einander lieben sollen. Die Liebe zueinander steht aber offenbar wieder der Nächstenliebe näher als der Freundschaftsliebe. Die Gemeindeglieder gelten zwar als Geliebte (1Joh 4,1 u.ö.). Aber der Freundschaftsbegriff kommt hier nicht mehr vor.

Ich glaube, dass die christliche Zurückhaltung zu diesem Thema eine Bürde ist. Auch wenn Freundschaften ethisch problematisch sein mögen, kann man sich innerhalb einer Freundschaft moralisch besser und schlechter verhalten. Die Transformation von Freundschaft in christliche Gemeinschaft ist unvollendet geblieben. Es ist zudem fraglich, ob sie ausreichend begründet ist. Ist es wirklich so, dass Freundschaften die menschliche Vollkommenheit behindern? Oder können nicht Freundschaften gerade den Blick für den nichtgeachteten Menschen öffnen? Wenn Sie zum Beispiel mit einer Frau befreundet sind, die sich bei Amnesty International für politisch Verfolgte einsetzt, kann es sein, dass Sie sich plötzlich auch dafür interessieren. Vielleicht ist Ihre Freundin sogar für diese Menschen aktiv, obwohl sie deren politischen Auffassungen bekämpft. In diesem Sinn wäre Ihre Freundin vielleicht sogar eine Aktivistin aus Feindesliebe. Und weil Sie mit dieser Frau befreundet sind, unterstützen Sie sie vielleicht auch bei bestimmten Aktionen.

In diesem Kapitel möchte ich klären, wie sich Freundschaft und Ethik zueinander verhalten. Dabei soll auch die Frage geklärt werden, ob Freundschaften ethisch wirklich etwas anderes sind als Liebesbeziehungen.

6.1 Kurzer Forschungsüberblick zum Thema Freundschaftsethik

Auf drei Aspekte der neueren Forschung möchte ich aufmerksam machen:

1. auf die Differenz zwischen Freundschaft und Liebe
2. auf den nicht-moralischen Charakter der Freundschaft und
3. auf die Frage, ob Freundschaft ebenso eine Ewigkeitsklausel besitzt wie die Liebe.

6.1.1 Freundschaft und Liebe

Der Philosoph James Conlon bricht mit der gewöhnlichen Vorstellung, wonach Liebe so etwas wie eine intensivierte Freundschaft sei. Diese Vorstellung wiederum geht auf Platon zurück. Conlon beschreibt sie als ein Stufenmodell: Kollegen können auf der Skala hochklettern und Freunde werden, und aus Freunden können Liebespartner werden. Freunde können damit außerdem Kollegen sein und Liebespartner Freunde. Die obere Stufe schließt also die untere ein.

Genau dieses Stufenmodell bezweifelt Conlon. Für ihn sind Freundschaften und Liebesbeziehungen eher unterschiedliche Arten der zwischenmenschlichen Sympathie, ohne aber eine unterschiedliche Wertigkeit zu besitzen.[327] Er meint, dass sich eine Beziehung total verändert, wenn aus Freunden Liebespartner werden.[328] Freunde teilen miteinander ihre Welt, aber Liebende sind füreinander die Welt. In der Liebe sehe ich die Welt nur in den Augen der geliebten Person.

[327] J. Conlon: Why Lovers can't be friends; in: A.L. McEvoy (Ed.): Sex, Love and Friendship, a.a.O., 1–8, 5.

[328] A.a.O., 3.

Oder noch eine andere Metapher: Freunde gehen side by side durchs Leben, Liebende face to face. Das klingt momentan noch eher poetisch als philosophisch.[329] Steckt dahinter auch eine darstellbare Erfahrung?

Conlon gibt ein Beispiel: Jemand geht allein in eine Museumsausstellung. Sein Freund ist nicht dabei, weil er gerade das Abendessen vorbereitet, zu dem der Museumsbesucher anschließend eingeladen ist. Deshalb ist es für ihn auch nicht schlimm, dass sein Freund nicht beim Museumsbesuch dabei ist – und zwar obwohl sich auch der abwesende Freund für die Ausstellung interessiert. Völlig anders ist die Situation aber, wenn zu Hause nicht ein Freund das Abendessen zubereitet, sondern der Liebespartner. Jetzt ist dieser Museumsbesuch mit einem Makel behaftet, weil die Geliebte fehlt. Unter Geliebten will man einfach jeden Moment zusammen sein.[330]

Conlon beschreibt also eine Inkompatibilität zwischen Liebe und Freundschaft. Ähnlich hat auch Caroline Simon dafür argumentiert, dass Freunde nicht miteinander schlafen sollten[331] – nicht etwa weil Sex der entscheidende Unterschied zwischen Liebe und Freundschaft *ist*, sondern weil Simon zufolge Sex nur aus Liebe zu einem einzigen Partner fair ist. Liebe konstituiert ein Wir. Meine Identität ist von nun an von

---

329 Eine Ausnahme wäre es, die metaphorische Unterscheidung »Freunde teilen sich die Welt« und »Liebende sind füreinander die Welt« mengentheoretisch zu verstehen: Wenn jemand für einen anderen die Welt ist, kann er nicht zugleich ein Element der Welt sein. Diese logische Argumentation hätte allerdings einer Entfaltung bedurft ebenso wie einer Klärung, was es logisch heißt, dass jemand *für* einen anderen die Welt ist.

330 A.a.O., 5.

331 C. J. Simon: Just Friends, Friends and Lovers, or …?, a.a.O., 27.

diesem Wir abhängig. Ich denke und erlebe alles von diesem Wir aus. Deshalb ist exklusiver Sex nur mit dem Liebespartner eine folgerichtige Konsequenz, weil Sex dieses Erleben von »Wir« besonders intensiviert. Theoretisch könnten wir zwar mit mehreren Menschen zugleich ein Wir aufbauen, aber ethisch-praktisch nicht: Denn eine solche polygame Lebensweise setzt voraus, dass ein Geschlecht benachteiligt wird oder zumindest einer der beiden Partner: Polygamie kann nicht gleichberechtigt funktionieren.[332]

Freunde dagegen bauen kein gemeinsames Wir auf, sie zielen nicht auf eine Identitätsversicherung durch und mit dem anderen. Freundschaft impliziert für Simon sogar eine gewisse Distanz voneinander. Sie ist stärker von Respekt geprägt als von wechselseitiger Identitätsversicherung.[333] Freundschaften besitzen daher eine eigene Wertigkeit. Sie kann nicht zur Liebe gesteigert werden, weil damit die Freundschaft zerstört wird: Entweder man liebt sich oder man ist befreundet.[334] Allenfalls kann sich Simon die umgekehrte Richtung vorstellen, nämlich Liebespartner, die eines Tages auch noch Freunde werden – sich also mit einem gewissen distanzierten Respekt behandeln.[335]

Mich macht diese Argumentation etwas stutzig, weil sie eine einseitige Inkompatibilität unterstellt. Sie entspricht dem berühmten Mönchs-Witz, dass man zwar nicht beim Beten rauchen, aber durchaus beim Rauchen beten darf. Freunde können sich nicht lieben, aber Liebhaber können Freunde

---

332 A.a.O., 35.
333 A.a.O., 37.
334 Ebd.
335 A.a.O., 35.

werden. Sind sie dann noch dasselbe wie Freunde? Simon macht darauf aufmerksam, wie schwer es ist, respektvollen Sex miteinander zu haben: Indem der Mann in das Fleisch einer anderen Person eindringt, besteht der Hang, die andere Person auch zu vereinnahmen und zu dominieren. Das widerspreche einer Liebe aus Achtung der Menschenwürde.[336] Also kann doch Liebe nur dann mit Freundschaft verträglich sein, wenn sie asexuell ist. Dann lässt die Freundschaft aber ein Kennzeichen außer Acht, das angeblich nur in Liebesbeziehungen möglich sein soll: nämlich die sexuelle Dimension.

Weder Conlon noch Simon haben mich daher restlos überzeugt, dass Freundschaft und Liebe etwas völlig anderes sein sollen. Zumindest reichen ihre phänomenologischen Beispiele dafür nicht aus. Ich kann auch traurig sein, dass mein bester Freund diese Museumsausstellung nicht gesehen hat, weil sie für mich erst dann richtig wertvoll geworden wäre, wenn wir die Ausstellungsstücke gemeinsam angesehen hätten. Was hätte er wohl dazu gesagt? Und welche Witze hätten wir dabei gemacht? Die Ausstellung kann für mich wertlos bleiben, nicht nur weil mir der künstlerische Sachverstand meines Freundes fehlt, sondern auch weil mir seine Atmosphäre fehlt.

Umgekehrt scheinen für Conlon Momente einer Liebesbeziehung wertlos zu sein, in denen die Liebespartner nicht zusammen sind. Ich halte dagegen, dass wir uns manchmal gerade auch dann besonders nahe sind, wenn wir getrennt sind. Meine Freundin fehlt mir während des Museumsbesuchs, und ich vermisse sie. Aber gerade dadurch erhalten die Ausstellungsstücke einen besonderen melancholischen Aus-

---

336 A.a.O., 27.

druck, der mir hilft, meine Liebe zur Freundin intensiver zu erleben.

Ich finde den Gedanken interessant, dass Liebe und Freundschaft sich unterscheiden oder sogar widersprechen. Aber mir scheint, dass wir dafür noch deutlichere Indizien bräuchten. Immerhin könnten wir dann verstehen, warum *beides* angstbesetzt und nicht wünschenswert ist, nämlich dass wir nach der Trennung noch Freunde bleiben und dass meine beste Freundin und ich ein Paar werden. Beides kann tatsächlich eine schwere Belastung sein. Wenn also beides aus den jeweiligen Perspektiven nicht wünschenswert sein muss, kann das ein Indiz dafür sein, dass Liebe nicht als solche höherwertig ist als Freundschaft. Abgesehen davon ist die Höherwertigkeit der Liebe auch kein allgemeingültiges Prinzip: Ich mag mich in meine beste Freundin verliebt haben, aber sie fände es ekelhaft, mich zu küssen und mir Liebesgedichte zu schreiben. In manchen Beziehungen ist es besser, dass beide ein Liebespaar sind, und in anderen, dass zwei Menschen Freunde sind – und wiederum in anderen, dass man sich aus dem Weg geht. Dafür muss man aber wiederum auch kein Philosoph sein, um das zu erkennen.

6.1.2 Moralisch oder nicht-moralisch?

Gibt es moralische Implikationen für eine Freundschaft? Oder ist nicht eine Freundschaft immer etwas Individuelles, aus denen sich keine allgemeinen Pflichten oder ethische Regeln ableiten lassen, die sich auf andere Freundschaften übertragen ließen?

Ich möchte dazu noch einmal auf unser vorheriges Thema der romantischen Liebe zurückblicken: Eva Illouz hat aus soziologischer Perspektive nahegelegt, dass Frauen bindungsbereiter sind als Männer. Bindung scheint also ein weiblicher ethischer Wert zu sein.[337] Das wiederum bedeutet, dass Frauen Männer nicht davon überzeugen *können*, dass Bindung ethisch richtig ist. Denn wenn Bindung ein partikularer Wert ist, der nur für die Hälfte der Weltbevölkerung gültig ist (nämlich für Frauen), dann erschließt sich für die andere Hälfte nicht auf ethisch-argumentativem Weg, warum sie diesen Wert ebenso annehmen soll. Folgerichtig kann die Ethik auf dem Gebiet der intimen Bindung nichts ausrichten und auch nicht die moralischen Spannungen austarieren, die hier entstehen.

Dasselbe also scheint nun auch bei der Freundschaft zu drohen. Freundschaft ist keine Pflicht. Allenfalls entstehen Pflichten nur auf individueller Ebene einer Freundschaft. Diese Pflichten sind dann aber vor einem größeren Forum nicht einklagbar – und damit nicht verlässlich.

Schon bei Platon gibt es starke Indizien dafür, dass Freundschaft gar nicht bestimmbar ist. Im Dialog »Lysis« unternimmt Sokrates mehrere Anläufe, um zu beschreiben, was eine Freundschaft ist. Dabei kommt er immer wieder zu interessanten Teilbeobachtungen, aber es kommt einfach kein stimmiges Gesamtbild zustande. Der Dialog endet damit, dass wir es nicht wissen, was ein Freund sei.[338]

Andrew Cohen versucht zumindest einige Eigenschaften der Freundschaft zu bestimmen – Eigenschaften, die zwar nicht nur auf Freundschaften zutreffen, wohl aber auch: Freundschaften gelten als reziprok und freiwillentlich.[339] An-

337 S. Kap. 4.2.

338 Lysis; in: Platon: Sämtliche Werke Bd. I; Berlin o.J., 205–238.

339 A. I. Cohen: Examining the Bonds and Bounds of Friendship; in: A. L. McEvoy (Ed.): Sex, Love and Friendship, a.a.O., 379–400, 379.

dere Autoren betonen, dass es eine Besonderheit der Freundschaft sei, dass sie eine wechselseitige Sympathie enthält, die nur unter Menschen vorkommen kann – während wir auch Sachen lieben[340] können oder Gott. Mit Gott könnten wir aber nicht befreundet sein, weil es sich hier nicht um ein gleichberechtigtes und reziprokes Verhältnis handelt.[341] Das läuft alles darauf hinaus, dass Freundschaft ein unverdientes Geschenk ist: In der Freundschaft geben wir uns nicht, was wir uns schulden, sondern was wir uns schenken.

Es ist dann also kein moralischer Akt, sich mit jemandem anzufreunden. Es ist aber ebenso wenig moralisch relevant, eine Freundschaft wieder zu beenden. Sie können beides tun, ohne dass es moralisch gerechtfertigt wäre, Sie dafür zu verurteilen. Faktisch tun wir das aber oft: Wir kritisieren jemanden sowohl dafür, mit wem er befreundet ist, und auch dafür, dass er sich einer Freundschaft entzieht. Man kann mit den falschen Leuten befreundet sein und die Freundschaft mit den richtigen Leuten fälschlicherweise lösen. Diane Jeske fragt deshalb zu Recht zurück, warum das Thema Freundschaft in der Geschichte der Ethik so eine große Rolle spielt, wenn die Freundschaft angeblich die Moral trumpft.[342] Die Frage, wie sich Freundschaft und Moral zueinander verhalten, ist daher bislang nicht gelöst.

---

340 W. Mazal: Von Philia zu Facebook. Gedanken zu Freundschaft und Bindung; in: G. Kugler/D. Borel (Hg.): Entdeckung der Freundschaft, a.a.O., 29–39, 30.

341 M.-D. Philippe: Die Philia-Liebe bei Aristoteles, a.a.O., 53.

342 D. Jeske: Comments on Andrew I. Cohen's »Examining the Bonds and Bounds of Friendship«; in: A. L. McEvoy (Ed.): Sex, Love and Friendship, 401–404, 401.

6.1.3 *Freundschaft auf ewig?*

Hat Freundschaft ebenso eine Ewigkeitsklausel wie die Liebe? Diese Frage verstehe ich zunächst nicht ethisch, sondern phänomenologisch: Gehört es zum Phänomen der Freundschaft, dass man immer befreundet sein will? Deshalb lässt sich diese Frage nicht subsumieren unter die vorige Frage, ob Freundschaft moralisch oder nicht-moralisch ist. Sollte es so sein, dass Freundschaft nichts Moralisches ist, kann sie trotzdem auf Ewigkeit angelegt sein. Das freilich kann man überhaupt nur annehmen, wenn man allgemeine Eigenschaften für Freundschaft angeben kann – und nicht wie etwa Jacques Derrida Freundschaft für ein absolut unvergleichliches Geschehen hält.

Sandra Lynch hat die Fragilität der Freundschaft hervorgehoben. Offenbar sind Freundschaften sogar fragiler als Liebesbeziehungen. Lynch zeigt auf, dass es zum einen Zweckfreundschaften gibt, die auch wieder enden können, sobald der Zweck erfüllt ist.[343] Zum anderen scheinen Freundschaften mehr an ein gemeinsames inhaltliches Interesse gebunden zu sein als Liebesbeziehungen: Man ist etwa befreundet, weil man dasselbe Hobby hat.[344] Das heißt im Umkehrschluss, dass eine Freundschaft davon getrübt werden kann, wenn bei einem der Freunde das Hobby in den Hintergrund rückt. Und schließlich sind in der mobilen Gesellschaft der Gegenwart unsere Lebensentwürfe selbst fragil. Wir müssen berufsbedingt umziehen oder wechseln die Arbeitsstelle, wir werden krank oder ändern sogar unsere Weltanschauung.[345] Auch

---

343 S. Lynch: Philosophy and Friendship, a.a.O., 184.

344 A.a.O., 5.

345 A.a.O., 184.

dieses Beispiel läuft darauf hinaus, dass Freunde gemeinsame Interessen oder Aktivitäten haben. Und sobald diese fehlen, verblasst die Freundschaft.

Eine Liebesbeziehung ist dagegen stabiler: Liebespaare ziehen in der Regel zusammen in einen neuen Wohnort, wenn einer von beiden sich beruflich verändert. Ihre Liebe scheint zudem weniger von gemeinsamen Interessen oder Aktivitäten abhängig zu sein, weil sie vielmehr auf einem unaussprechlichen Widerfahrnischarakter zu beruhen scheint als auf Eigenschaften der geliebten Person oder auf Eigenschaften der gemeinsamen Beziehung. In einer Liebesbeziehung hängt die eigene Identität stärker vom Zusammenleben ab, was sich allein schon daran zeigt, dass man vom gemeinsamen Einkommen lebt und in derselben Wohnung Freundschaft und die gleiche Familie hat. Natürlich können Liebesbeziehungen auch zerbrechen, aber das ist auch eine größere Paradoxie, weil eben mit der Liebe ein Ewigkeitsversprechen einhergeht, das sich direkt lebenspraktisch auswirkt. Freundschaften haben dagegen eine deutlich schwächere lebenspraktische Umsetzungskraft, selbst wenn man sich hier ewige Treue verspricht. Und vielleicht werden solche Treueversprechen in Freundschaften deshalb auch seltener.

Demnach sind Freundschaften weitgehend Zweckbündnisse auf Zeit. Sie unterscheiden sich aber wiederum von Zweckbündnissen darin, dass sie keinen *bestimmten* Zwecken dienen. Ihr Hauptzweck besteht vor allem darin, *irgendetwas* zusammen zu machen, weil sich Freunde sympathisch sind. Schon der gemeinsame Austausch kann dazu gehören. Seit Einführung des Web 2.0 ist auch die Brieffreundschaft zurückgekehrt, also der gemeinsame Austausch über längere räumliche und zeitliche Distanzen hinweg. Über kurze

Textnachrichten, Facebook oder E-Mail halten wir Kontakte zu früheren Schulfreunden oder zu Freunden, die weggezogen sind. Das können sehr intensive Kontakte sein, die meistens relativ zweckfreie Inhalte austauschen (»Ich sitze gerade im Hörsaal und langweile mich. Schick mir doch mal was.«).

Durch diese merkwürdige Verschränkung von Zweckbündnis und Zweckfreiheit scheinen Freundschaften zu ästhetischen Phänomenen zu mutieren. Ich komme zurück auf Kants Beschreibung ästhetischer Phänomene[346], die er »zweckmäßig« nannte. Bekanntlich[347] hat Kant zwischen Zweck und Zweckmäßigkeit unterschieden. Ich führe diesen Unterschied hier etwas genauer aus: Ein Zweck bringt den Grund eines Dings auf den Begriff, er erklärt also, wozu das Ding da ist. Zweckmäßig dagegen ist ein Ausdruck, der der Form nach wie ein Zweck aussieht, für den aber kein klarer Begriff vorliegt.[348] Die Zweckmäßigkeit bezieht sich vor allem auf die *Beziehung* des entsprechenden Dings zum *Subjekt*.[349] »Also wird der Gegenstand alsdann nur darum zweckmäßig genannt, weil seine Vorstellung unmittelbar mit dem Gefühle der Lust verbunden ist; und diese Vorstellung selbst ist eine ästhetische Vorstellung der Zweckmäßigkeit.«[350]

Freundschaften könnten also in diesem Sinne Kants zweckmäßig sein, ohne dass sich für sie ein Zweck auf den Begriff bringen lässt. Sie sind dann ästhetische Phänomene. Interessanterweise hat er aber den moralischen Aspekt von

---

346 I. Kant: Kritik der Urteilskraft, a.a.O., 99.

347 Sektion 4.5.

348 I. Kant: Kritik der Urteilskraft, a.a.O., 88.

349 I. Kant: Kritik der Urteilskraft, a.a.O., 99.

350 Ebd.

Freundschaft hervorgehoben – und zwar obwohl Freundschaften keine Zweckbündnisse sind.[351] Zwecke sind allerdings kantisch dem Moralischen zuzuordnen. Wie können jetzt aber Freundschaften moralisch sein (statt ästhetisch)? Kants Lösung: Freunde sind sich gegenseitig ein Zweck in sich selbst. Denn Freundschaft ist definiert als wechselseitige Liebe und Achtung.[352] Liebe ist Anziehung, während Achtung einen gewissen Abstand impliziert.[353] Beides muss zusammenkommen, sonst handelt es sich nicht um Freundschaft. Wer nur voneinander angezogen ist, behandelt den anderen als Mittel zum persönlichen Zweck.[354] Dabei fehlt die Achtung. Wer umgekehrt nur einen anderen achtet, behandelt ihn menschenwürdig – wozu Menschen allgemein verpflichtet sind. Bei der Freundschaft wird nun beides in einer Balance gehalten: die Anziehung und die Wahrung des anderen als »Zweck in sich selbst«.

Wir führen also keine Freundschaften, um einen Zweck zu erreichen, sondern weil wir von jemandem angezogen sind, den wir zugleich als Zweck in sich selbst achten. Auf diese Weise verhindert Kant eine reine Ästhetisierung von Freundschaften. Wir haben nicht deshalb Freundschaften, weil sie uns subjektiv geschmackvoll erscheinen, sie also im ästhetischen Sinn »zweckmäßig« sind, sondern weil sie Zuneigung zu jemandem empfinden, den wir zugleich als Zweck in sich selbst achten. Die Moralität der Freundschaft wird durch den Ausdruck »Zweck in sich selbst« hergestellt.

---

[351] I. Kant: Metaphysik der Sitten (Akademie-Ausgabe), 470f.

[352] I. Kant: Metaphysik der Sitten (Akademie-Ausgabe), 469.

[353] I. Kant: Metaphysik der Sitten (Akademie-Ausgabe), 470.

[354] Diese ethische Aporie der Ehe wird bei Kant nur durch die Reziprozität gelöst.

Wenn Freundschaften nun »ewig« gelten, dann deshalb, weil *beides* nicht aufhören kann: die Liebe nicht, weil die Liebe eine Ewigkeitsklausel hat, und die Achtung nicht, weil wir alle zur allgemeinen Achtung der Menschheit in einer Person als »Zweck in sich selbst« verpflichtet sind. Freundschaften haben also nach Kant »ewig« (also bis zum Tod) zu halten.

Dasselbe hätte Kant auch sagen können, wenn er Freundschaft als ein ästhetisches Phänomen betrachtet hätte. Denn für ästhetische Urteile gilt, dass sie nach Kant allgemeingültig sind. Man kann zwar niemandem sein eigenes ästhetisches Urteil begründen, weil ästhetische Urteile eben nur zweckmäßig sind und nicht auf begrifflich klaren Zwecken beruhen. Aber jeder muss doch einem wahren ästhetischen Urteil beistimmen. Wenn aber ein ästhetisches Urteil wahr ist, dann muss es auch »ewig« wahr sein. Wenn also jemand mein Freund ist, dann muss er es auch für mich bleiben. – Hätte Kant Freundschaft zu einem ästhetischen Phänomen gemacht, dann hätte er sich allerdings das Folgeproblem eingehandelt, dass alle Menschen mit allen befreundet sein müssen, die überhaupt Freunde von jemandem sind. So weit ist Kant nicht gegangen.

Unser gegenwärtiger Umgang mit Freundschaften scheint beiden Wegen Kants nicht zu folgen. Freundschaften werden ästhetisiert: Es sind Zweckbündnisse ohne festen Zweck; sie sind im ästhetischen Sinne zweckmäßig. Aber sie sind natürlich nicht allgemeingültig und auch nicht von garantierter Dauer. Damit sind sie jedoch in moralischer Hinsicht höchst fragil. Prägnant ausgedrückt, können wir uns zwar auf unsere Freunde verlassen, aber nicht darauf, dass sie unsere Freunde bleiben. Es gibt keine moralische Pflicht für unsere Freunde, mit uns befreundet zu bleiben. Denn

Freundschaft ist für uns ein ästhetisches Phänomen und kein moralisches. In der Freundschaft geben wir uns nicht, was wir uns schulden, aber auch nicht, was wir uns schenken, sondern was wir uns offenbar nur auf unbestimmte Zeit leihen.

6.1.4 *Fazit zur aktuellen Forschungsdiskussion*

Die aktuelle Forschungsdiskussion zum Thema Freundschaft ist in ethischer Hinsicht höchst unbefriedigend. Entweder scheint es nämlich keine Ethik der Freundschaft zu geben oder nur dann, wenn Freundschaft nichts anderes als Liebe ist. Nach breiter Forschungsmeinung ist Freundschaft nichts, wozu Menschen verpflichtet sind – und zwar offenbar zu keinem Zeitpunkt. Niemand ist verpflichtet, sich mit einem anderen Menschen anzufreunden; aber es ist auch niemand dazu verpflichtet, mit seinem Freund befreundet zu bleiben. Solange man befreundet ist, unterstützt man sich gegenseitig, hilft sich, sorgt für das Wohlergehen des anderen und hat Spaß miteinander. Für all das gibt es aber keine moralischen Gründe oder gar Pflichten. Es ergibt sich allein daraus, dass man befreundet ist.

Aber gerade damit sind wir unseren Freunden auch ausgeliefert. Wenn sie uns nichts schulden, schulden sie uns auch keine Verlässlichkeit. Damit könnte sich das, was sie uns schenken, sich nachträglich gar nicht als Geschenk herausstellen.

Wird das nur anders, wenn Freundschaft dasselbe ist wie Liebe? Dann aber muss man konsequent sein und der Freundschaft alle Güter anvertrauen, die auch der Liebe zugeordnet sind – und damit auch die ethische Berechtigung zur sexuellen Intimität. Ob man mit seinen besten Freunden wirklich

Sex hat, hängt natürlich auch davon ab, ob ihn die Freunde wollen. Aber wenn wir ethisch einen Unterschied machen zwischen einer intimen Liebesbeziehung und einer Freundschaft, obwohl beide dasselbe sind, dann widersprechen wir uns in unseren Urteilen und unserer Praxis.

Mir scheint, dass in der Forschung ein wichtiger empirischer Punkt übersehen wird: Wir haben nämlich hohe Erwartungen an unsere Freunde – und wenn nicht, dann sind wir vorsichtig damit, Freundschaften zu knüpfen. Von Freunden erwarten wir, dass sie uns nicht in den Rücken fallen, dass sie anvertraute Geheimnisse für sich behalten. Wir vertrauen uns ihnen an und öffnen uns vor ihnen, was wir nicht vor jedem Menschen tun, weil uns das verletzen oder schaden würde. Wir *machen* uns also in gewisser Weise sogar vor Freunden verletzbar – weil wir darin vertrauen, dass uns dieser Akt nicht verletzen wird. Freundschaften zeichnen sich dadurch aus, dass wir nicht einfach jemandem vertrauen aufgrund seiner sozialen Rolle, die er hat. *Vielmehr erzeugen wir seine Rolle dadurch, dass wir den Umstand erzeugen, der unser Vertrauen in den Freund nötig macht.* Wir vertrauen nicht, weil wir müssen, sondern wir bringen uns überhaupt erst in die Situation, in der wir vertrauen müssen. Vor Freunden sind wir nicht verletzbar, sondern wir machen uns verletzbar.

Wir machen uns allerdings nicht total verletzbar. Wir entscheiden meistens sehr genau und nach längerer Überlegung, was wir jemandem anvertrauen. Das erklärt sich gerade damit, dass Freundschaften nicht einfach entstehen, sondern geschaffen werden. Freunde sind keine natürlichen Rollen, sondern sie verdanken sich kreativen Prozessen, sich selbst verletzbar zu machen. Wer sich umgekehrt niemandem anvertrauen kann, für den ist es schon anstrengend, sich einfach ohne einen besonderen Zweck mit jemandem zu treffen. Denn allein dass man ihn bei einem solchen Treffen kennenlernt, erzeugt Verletzbarkeit.

Das kreative Moment der Freundschaftsbildung macht auch verständlich, warum wir Freundschaften weitgehend ästhetisieren. Es ist zwar nur für den Masochisten zweckvoll, sich absichtlich verletzbar zu machen. Es kann aber durchaus zweckmäßig sein, Freunde zu haben. Es geht dann – mit Kants Begriff der Zweckmäßigkeit – allein um die Beziehung des Subjekts zum Freund und nicht darum, dass Verletzlichkeit einen Zweck hat.

Aber diese Ästhetisierung hat moralische Implikationen, weil die meisten Menschen keine Masochisten sind. Wir erwarten eben, dass unsere Freunde unsere Verletzbarkeit nicht ausnutzen. Zwar haben wir offenbar keinen Anspruch darauf. Aber wir können doch erwarten, dass Freunde das Vertrauen wert sind, das wir ihnen entgegenbringen. Selbst wenn wir zu weit gehen und uns ihnen zu sehr öffnen, erwarten wir, dass sie eine vertrauensvolle Grenze setzen, ohne dabei unsere Verletzlichkeit zu missbrauchen. Wenn ich meinem besten Freund erzähle, was mir gestern Peinliches passiert ist, erwarte ich, dass er es nicht weitererzählt. Wenn ich aber meinem Freund erzähle, dass ich eine Straftat begangen habe, kann es sein, dass ihm diese Information zu nahe geht und er sie an die Polizei weitergibt – und zwar, weil er es aus ethischen Gründen tun muss: Hier stehen ethische Ansprüche in Konflikt miteinander. Der Freund wird sich allerdings diese Information nicht zunutze machen und mich erpressen. Ein weiteres Beispiel: Ich vertraue meinem Freund an, etwas getan zu haben, was ihn so stark anwidert, dass er nicht mehr mit mir befreundet sein kann. Aber auch dann erwarte ich, dass er diese Information nicht ausnutzt. Die Interaktion unter Freunden ist also ein Austarieren von Vertrauen. Und dieses Austarieren vollzieht sich selbst vertrauensvoll.

Nun kann man fragen, ob meine Erwartungen an meinen Freund berechtigt sind. Aber wenn sie es nicht sind, werde ich mich hüten, Freundschaften einzugehen, und mich mit oberflächlichen Kameradschaften zufriedengeben. Für eine Ethik der Freundschaft müssen wir also anerkennen, dass Menschen Erwartungen an Freunde haben. Es reicht nicht aus zu behaupten, Freunde schuldeten sich nichts, sondern schenkten sich alles. Man muss diese Feststellung mit der anderen Seite verbinden, dass wir auch Erwartungen an unsere Freunde haben und dass Freundschaft nur so funktioniert. Diese Erwartungen haben eine ethische Komponente, denn es geht darum, Menschen vor moralischen Verletzungen zu schützen in einer Situation, in der ihre Verletzbarkeit unausweichlich ist.

Sobald wir etwas *berechtigterweise erwarten* können von unseren Freunden, haben wir nicht nur Erwartungen an sie, sondern sogar ethische Ansprüche. Das ist eine interessante ethische Paradoxie: Niemand ist verpflichtet, Freunde zu haben, und niemand hat die Pflicht, mit jemandem befreundet zu sein. Und doch scheinen Freundschaften Pflichten zu erzeugen – und zwar nur, weil Freundschaften Verletzbarkeit mutwillig erzeugen. Ob diese These wirklich zutrifft und welche Pflichten aus der Freundschaft entstehen, möchte ich im Folgenden untersuchen.

6.2 Wie kommt Ethik in die Freundschaft?

Ist nicht jeder selbst schuld, wenn er sich mutwillig verletzbar macht? Also kann niemand moralisch verpflichtet werden, diese Verletzbarkeit zu achten. Nehmen wir an, ich würde Ihnen heute erzählen, dass ich vorhin im Supermarkt eine Flasche Wein gestohlen habe, weil ich mit der netten Kassiererin einen schönen Abend verbringen will. Da Sie nicht meine Freunde sind, haben Sie keine Verpflichtung, loyal zu mir zu sein. Ich kann Sie auch nicht dazu verpflichten, ab jetzt mit mir befreundet zu sein, *weil* ich Ihnen meinen Diebstahl anvertraut habe. Aus meinem Leichtsinn folgt für Sie ethisch nichts.

Nehmen wir aber an, Sie würden mit mir regelmäßig Squash spielen. Auf Facebook sind wir Freunde. Warum sollten Sie nur das Recht haben, mich anzuzeigen und nicht auch mich öffentlich bloßzustellen? Bin ich nicht selbst schuld, wenn ich so etwas weitererzähle? Gibt es also einen Moment in einem zwischenmenschlichen Verhältnis, an dem mein Vertrauen in mein Recht auf Verschwiegenheit kippt?

Folgende Vorschläge stehen im Raum:

1. Sobald mir jemand verspricht, mein Freund zu sein, ist er dazu verpflichtet, die Erwartungen zu erfüllen, die man an einen Freund richtet.
2. Man könnte mit der Notwendigkeit des Vertrauens argumentieren: Wir brauchen Vertrauen, um überhaupt zusammenzuleben. Also muss ethisch gewährleistet sein, dass Vertrauen in der Regel nicht gebrochen wird.
3. Konkreter könnte man mit der Notwendigkeit argumentieren, Freunde zu haben. Eine Gesellschaft braucht Freund-

schaften. Also muss ethisch gewährleistet sein, dass Vertrauen unter Freunden in der Regel nicht gebrochen wird.

4. Oder eben: Freundschaft ist ein nicht-moralisches Phänomen, das aber moralische Zwänge erzeugt.

Zu 1) Es ist richtig, dass man ethisch auf eine bestimmte Rolle festgelegt ist, wenn man sie freiwillig annimmt. Zur Freundschaft gehört immerhin, die Verletzbarkeit des Freundes nicht auszunutzen. Wenn ich also freiwillig meine Freundschaft zu jemandem bekenne, übernehme ich freiwillig die Pflichten, die damit verbunden sind. Selbst wenn nach dieser Position es möglich sein sollte, dass unsere Freundschaft auch wieder endet, bleibe ich gebunden an die Verpflichtungen, die ich während der Zeit unserer Freundschaft eingegangen bin. Ich darf also nicht die Offenheit ausnutzen, die mein damaliger Freund zu mir hatte. Dagegen darf ich seine Offenheit ausnutzen, wenn er sie jetzt immer noch zu mir zeigt, obwohl ich nicht mehr sein Freund bin.

Das Problem an diesem Vorschlag aber besteht darin, dass die wenigsten Freundschaften per Akklamation entstehen. Meistens spüren wir einfach, mit wem wir befreundet sind, ohne dass jemals ein Freundschaftsbekenntnis ausgedrückt wurde. Der Vorschlag dagegen trifft nur zu auf die wenigen Ausnahmen, in denen sich beide Seiten gegenseitig Freundschaft versprochen haben.

Es wird aber auch die übliche Richtung von Freundschaften umgekehrt: Freundschaften entstehen eben durch einen Vertrauensüberschuss. Nicht weil wir uns zu Freundschaften bekennen, entstehen sie. Den Anfang bildet vielmehr, dass man sich anvertraut. Der kreative Akt, sich verletzbar zu machen, wird nach diesem Vorschlag an die zweite Stelle gesetzt, während er natürlicherweise an erster Stelle steht. Das heißt:

Normalerweise vertrauen wir uns zuerst jemandem an, von dem wir hoffen, dass er dann unser Freund wird oder dass unsere Freundschaft das Vertrauen aushält. Hier besteht noch keine ethische Verpflichtung eines Freundes, weil das Vertrauen überhaupt erst austariert wird.

Zu 2) Nach Ingolf Dalferth können Menschen überhaupt nur zusammenleben, indem sie einander vertrauen. Wer niemandem vertrauen kann, leidet vermutlich unter Verfolgungswahn oder ist überhaupt nicht lebensfähig.[355] Beim Vertrauen riskieren wir, uns auf Möglichkeiten hin zu bestimmen, die wir noch nicht verwirklicht haben.[356] Dalferth beschreibt Vertrauen nicht einfach als eine individuelle Entscheidung, sondern als eine soziale Praxis: Wir vertrauen, weil wir Vertrauen erfahren. Oder wir vertrauen, weil uns Vertrauen entgegengebracht wird.[357] Für Dalferth gründet die Möglichkeit des Vertrauens darin, dass Gott uns zuerst und unverdient vertraut.[358] Das Problem, wie Vertrauen entstehen kann, beantwortet Dalferth damit theologisch.

Ethisch hätte er aber auch daraus folgern können, dass Institutionen geschützt werden müssen, in denen die soziale Praxis des Vertrauens eingeübt werden kann und geschützt wird. Dann hätte er daraus folgern können, dass Freundschaften deshalb Pflichten erzeugen, weil sie zu den notwendigen Institutionen gehören, in denen Vertrauen kultiviert werden kann.

Das hat er aber nicht getan – vielleicht auch deshalb, weil es nicht stimmt, dass Freundschaft eine solche notwendige

---

355 I. U. Dalferth: Selbstlose Leidenschaften. Christlicher Glaube und menschliche Passionen; Tübingen 2013, 264, 267, 291, 298.

356 I. U. Dalferth: Selbstlose Leidenschaften, a.a.O., 267.

357 I. U. Dalferth: Selbstlose Leidenschaften, a.a.O., 268, 277, 287.

358 I. U. Dalferth: Selbstlose Leidenschaften, a.a.O., 321.

Institution ist. Es ist zwar richtig, dass Vertrauen lebensnotwendig ist. Und es mag auch sein, dass Vertrauen bestimmte Institutionen notwendig macht. Daraus folgt aber nicht, dass Freundschaft eine solche notwendige Institution ist. Vielleicht decken schon andere Institutionen diese Notwendigkeit ab – der Vertrag, das Recht oder der Staat. Wir müssen zwar vertrauen, aber wir müssen nicht persönlich vertrauen, indem wir selbst Persönliches anvertrauen.

Zu 3) Erst der dritte Vorschlag behauptet, dass Freundschaften notwendig sind, damit eine Gesellschaft stabil sein kann. Warum das der Fall sein soll, müsste man hier allerdings noch begründen: Ist das eine psychologische oder eine soziologische Notwendigkeit? Zumindest zeigen totalitäre Staaten, wie verdächtig Freundschaften dem Staat auch sein können, wie etwa die DDR ihre Staatsbürger durch ihre Freunde bespitzeln ließ. Zwar ist dieser Staat zusammengebrochen, hatte aber zumindest eine relative Stabilität besessen. Dass Griechenland gegenwärtig vor dem Bankrott steht, liegt umgekehrt nicht daran, dass seine Einwohner keine Freunde haben. Der soziologische Zusammenhang zwischen Freundschaft und einer stabilen Gesellschaft lässt sich also nicht belegen. Umgekehrt ist Platons Staatstheorie, die sogar auf Freundschaft beruhte, in der Praxis gnadenlos gescheitert. Man kann allenfalls sagen, dass bestimmte Staats- oder Gesellschafts*theorien* von Freundschaften abhängen, nicht aber der Staat oder die Gesellschaft.

Als psychologische These wird noch einmal die zweite Position verstärkt, wenn nicht einfach Vertrauen lebensnotwendig ist, sondern das Vertrauen unter Freunden. Was würde einer Gesellschaft fehlen, wenn ihre Mitglieder zwar Vertrauen hätten, auch Vertrauen zueinander, aber sich einander nicht persönlich öffnen könnten – außer ihrem Ehepartner und ihrer Familie? Mir scheint zwar, dass es wahrscheinlich hier einigermaßen ernst zuginge. Aber warum sollte eine solche Gesellschaft nicht auch stabil sein, solange ihre Institutionen verlässlich sind?

Vor allem aber scheint aus der dritten Position abgeleitet zu werden, dass jeder Mensch Freunde haben muss, weil er sonst nicht gesellschaftsfähig (oder zumindest nicht gesellschaftsförderlich) wäre. Zumindest müsste vorausgesetzt werden, dass um der Stabilität der Gesellschaft willen eine bestimmte Anzahl von Staatsbürgern Freunde haben müsste. Nehmen wir also an, dass in einer Gesellschaft Menschen zusammenleben, die sich alle unsympathisch sind. Niemand käme auf die Idee, sich mit einem anderen zu befreunden. Wäre es dann nicht eine Staatspflicht, eine bestimmte Anzahl von Staatsbürgern zu zwingen, mit bestimmten anderen eine Freundschaft einzugehen, obwohl sie es nicht wollen? Und was wäre das für eine Freundschaft? Kann man Freundschaft gebieten? Man müsste es jedenfalls können, wenn eine Gesellschaft davon abhängig ist.

Die dritte Position will also die Ethik so in Freundschaften bringen, dass sie Freundschaften selbst ethisch zwingend macht. Damit wird das Phänomen der Freundschaft entstellt. Denn wo Freundschaft auf einem kreativen Akt des Anvertrauens entsteht, kann sie keine Pflicht sein.

Zu 4) Ich selbst stehe daher auf dem vierten Standpunkt, nämlich dass Freundschaft zwar ein freier Akt wechselseitigen Anvertrauens ist, aus dem aber wechselseitige Pflichten folgen. Wir müssen keine, dürfen aber Freunde haben. Und sobald wir welche haben, erzeugt das einen zwingenden Charakter, dem man als Freund unterworfen ist. Dieser zwingende Charakter richtet sich auf die Art des Umgangs aber auch auf die zeitliche Erstreckung der Freundschaft und der ihr eigentümlichen Pflichten.

Diese vierte Position unterscheidet sich von der ersten, weil ihr kein Freundschaftsversprechen vorausgeht. Dadurch droht der sogenannte naturalistische Fehlschluss, ein typisches Problem ethischer Schlussfolgerungen. Beim naturalistischen Fehlschluss handelt es sich um einen Fehler der ethischen Begründung. Man folgert aus einer Tatsache eine ethische Forderung oder eine ethische Bewertung. Lautet die Tatsache: »Die meisten Menschen sind heterosexuell«, so ist es ein Fehlschluss zu folgern: »Es ist moralisch richtig, heterosexuell zu sein.« Denn Tatsachen besitzen keine inhärente Normativität. Das sieht man schon daran, dass es Tatsachen gibt, die wir moralisch verurteilen. Lautet die Tatsache: »Die meisten Menschen schweigen, wenn sie einen Überfall beobachten«, so wird der Fehlschluss offensichtlich: »Es ist richtig, dass Menschen schweigen, wenn sie einen Überfall beobachten.«

Der naturalistische Fehlschluss droht deshalb bei der vierten Position, weil auch hier aus einer Tatsache eine moralische Bewertung gefolgert wird: »Freundschaft entsteht aus einem Akt wechselseitigen Anvertrauens. Also sind beide Freunde verpflichtet, vertrauensvoll miteinander umzugehen.« Wie löst man dieses Problem, damit es nicht zu einem solchen Fehlschluss kommt?

John Searle hat darauf hingewiesen, dass es Tatsachen gibt, die zugleich eine Normativität besitzen, also auch moralisch bindend sind.[359] So ist es etwa bei der Aussage: »Ich verspreche dir, dein Freund zu sein.« Das Versprechen ist eine Tatsache,

[359] J. R. Searle: Sprechakte. Ein sprachphilosophischer Essay; Frankfurt a.M. 1992[5], 202f.

die zugleich eine Verpflichtung enthält. Wer etwas verspricht, hat sich selbst zu etwas verpflichtet, weil ansonsten das Versprechen keine Tatsache wäre. Nun hatten wir aber vorhin gesehen, dass nur wenige Freundschaften mit einem Versprechen beginnen. Ist es etwa auch eine Tatsache mit einer inhärenten Normativität, wenn wir uns einander anvertrauen und dabei Freunde werden?

Man könnte gegen die vierte Position einwenden: Wenn Anvertrauen schon Freundschaft verpflichtend macht, dann können wir Freundschaften immer erzwingen. Vielleicht kennen Sie auch solche Leute, die einen an der U-Bahnhaltestelle ansprechen und uns irgendwelche peinlichen Dinge aus ihrem Leben erzählen. Mir sind solche Leute eher unangenehm. Und ausgerechnet mit solchen Leuten soll ich jetzt befreundet sein?

Was an diesem Einwand übersehen wird, ist die *Wechselseitigkeit* des Anvertrauens. Freundschaften entstehen dadurch, dass wir uns wechselseitig anvertrauen. Die Normativität besteht nicht im Anvertrauen, jedenfalls nicht allein[360] – sondern in der Wechselseitigkeit. Freundschaften entstehen dadurch, dass sich Menschen wechselseitig verletzbar machen, indem sie sich voreinander öffnen.

Dieser Vorschlag verlangt übrigens nicht, dass sich Freunde im gleichen Maß einander anvertrauen. Anvertrauen lässt sich nicht quantifizieren. Zur Freundschaft gehört nicht, dass alle Freunde gleiche Redeanteile haben, um sich anzu-

---

360 Zur Normativität des Anvertrauens gehört, dass das, was anvertraut wird, wahr ist. Ansonsten wäre das Anvertrauen keine Tatsache. Somit ist die Person, die etwas anvertraut, verpflichtet, die Wahrheit zu sagen.

vertrauen, oder dass sie gleich intime Geschichten von sich preisgeben. Manche Freundschaften bestehen auch darin, dass sich der eine Part kaum vor dem anderen öffnen kann, aber es zulässt, dass der andere ihn treffend einschätzt. Nehmen wir an, Inge und Peter sind miteinander befreundet. Peter redet immer sehr gerne über sich und erzählt Inge ganz viele Geheimnisse von sich. Inge hört das gern. Aber sie erwidert diese Praxis nicht, sondern ist eher verschwiegen, wenn es um ihr Leben geht. Allerdings errät Peter ganz oft, wie es ihr geht und wie sie über ein Thema denkt. Manchmal stellt er treffende Fragen dazu, die sie dann immerhin auch ehrlich beantwortet. In diesem Fall haben beide völlig verschiedene Arten, sich anzuvertrauen. Trotzdem führt es dazu, dass beide befreundet sind. Zu einer Freundschaft gehört also nicht, dass sich beide gleichermaßen anvertrauen, sondern nur, dass sie es wechselseitig tun.

Nun könnte man dagegen allerdings einen neuen Einwand vorbringen: Wir vertrauen uns nicht nur unter Freunden an, sondern auch Menschen, zu denen wir einfach Vertrauen haben, ohne dass wir sie deshalb schon mögen. Es gehört zum Beispiel zur Verkaufsstrategie von Autoverkäufern, dass sie Geschichten aus ihrem Leben erzählen, weil dadurch die Wahrscheinlichkeit wächst, dass der Kunde das Auto auch kauft. Menschen fühlen sich offenbar verpflichtet, einem Unbekannten etwas zurückzugeben, der ihnen etwas ungefragt anvertraut. Der Einwand gegen meine Position könnte jetzt aber so lauten: Ein Kunde, dem sich der Verkäufer anvertraut hat, entscheidet sich gegen das Auto, erzählt aber stattdessen dem Verkäufer irgendeine Geschichte von sich selbst. Dann hat der Verkäufer zwar keinen Gewinn gemacht, aber nach meiner Logik immerhin einen Freund gewonnen.

Der Einwand läuft also darauf hinaus, dass aus wechselseitigem Anvertrauen noch keine Freundschaftspflichten folgen. Nicht einmal aus Sympathie und wechselseitigem Anvertrauen folgen bereits Freundschaftspflichten. Wahrscheinlich gehört zur Freundschaft, dass man ein *wechselseitiges dauerhaftes* Interesse am anderen hat; und das muss zwischen Verkäufer und Kunde nicht aufkommen – obwohl sich beide sympathisch sind und sich wechselseitig etwas anvertrauen.

Ich räume das ein, vertrete aber dennoch Position 4. Es kann nämlich sein, dass die Ethik nicht schon wegen der Freundschaft in die Freundschaft kommt. Wechselseitiges Anvertrauen kann auch zwischen Autoverkäufer und Kunde ethische Verbindlichkeiten erzeugen. Sobald sich Menschen wechselseitig anvertrauen, können sie berechtigterweise erwarten, dass *ihr wechselseitiges Vertrauen* nicht ausgenutzt wird. Oder anders: Sie haben dann einen moralischen Anspruch darauf, in ihrer Verletzbarkeit geschützt zu werden, in die sie sich wechselseitig gebracht haben.

Meine Position ist also zurückhaltend, weil sie Freundschaft nicht zu einem besonderen ethischen Wert macht. Ich enthalte mich in der Frage, ob Freundschaften einen ethischen Wert haben. Vielleicht sind Freundschaften gar nichts Gutes. Freunde mögen das im Hinblick auf *ihre* Freundschaften anders sehen, und da ich selbst Freunde habe, sehe ich es bei uns auch persönlich anders. Aber daraus folgt nicht, dass Freundschaften etwas Gutes sind. Mein Vorschlag impliziert, dass man sich sogar in dieser Frage ethisch enthalten kann, ob Freundschaften etwas Gutes sind. Die Ethik kann auch in die Freundschaft kommen, wenn Freundschaft nichts Gutes ist.

Der entscheidende Punkt dafür liegt darin, dass man ethisch mit ihnen umgehen muss, sobald Freundschaften nun einmal da sind, und zwar eben weil Freunde sich auch verletzbar machen. Vielleicht ist der Grad der Verletzlichkeit nur graduell unterschiedlich zum Grad der Verletzlichkeit gegenüber anderen Personen. Wir vertrauen uns auch gegenüber Kommilitonen an, die wir nur einmal in der Woche in der Vorlesung sehen; wir vertrauen uns Ärzten an oder Seelsorgern – von denen wir auch manchmal etwas Persönliches erfahren –, und auch dem Autoverkäufer, der sich zugleich uns anvertraut. Damit erzeugen wir auch Verletzlichkeiten, die einen ethischen Umgang erfordern.

Die Person an der U-Bahnhaltestelle, die mir ungeschützt peinliche Dinge aus ihrem Leben anvertraut, macht sich auch verletzbar. Allerdings hat sie keinen ethischen Anspruch darauf, dass ich vertrauensvoll damit umgehe. Sie mag es zwar erwarten, kann es aber nicht *berechtigterweise* erwarten. Für solche Fälle hat die Tugendethik immerhin das Taktgefühl vorgeschlagen: Ich sorge in erster Linie für mich – nicht für die fremde Person an der Haltestelle –, indem ich taktvoll mit ihren schamlosen Entgleisungen umgehe. Dadurch rette ich die Situation und in gewisser Weise auch diese Person davor, dass ihre Verletzbarkeit sie nicht auch tatsächlich verletzt.

Bei zwischenmenschlichen Interaktionen dagegen, in denen wir uns wechselseitig anvertrauen, entstehen ethische Ansprüche, sich nicht zu verletzen. Wir können berechtigterweise annehmen, dass der Interaktionspartner vertrauensvoll damit umgehen wird, wie wir uns vor ihm öffnen – und zwar *nicht weil Freundschaft etwas Gutes ist, sondern weil die Verletzung wechselseitigen Vertrauens etwas Schlechtes ist!* Wechselseitiges Vertrauen kann wiederum auch in zwischenmenschlichen Beziehungen verletzt werden, die keine Freundschaften sind.

Diese vierte Position hat mehrere Vorteile:

1. Sie macht die Ethik der Freundschaft nicht von einer bestimmten ethischen Konzeption von Freundschaft abhängig. Wir können unterschiedlicher Auffassung darüber sein, warum Freundschaften etwas Gutes sind. Deshalb können wir sogar darüber streiten, ob manche Freundschaften gut sind oder ob Freundschaft als Konzept des Zusammenlebens überhaupt etwas Gutes ist. Wir machen die Ethik der Freundschaft nicht davon abhängig. Menschen, die Freunde haben, verdienen voreinander auch ethischen Schutz, wenn das alles ungeklärt ist.
2. Sie schützt Menschen ethisch voreinander auch dann, wenn die Freundschaft beendet ist, weil die Ethik der Freundschaft nicht davon abhängig ist, dass Freundschaft etwas Gutes ist. Auch wenn wir es inzwischen für richtig halten, bestimmte Freundschaften beendet zu haben, bleiben wir verpflichtet gegenüber allem, was unser ehemaliges wechselseitiges Anvertrauen an Pflichten erzeugt hat.
3. Sie erzwingt nicht Freundschaft. Wir können uns freundlich behandeln und freundlich behandelt werden, ohne dass wir dadurch verpflichtet werden, eine Freundschaft einzugehen.

6.3 Welche Ethik kommt aus der Freundschaft?

Aus der bisherigen Darstellung folgt, dass Menschen dazu verpflichtet sind, die Verletzbarkeiten nicht auszunutzen, die durch das wechselseitige Anvertrauen der Freundschaft entstanden sind. Ihr Freund erzählt Ihnen im Vertrauen, dass er sich entschieden hat, eine Haarimplantation vornehmen zu lassen, um seine anfängliche Glatze rückgängig zu machen. Wenn Sie diese Entscheidung anderen Bekannten weitererzählen, könnte er blamiert sein. Sie können sich nicht mit dem Argument retten, dass es nach der Operation ohnehin jeder sieht, dass er Haare hat implantieren lassen und Ihr Freund die Operation nicht durchführen dürfte, wenn ihm die Entscheidung peinlich wäre.

Das entscheidende Gegenargument heißt, dass Sie die Atmosphäre des Anvertrauens belasten, wenn Sie seine Entscheidung weitererzählen. Denn nicht etwa der Sachverhalt der Implantation macht Ihren Freund verletzbar. Verletzbar macht er sich vielmehr dadurch, dass er Ihnen etwas anvertraut, was er unter anderen Umständen nicht tun würde. Er vertraut sich Ihnen an, *weil* Sie sein Freund sind. Er kann berechtigterweise von Ihnen erwarten, dass Sie auf seine Verletzbarkeit achten, weil Sie sich ihm auch schon anvertraut haben. Damit haben Sie zu erkennen gegeben, wie das Spiel wechselseitigen Anvertrauens verläuft. Damit haben Sie ihn motiviert, sich Ihnen jetzt erneut anzuvertrauen.

Pflichten entstehen also aus dem wechselseitigen Anvertrauen nicht, weil eine Verletzung des wechselseitigen Vertrauens in einen Dammbruch führen könnte, so dass bei jedem Geheimnisverrat ein weiterer Verrat folgen würde. Ein solcher Dammbruch könnte in eine schreckliche Schlammschlacht führen. Nun sind Dammbruchargumente in der Ethik ziemlich beliebt, aber nicht besonders überzeugend, wie ich schon gezeigt habe.[361] Es ist nicht zu erwarten, dass es bei einer Freundschaft zu einer solchen Schlammschlacht

---

[361] Sektion 3.2.4.

kommt. Wenn Sie das Geheimnis Ihres Freundes ausplaudern, kann Ihr Freund noch besonnen genug sein, um nicht ebenso zu handeln – weil er Ihr Freund ist. Vor allem aber können Dammbruchargumente das Gewicht der Pflichtbegründung nicht tragen. Sie sind nicht deshalb verpflichtet, vertrauensvoll mit dem Geheimnis Ihres Freundes umzugehen, damit er auch Ihr Geheimnis nicht anvertraut und es zu einer Schlammschlacht kommt. Denn nehmen wir einmal an, Sie hätten einen sehr gutmütigen Freund, den Sie richtig einschätzen, wenn Sie denken, dass er Ihr Geheimnis niemals ausplaudern wird. Es wird also bei diesem Freund nicht zum Dammbruch kommen. Sind Sie dann also nicht verpflichtet, bei diesem Freund vertrauensvoll mit seinen Geheimnissen umzugehen? Wenn *allein* der drohende Dammbruch die Pflicht in der Freundschaft begründen soll, dann besteht in diesem Einzelfall keine entsprechende Pflicht. Das allerdings wäre höchst ungerecht, weil der gutmütige Freund in seiner Verletzbarkeit nicht mehr geschützt wäre.

Deshalb begründe ich die Freundschaftspflicht dadurch, dass beide Freunde sich mit ihrem wechselseitigen Anvertrauen zu verstehen geben, dass sie wissen, wie Freundschaft »gespielt wird«. Sie offenbaren sich einander als Kundige einer Beziehungskultur. Es widerspricht nun dieser Kultur, wenn sie die Erwartungen brechen, die an sie berechtigterweise geknüpft sind. Freundschaft mag ein nicht-moralisches Phänomen sein. Aber sie erzeugt Verletzbarkeiten, die ethisch zu beachten sind. Darin besteht die Freundschaftspflicht.

Zu Freundschaftspflichten gehört demnach alles, was den »Geist« der Freundschaft bewahrt. Damit sind oft keine klaren Handlungspflichten verbunden. Es handelt sich eher um atmosphärische Achtsamkeit. Es ist aber trotzdem noch einmal etwas anderes als tugendethisches Taktgefühl. Denn Tugendethik ist in erster Linie individualethisch: Ich sorge für mich und bin achtsam mit mir. – Der Geist einer Freundschaft dagegen umfasst alle Beteiligten, oft sogar Mitbetroffene, die nicht zum Freundeskreis dazugehören (etwa die Eltern oder Intimpartner der Freunde).

Ich erinnere daran, dass Johannes Fischer eine solche Ethik des Geistes konzipiert hat und sie von einer Tugendethik unterschieden hat. Der Geist ist die Atmosphäre, die die Beteiligten überkommt, ohne dass sie diesen Geist selbst herbeiführen konnten. Zwar vertrauen wir uns an. Aber wir können damit nicht garantieren, dass dieser Geist der Freundschaft einsetzt. Es ist eher umgekehrt: Der Geist der Freundschaft hat uns schon ergriffen, wodurch wir den Mut fassen, uns anzuvertrauen. Fischers Ethik des Geistes macht verständlich, wie Freundschaften beginnen können und dass sie von Anfang an ethisch sind: Am Anfang, an dem nur ich mich einer Person anvertraue, weiß ich noch nicht, ob sie mein Vertrauen erwidert. Aber ich vertraue mich ihr nur deshalb an, weil *wir beide* vom Geist der Freundschaft erfasst sind und nicht nur ich. Deshalb spüren wir beide von Anfang an den zwingenden Charakter der Freundschaft, noch bevor ich mich der Person einseitig anvertraue.

Dieser zwingende Charakter erzeugt aber keine konkreten Pflichten. Vielmehr leitet Atmosphäre auf ihre *unbestimmte* Weise, der »Geist« der Freundschaft, wie man sich verhält. Man kann zwar konkret deutliche Übertretungen dieses Geistes erkennen – etwa wenn wir Geheimnisse unseres Freundes ausplaudern. Aber der Geist der Freundschaft lässt sich nicht eindeutig kodifizieren. Als Freund sind Sie nicht verpflichtet, zweimal in der Woche anzurufen oder einmal im Monat gemeinsam auszugehen. Es gibt keine eindeutigen Handlungspflichten: Umarmt man sich bei der Begrüßung oder nicht? Was vertraut man dem anderen an? Darf man auch gelegentlich keine Lust haben, sich zu treffen? Nicht einmal müssen Sie Ihrem Freund bekennen, dass Sie sein Freund sind. In vielen Freundschaften fällt das Wort »Freund« nicht einmal. Sie leben trotzdem vom Geist der Freundschaft.

Die Pflichten der Freundschaft fallen aber vor allem auf, wenn sie gebrochen werden. Das belegt noch einmal den Geistcharakter dieser Pflichten: Sie »fallen auf«, offenbaren sich. Damit zeigen sie sich als das Unverfügbare der Freundschaft. Freundschaft lebt von einem unverfügbaren Geist. Meistens haben wir ein Gefühl davon, wann wir Freundschaftspflichten brechen. Auch dieses Gefühl belegt den Geistcharakter der Freundschaft: Denn auch Gefühle überkommen uns. Wir machen sie nicht.

Allerdings haben wir in manchen Freundschaften auch das Gefühl, wir müssten jetzt etwas ganz Bestimmtes für unseren Freund tun, obwohl wir das nicht wollen oder obwohl es uns unangenehm ist. Wir haben das Gefühl, dass der Freund von uns etwas erwartet und sehr enttäuscht wäre, wenn wir seine Erwartung nicht erfüllen. Haben wir dann auch die Pflicht dazu? Das hängt nicht vom Geist ab, sondern davon, wie sich der Geist mit der Erwartung abstimmen lässt. Denn noch einmal: Der Geist der Freundschaft bestimmt keine konkreten kodifizierbaren Pflichten. Wir können also die Erwartungen daraufhin abstimmen, ob sie noch mit dem Geist der Freundschaft übereinstimmen – und auch umgekehrt.

Nehmen wir folgenden Fall: Ihr Freund möchte am 1. Mai mit Ihnen eine Wanderung unternehmen, weil Sie beide das auch in den vergangenen fünf Jahren gemacht haben und es immer so schön war. Für Sie war es aber in den letzten beiden Jahren gar nicht mehr so schön, und eigentlich würden Sie am 1. Mai gerne einmal etwas allein machen. Natürlich kann Ihr Freund nicht beanspruchen, dass Sie diesmal wieder mit ihm wandern gehen. Aber er wird trotzdem schwer enttäuscht sein, wenn Sie ihm nicht zusagen. Vielleicht wird er sich sogar persönlich zurückgesetzt fühlen. Dürfen Sie ihn so schwer enttäuschen? Oder gehen Sie doch mit ihm wandern, obwohl Sie keinen Spaß haben werden – nur weil Sie ihn nicht verletzen wollen? Gehört Ihr Zugeständnis also zum Geist Ihrer Freundschaft?

An diesem Beispiel kann man sehen, dass der Geist, der uns überkommt, nicht schon etwas Gutes ist. Das ist deshalb so, weil gegensätzliche Meinungen der Freunde zum Geist der Freundschaft passen: sowohl dass man am 1. Mai gemeinsam wandern geht, als auch dass man es diesmal sein lässt. Man muss sich folglich kritisch zum Geist stellen können, um zu bewerten, ob der zwingende Charakter ethisch legitim ist, den er erzeugt. Aber wie beurteilt man einen Geist, und nach welchen Kriterien kann man ihn beurteilen, wenn er doch Pflichten erzeugt, von denen wir uns erst mal nicht freimachen können?

Johannes Fischer hat vorgeschlagen, im Geist Tendenzen zu entdecken, die man generalisieren kann.[362] Meistens führt er dazu das biblische Beispiel vom barmherzigen Samariter

---

[362] J. Fischer: Verstehen statt Begründen, a.a.O., 51, 80.

an, um diese Tendenz aufzuzeigen.[363] Der Samariter ist nicht einfach als Individuum wichtig, aber auch nicht nur als Fall einer allgemeinen Regel. Vielmehr öffnet sich dieser Einzelfall für Anschlüsse, durch die sich andere identifizieren können.

Übertragen wir diesen Vorschlag auf Ihr Problem, ob Sie mit Ihrem Freund am 1. Mai wandern gehen sollen oder nicht. Bereits dieser Fall könnte generalisierbar sein, denn viele von uns werden solche Erfahrungen schon gemacht haben, dass wir uns mit Freunden treffen, nur um sie nicht zu enttäuschen. Wir fühlen uns dann verpflichtet, das zu tun. Vielleicht kennen wir aber auch das Umgekehrte: Wir rufen unseren Freund an und sagen ihm diesmal ab. Auch dieser Fall lässt sich generalisieren. Auch er hat also eine Tendenz, von anderen geteilt zu werden.

Daraus folgt, dass wir in einer Freundschaft nicht verpflichtet sind, mit unserem Freund am 1. Mai wandern zu gehen. Denn es lassen sich gegensätzliche Handlungen aus demselben Geist der Freundschaft generalisieren: sowohl dass wir wandern gehen, als auch dass wir es nicht tun. Also belässt uns der Geist der Freundschaft in der Freiheit zu entscheiden, was wir tun wollen.

Nun könnte es zwar sein, dass ich einen besonders eifersüchtigen Freund habe, der am Boden zerstört ist, wenn ich am 1. Mai nicht mit ihm wandern gehe. Verlangt in diesem Fall der Geist unserer Freundschaft nicht, dass ich wandern gehen muss? Aber diesen Fall können wir leicht mit Fischers Kriterium des »generalisierbaren Individuums« zurückwei-

---

363 J. Fischer: Verstehen statt Begründen, a.a.O., 115. Ders.: Theologische Ethik. Grundwissen und Orientierung; Stuttgart/Berlin/Köln 2002, 130.

sen: Es mag ja sein, dass unser Freund *besonders* eifersüchtig ist. Aber dann ist er auch kein generalisierbares Individuum. Vielmehr haben wir dann einen guten Grund, den Geist der Freundschaft zwischen unserem besonders eifersüchtigen Freund und uns zu kritisieren. Zwischen uns beiden herrscht zwar ein Geist, der auch Zwänge erzeugt. Aber diese Zwänge sind keine legitimen Pflichten. Denn sie sind nicht generalisierbar. Sie gelten nicht für Freundschaften, sondern eher für destruktive Partnerschaften.

Zusammengefasst erzeugen Freundschaften Pflichten aus einem Geist, die aber nicht eindeutig benennbar sind. Eindeutig werden sie nur dann, wenn sie generalisierbar sind – zum Beispiel, dass man die Verletzbarkeit des Freundes nicht ausnutzt oder dass man keinen Anspruch darauf hat, mit dem Freund am 1. Mai wandern zu gehen. Hier wird es konkret, aber es wird auch nur konkret, weil hier eine Verletzung des Geistes der (generalisierbaren) Freundschaft droht. Der zwingende Charakter des Geistes der Freundschaft wird also ignoriert. Ansonsten aber bleiben die Pflichten in einer Freundschaft relativ unscharf, weil sie sich einem atmosphärischen Raum verdanken. Hier liegen wir meistens intuitiv richtig, wie wir uns verhalten sollen.[364] Aber es lässt sich nicht eindeutig bestimmen und abgrenzen, was genau zu unseren Pflichten gehört.

---

[364] J. Fischer: Verstehen statt Begründen, a.a.O., 52. Ders.: Theologische Ethik, a.a.O., 163.

6.4. Welche Pflichten haben wir nach der Beendigung einer Freundschaft?

Die meisten Freundschaften enden so ungefähr, wie sie beginnen. Man verliert sich aus den Augen. Es ist nichts vorgefallen, worüber man sich geärgert hat. Sondern man denkt immer weniger aneinander. Vielleicht hat man sich nicht mehr so viel zu erzählen, oder zwischen dem Freund der Freundin und einem selbst gibt es gewisse Spannungen, denen man lieber aus dem Weg geht. Die meisten Freundschaften beginnen undefiniert mit einer ungefähren Atmosphäre. Und sie enden auch so, dass der Geist der Freundschaft kaum merklich erlischt. Irgendwie schade vielleicht, aber so richtig trauert keiner darüber.

Nun könnte man vermuten, dass auch alle Pflichten erlöschen, die mit dem Geist der Freundschaft verbunden sind, wenn er einfach erlischt. Also hätten wir keine Pflichten mehr gegenüber unseren früheren Freunden. Dieser Einwand lässt sich schnell ausräumen. Ich erinnere daran, dass Pflichten in einer Freundschaft nicht deshalb entstehen, weil man befreundet ist, sondern weil sich Freunde wechselseitig verletzbar machen.[365] Sie haben damit berechtigte Erwartungen (also Ansprüche), dass ihre erhöhte Verletzbarkeit nicht ausgenutzt wird. Und diese Situation endet nicht, wenn die Freundschaft endet. Beide sind immer noch aneinander gebunden, weil sie sich wechselseitig verletzbar gemacht haben. Die wechselseitige Verletzbarkeit bleibt über das Ende der Freundschaft hinaus bestehen. Zwar besteht kein Geist der Freundschaft

[365] Sektion 6.2.

mehr zwischen beiden, aber doch ein Geist mit einem zwingenden Charakter.

Nun enden aber auch Freundschaften dadurch, dass die Sympathie umschlägt in Feindschaft oder zumindest in Misstrauen. Und manchmal werden Freundschaften sogar offen aufgekündigt. Der alte Geist der Freundschaft wird abgelöst durch einen Geist des Misstrauens, der ebenfalls einen zwingenden Charakter erzeugt. Man geht sich bewusst aus dem Weg, weil die Nähe unerträglich wird. Bei einem Geist der Feindschaft wird es noch einmal anders: Man sucht sich noch auf, um sich gegenseitig zu schaden. Hier hat man natürlich aus der Zeit der Freundschaft genug Munition gesammelt. Der ehemalige Freund hat sich verletzbar gemacht. Jetzt ist er zum Feind geworden, den man denunzieren kann – wenn man es nur geschickt genug anstellt. Und zum Geist der Feindschaft gehört eben auch, dass man es möglichst geschickt anstellt, dem Feind zu schaden, ohne dass einem umgekehrt geschadet wird.

Jesus hat das radikale Gebot ausgegeben, die Feinde zu lieben. Aus ethischer Sicht ist das nicht nur als emphatischer Ausdruck dafür zu verstehen, dass alle Menschen Gottes Kinder sind (Mt 5,45). Das Gebot der Feindesliebe ist vielmehr auch ethisch gut begründet. Es ergibt sich nämlich paradoxerweise aus dem Geistcharakter der Feindschaft. Es ergibt sich zwar nicht aus dem Geist der Feindschaft, von dem ich aber seinen generalisierbaren Geistcharakter unterscheide. Merkwürdigerweise verbindet dieser feindselige Geist Menschen. Sie sind alle seiner feindlichen Atmosphäre ausgesetzt. Daher entkommen sie sich nicht, indem sie sich anfeinden.

Feinde brauchen vielmehr eine ethische Strategie, wie sie mit ihrer Bindung umgehen, der sie nicht entkommen können. Sich zu bekämpfen, verstärkt die Bindung. Beim Kampf zwischen Feinden gibt es zwar manchmal einen Sieger, der auch emotional triumphieren kann, dass er gesiegt hat. Aber auch dann entkommt er der Bindung zum Feind nicht. Das Kräfteverhältnis kann sich wieder umdrehen, solange der andere der Feind ist. Und selbst wenn man den Feind auf Dauer unterdrücken kann, lenkt man permanent seine eigene Aufmerksamkeit darauf.

Georg Wilhelm Friedrich Hegel hat diese Dialektik der Feindschaft aufgezeigt.[366] Auch im Sieg bleibt der Sieger vom Verlierer abhängig. Eine Versöhnung findet erst im Geist statt.[367] Man muss also über den Kampf hinausgehen, um die Bindung an den Feind zu lösen. Aber der Geist behält ja die Bindung an den Feind. Also muss es darum gehen, eine Bindung zu ihm zu halten, die nicht destruktiv ist.

Kampf ist bei Hegel immer ein »Kampf um Anerkennung«[368]. Dabei strebt dieser Prozess auf Formen von Anerkennung, die die Feindschaft ablösen.[369] Wenn es bei der Feindschaft eigentlich um Anerkennung geht, dann kann und wird der Prozess der Anerkennung über die Feindschaft hinauswachsen. Man kommt also nicht voneinander los, dass man sich anfeindet. Vielmehr muss man die wechselseitige Bindung aneinander so transformieren, dass man sie besser aushalten kann. Der Kampf gegen den Feind schafft dagegen allenfalls nur kurzfristige Erfolge, die aber damit erkauft

366 G. W. F. Hegel: Enzyklopädie der Wissenschaften im Grundrisse (1830), § 431. Ders.: Phänomenologie des Geistes; Hamburg 1988, 131, 145.

367 G. W. F. Hegel: Phänomenologie des Geistes, 146.

368 G. W. F. Hegel: Enzyklopädie der Wissenschaften im Grundrisse (1830), § 432.

369 A. Honneth: Kampf um Anerkennung; Frankfurt a.M. 1992, 149ff.

werden, dass die Feinde nur noch schlechter voneinander loskommen.

Der Geist*charakter* der Feindschaft erzeugt somit auch einen zwingenden Charakter, der generalisierbar ist: Gerade weil sich die Feinde nicht ertragen, müssen sie so miteinander umgehen, dass das Unerträgliche möglichst minimiert wird. Für Feinde ist es daher besser, wenn sie die Berührungspunkte zueinander reduzieren. Diese Strategie verlangt Anerkennung des anderen. Der Anerkennung entkommen Feinde auch nicht, wenn sie sich bekämpfen. Aber wenn sie voneinander loskommen wollen, müssen sie sich so anerkennen, dass sie die Berührungspunkte zueinander reduzieren. Das heißt aber auch, die Verletzbarkeiten des anderen anzuerkennen, damit man nicht doch wieder in sie hineinstößt und damit wieder die Bindung verstärkt. Dialektisch ausgedrückt heißt das: Wir lösen uns voneinander, indem wir gerade den anderen anerkennen – in seiner Verletzbarkeit!

Auch wenn also eine Freundschaft in Feindschaft umschlägt, ändert sich nichts am zwingenden Charakter, die Verletzbarkeit des anderen zu schonen. Es liegt zwar nicht mehr am Geist der Freundschaft, aber am Geistcharakter der Beziehung überhaupt, auch wenn beide Freunde inzwischen zu Feinden geworden sind. Denn auch dann sind sie aneinander gebunden. Es ist also höchst gefährlich für beide, wenn man Rache übt und nachtritt. Stattdessen sollte man so schonungsvoll wie möglich miteinander umgehen, um die Bindung so weit zu lockern, die ihren zwingenden Charakter behält.

Besonders problematisch ist allerdings die Situation, wenn die Bindung aneinander so hoch ist, dass man die Feindschaft verschärfen muss. Dann hat man gar nicht den Wunsch, voneinander loszukommen. Vielmehr sehnt man sich gerade nach Bindung und verletzt den anderen deshalb, damit er möglichst zurückkommt und die Freundschaft wieder fortführt. So absurd ist dieser Wunsch ja nicht. Denn Feindschaft ist eben Bindung. Also kann man sich danach sehnen, lieber verfeindet zu sein, als voneinander loszukommen.

Es kann sein, dass man sich dazu entscheidet. Gut ist es nicht! Und das erklärt sich eben aus dem Charakter von Geistern, denen wir immer ausgesetzt sind. Es lässt sich nämlich ein »Geist der Geister« generalisieren, nämlich der Geistcharakter oder die Geistdimension, wodurch alle Geister geprägt sind. Dieser Geist der Geister besteht im zwingenden Charakter von Bindungen. Der Geist der Feindschaft widerspricht seinem eigenen Geistcharakter. Es wird Bindung zu jemandem erhalten oder sogar aufgebaut, der zugleich zerstört wird oder zerstört werden soll. Die Bindung kann man nicht lösen, weil sie zum Unverfügbaren des Geistes gehört. Sie ist der zwingende Charakter des Geistes, auch eines Geistes der Feindschaft. Man kann aber den Umgang mit der Bindung wechseln, und zwar so, dass er dem zwingenden Charakter des Geistes entspricht. Deshalb kann man sich zwar danach sehnen, sich am Feind zu rächen, der früher noch ein Freund war, weil man sich eigentlich nach der Freundschaft sehnt. Aber moralisch falsch ist es trotzdem. Das zeigt sich gerade daran, wie widersprüchlich ein solches Verhalten ist.

7 Gibt es Regeln für die Trennung?

Auch Liebesbeziehungen und Ehen können einschlafen – genauso wie Freundschaften. Manchmal merken die Liebespartner genauso wenig wie Freunde, wie sie sich langsam voneinander entfernen. Der Unterschied liegt nur darin, dass man in einer Liebesbeziehung meistens zusammenlebt. Die Beziehung zum Wohnpartner schläft dann ein. Beide wohnen noch zusammen, was immerhin auch einen verbindlichen Geist erzeugt. Aber sie empfinden nichts mehr füreinander. Manchmal muss das nicht einmal kränken.

Für einen solchen Fall bestehen weiterhin die Pflichten wechselseitigen Vertrauens, zumal man nicht einmal merken muss, dass sich etwas geändert hat. Beide Partner bleiben aneinander gebunden.

Anders ist es, wenn sich ein Paar oder einer der Partner entscheidet, sich zu trennen. Hier wird ein bewusster Akt vollzogen, der sich von allem unterscheidet, was eine Liebesbeziehung kennzeichnet. Vor allem die Ewigkeitsklausel der Liebe wird nicht beachtet. Insofern markiert eine Trennung aus einer Liebesbeziehung bereits einen Bruch mit dem Geist der Liebe.[370]

---

[370] Ich räume ein, dass nicht immer diejenige Person für diesen Bruch verantwortlich ist, die die Trennung aktiv vollzieht. Manchmal kann es genau umgekehrt sein, und manchmal wird der Geist der Liebe von konkurrierenden Geistern überlagert, die die Fortsetzung der Partnerschaft erschweren. Deshalb ist der Satz im Haupttext so formuliert, dass eine Trennung den Bruch mit dem Geist der Liebe *markiert*.

Aber auch bei Freundschaften kann man sich bewusst entscheiden, sie zu beenden, und das auch dem anderen klar mitteilen. Im vergangenen Kapitel habe ich gezeigt, dass trotzdem noch Pflichten gegenüber dem ehemaligen Freund bestehen bleiben. Ich habe aber im vergangenen Kapitel nicht darüber gesprochen, ob es konkrete Regeln gibt, wie man sich trennen sollte – und ob man es überhaupt darf. Ich hatte zwar gezeigt, dass man im Anschluss an Kant auch für die Freundschaft eine Ewigkeitsklausel moralisch ableiten kann. Allerdings unterscheidet sich Kants Freundschaftsverständnis von der Art von Freundschaften, wie wir sie führen. Ich hatte deshalb eine eher pragmatische Beschreibung von Freundschaft gegeben: Freundschaften sind Zweckbündnisse ohne bestimmten Zweck, bei dem sich die Freunde erhöht voreinander verletzbar machen. Diese Verletzbarkeit muss dauerhaft geschützt werden. Daraus folgt aber nicht, dass Freundschaften aus moralischen Gründen ewig halten sollen. Sie halten ohnehin nur so lange, wie ihr Geist sie trägt.

Man muss also unterscheiden zwischen dem Geist der Freundschaft, der irgendwann enden kann, und den Pflichten zwischen den Freunden, die ihre Freundschaft auch überdauern kann. Dann aber kommt die Frage auf, wie sich Freunde bei einer Trennung verhalten sollen. Eine Trennung befindet sich an der Grenze unterschiedlicher Geister: Man steht am Ende der Freundschaft, aber noch ist die Trennung nicht vollzogen worden. Man steht also irgendwie noch drin als auch schon draußen. Diese Überlappung von Geistern kann als Ressource gewertet werden, die Trennung ethisch zu vollziehen.

Damit ist nicht ausgeschlossen, dass sich der Bruch vorher angebahnt oder sogar bereits vollzogen hat.

In diesem Kapitel geht es also nur darum, wie eine Trennung ethisch vollzogen werden kann. Dabei beginne ich mit der Trennung einer Freundschaft. Die Trennung nach einer Liebesbeziehung ist problematischer, weil dabei eben die Ewigkeitsklausel der Liebe angetastet wird. Deshalb werde ich untersuchen, inwieweit die Regeln einer Trennung von Freunden auch für eine Liebesbeziehung anwendbar sind und was genau beide Trennungen unterscheidet.

7.1 Eine ethische Trennung zwischen Freunden

Es ist klar, dass man Freundschaften nie leicht beenden darf. Das ist allein deshalb nicht legitim, weil der Geist der Freundschaft sonst ignoriert wird, der einen zwingenden Charakter ausübt, und weil aus Freundschaften Pflichten hervorgehen, die eine Freundschaft überlappen. Eine Trennung muss daher verträglich sein mit der Achtung der Pflichten, die aus der Freundschaft erwachsen sind.

Wenn zwei Menschen eine Freundschaft beenden, dann ist sie noch nicht beendet. Die Trennung ist erst das Ergebnis eines Trennungsprozesses – etwa eines abschließenden Gesprächs oder eines Streits. (Es ist nicht unethisch, sich zu streiten, auch nicht unter Freunden.) Im Trennungsprozess stellt sich erst heraus, ob man sich »freundschaftlich« trennt. Das ist natürlich eine widersprüchliche Formulierung, denn wenn man sich freundschaftlich trennt, also im Geist der Freundschaft, dann kann man sich eigentlich gar nicht trennen. Man hört diese Metapher »freundschaftliche Trennung« daher auch weniger bei Freunden als bei Liebesbeziehungen. Wenn sich ein Liebespaar freundschaftlich trennt, dann ist es bereits vom anderen Geist erfasst, der den Geist der Liebe ablöst. Freunde dagegen können sich nicht freundschaftlich trennen.

Allerdings können Freunde bei der Trennung Ressourcen einsetzen, die ihnen der Geist der Freundschaft zur Verfügung stellt. Das ist deshalb möglich, weil der Trennungsprozess noch nicht abgeschlossen ist und beide Parts noch vom Geist der Freundschaft zusammengehalten werden. Der Geist ist zwar schon im Schwinden, sonst würde man es sich eben zu leicht machen, wenn man sich trennt. Aber noch ist dieser Geist spürbar – in seiner Unschärfe, aus der unscharfe Pflichten folgen, die für Freundschaften typisch sind.

Eine Trennung ist daher eine paradoxe Situation: Sie nutzt den noch bestehenden Geist der Freundschaft, um die Freundschaft zu beenden. Das Verbindende wird genutzt, um sich zu trennen. Zugleich ist eine Trennung eben ein Zwischenzustand: Er befindet sich zwischen Freundschaft und Nicht-Freundschaft. Zwischenzustände haben als solche etwas Verbindendes. Sie verbinden Zustände, die eigentlich voneinander getrennt sind.[371] Also können sich Menschen nur trennen in einem Zwischenzustand, der das Getrennte verbindet.

Trennungssituationen sind deshalb merkwürdig: Man verabredet sich und wählt sorgsam ein beruhigendes Ambiente aus, um dann dem anderen mitzuteilen, dass man sich nicht mehr sehen will. Man schenkt dem anderen ein Glas Wein ein, um ihm dann Vorwürfe zu machen. Man nimmt sich vor, im Gespräch ruhig zu bleiben – aber man redet davon,

371 B. Waldenfels: Phänomenologie der Aufmerksamkeit; Frankfurt a.M. 2004, 44.

dass man den anderen nicht mehr erträgt. Trennungssituationen sind Situationen alter Vertrautheit mit dem Ziel, ihr zu entkommen. Ist die Trennung dann endlich vollzogen, ist aber die alte Vertrautheit nicht einfach verschwunden. Das ist der Grund, warum es oft für einen der Beteiligten völlig unverständlich ist, was da passiert ist, und er es trotz mehrfacher Anrufe nicht verständlicher erfährt. Und es ist auch der Grund, warum Trennungen manchmal doch wieder rückgängig gemacht werden. In einer Trennungssituation kollidieren zwei »Geister«, die nicht zusammenpassen. Die Kollision entsteht gerade deshalb, weil hier zwei gegensätzliche Geister verbunden sind. Trennungssituationen haben daher etwas Unverständliches.

Eine Trennungssituation dauert unbestimmt lange. Sie ist nicht mit dem einen Gespräch abgeschlossen, in dem der Freund mir mitteilt, dass er nicht mehr mit mir befreundet sein möchte. Die Kollision hält an – wie lange, lässt sich schwer bestimmen. Ihre Dauer ist doppelt so unbestimmt wie die Pflichten, die sich aus einem Geist der Freundschaft ergeben. Denn da hier zwei Geister kollidieren, kollidieren auch zwei Unbestimmtheiten miteinander.

Ich habe im vorherigen Kapitel beschrieben, dass der Geist der Freundschaft unbestimmte Pflichten erzwingt: Irgendwelche Pflichten gehen aus dem Geist der Freundschaft hervor, aber man folgt ihnen nur intuitiv. Die Pflichten werden nur konkret, wo sie verletzt werden. Ansonsten fühlt man nur irgendwie, dass Freunde ihrem gemeinsamen Geist entsprechen. Dagegen merkt man genau, was dem Geist der Freundschaft widerspricht. Was passiert nun, wenn der Geist der Freundschaft mit einem anderen Geist kollidiert? Es sind ja gegensätzliche Möglichkeiten denkbar:

1. Entweder werden jetzt die Pflichten an den Grenzen doppelt so scharf, weil man jetzt zwei Geistern ausgesetzt ist. An der Kollision grenzen zwei Geister aneinander. Und gerade da, wo sie kollidieren, werden die Pflichten besonders deutlich – weil sie nämlich genau an dieser Stelle verletzt werden.
2. Oder die Pflichten werden jetzt doppelt so unbestimmt, weil das, was am einen Geist als klare Pflichtverletzung empfunden wird, dem anderen Geist entspricht, wenn auch auf unbestimmte Weise.
3. Meine Position ist die dritte: Es stimmt beides! Die Pflichten werden doppelt so scharf und doppelt so unbestimmt. Es wird einerseits völlig klar, dass hier ein Geist missachtet wird zugunsten eines anderen Geistes. Aber es ist völlig unklar, was das bedeutet. Weder auf der Ebene der Intuition ist klar, ob das Verhalten bei dieser Kollision richtig ist. Noch lässt sich argumentativ rechtfertigen, ob das Verhalten richtig ist.

Um meine These zu veranschaulichen, müssen wir zuerst klären: Welcher Geist ist die zweite Unbestimmtheit? Mit welchem Geist also kollidiert der Geist der Freundschaft? Das ist nicht immer gleich. Sie können eine Freundschaft beenden aus Loyalität zu einer dritten Person oder weil gemeinsame Treffen einfach ein Krampf sind oder sie Ihnen die Luft zum Atmen nehmen oder weil Sie nach einem Streit keine gemeinsame Basis mehr finden. Es steht also nicht einfach der Geist der Freundschaft gegen einen Geist der Freiheit oder der Unabhängigkeit. Wenn Jörg Hübner Recht hat, vertragen sich der Geist der Freundschaft und der Freiheit miteinander, so dass es zu einer Konkurrenz zwischen ihnen nicht kommen muss. Denn Partnerschaften werden eingegangen, um damit die positive Freiheit zu verstärken. Mit einem Geist der Unabhängigkeit hat eine Trennung auch nichts zu tun. Wenn ich die Freundschaft beende, weil ich etwa bei einer Spannung zwischen Freund und meiner Frau zu meiner Frau halte, bin ich nicht unabhängig. Ich habe mich vielmehr aus Bindung zu meiner Frau zur Trennung vom Freund entschieden. Unabhängigkeit ist immer nur etwas Relatives: Ich verhalte mich unabhängig von meinem Freund, weil ich in anderer Hinsicht von etwas abhängig bin oder an etwas stärker gebunden bin (zum Beispiel an ein unverkrampftes Leben oder an meine seelische Gesundheit).

Und nun zu meiner These, die ich am folgenden Beispiel illustriere: Ich trenne mich von meinem Freund, weil die Treffen mit ihm seit einiger Zeit ein Krampf sind. Solche krampfhaften Treffen passen nicht in den Geist der Freundschaft. Mit Fischers Worten ist Krampf kein generalisierbares Individuum in einer Freundschaft. Das hat aber eine weitreichende Konsequenz: Die Trennung hat dann nämlich schon seit längerem eingesetzt. Nicht erst bei diesem einen Treffen, an dem ich meinem Freund erkläre, dass die Freundschaft vorbei ist, sondern bereits bei den letzten Treffen oder sogar in den Zeiten dazwischen widersprach die krampfhafte Atmosphäre dem Geist der Freundschaft. Wir beide waren schon seit längerem einer Kollision ausgesetzt.

Ich habe mich aber trotzdem noch eine Weile getroffen, obwohl es so krampfhaft geworden ist. Irgendwie gehörte es eben zur Freundschaft, sich noch zu treffen. Ich fühlte mich verpflichtet, das zu tun, oder es gehörte eben intuitiv dazu. Vielleicht wurde es zunehmend zur Pflicht – nämlich genau in dem Moment, wo die Treffen krampfhafter wurden. Wenn es aber zunehmend Pflicht wurde, heißt das, dass hier die Pflichten bestimmter und konkreter werden – und zwar gerade an dem Punkt, wo der Geist der Freundschaft mit dem Krampf kollidiert.

Aber gleichzeitig frage ich mich jetzt, ob ich wirklich verpflichtet bin, mich zu treffen, wenn das Ganze immer so krampfhaft ist. Die Pflicht, sich zu treffen, markiert einen Wendepunkt in meiner Freundschaft. Sie zeigt, dass etwas nicht stimmt. Sie tritt nämlich nur deshalb so konkret auf. Und damit habe ich es eben mit beidem zu tun: Pflichten werden jetzt offensichtlich und konkret. Gleichzeitig wird unsicher, ob ich diese Pflichten wirklich habe. In dieser Verunsicherung stehen Menschen im Moment der Trennung.

Der Freund wiederum, der von der Trennung völlig überrascht wird, ist ebenfalls mit einer Kollision konfrontiert. Es bricht eine schwere Verletzung in den Geist der Freundschaft ein. Er empfindet eine schwere Pflichtverletzung bei seinem ehemaligen Freund. Zugleich ist er völlig verunsichert, wie er mit dem ehemaligen Freund nun umgehen soll. Der Freund wird zu einem Fremden, und der Umgang mit ihm wird merkwürdig gestelzt. Wenn aber unsicher ist, um was für eine Beziehung es sich jetzt eigentlich handelt, ist auch die Pflichtverletzung nicht mehr eindeutig. Sie wird zwar tief empfunden, aber sie markiert gerade die Erschütterung, dass auf den Geist kein Verlass ist, der die Pflicht überhaupt erst generiert. Die Pflichtverletzung ist also ebenso konkret, wie sie unsicher ist.

Es ist von ethischer Bedeutung, dass die Trennungsphase von einer solchen Überschneidung von Geistern geprägt ist. Ich sehe darin eine Ressource für die Befähigung, den Trennungsprozess auf ethische Weise abzuschließen Man könnte umgekehrt zwar jetzt auch auf Rache sinnen: Wenn mein Freund mich hängen lässt, dann schlage ich alles kurz und klein – alles, was uns beide bisher ausgemacht hat, schleife ich durch den Dreck. Das ist eine verständliche Regung, zu der man sich aber zum Glück nur selten hinreißen lässt. Sie verbleibt meistens in der Fantasie. Dass diese Regung aufkommt, erklärt sich durch die Kollision: Die Überschneidung der Geister provoziert solche Überspannungen, die sich auch in Aggression entladen können. Aber meistens bleiben solche Aggressionen doch gebundene Aggressionen: Sie werden nicht wirklich frei, weil die Überschneidung der Geister eben auch Aggression lähmt. Sie kommt zwar auf, bricht aber nicht aus. Denn Aggression könnte zwar aus dem Geist des Unfriedens aufkommen. Aber dieser Geist des Unfriedens steht nicht für sich, sondern kollidiert mit dem Geist der Freundschaft. Dadurch ist die Aggression zwar konkret, wird aber gleichzeitig verunsichert.

Freunde, die sich trennen, fühlen sich dabei unwohl. Manchmal schämen sie sich. Es hat ebenso etwas Demütigendes, aus dem Freundeskreis ausgeschlossen zu werden, wie es auch schamhaft ist, eine Freundschaft nicht festhalten zu können. Also können sich beide Seiten schämen oder zumindest unwohl fühlen. In ihrem Verhalten werden sie aber weitgehend geführt von der Normativität der Geister. Gerade die Kollision der Geister erzeugt eine Normativität, die es beiden Seiten schwermacht, so zu sein, wie sie sich eigentlich verhalten wollen. Sie folgen vielmehr dem zwingenden Charakter der Überschneidung von Geistern. Persönlich ist das zwar verunsichernd. Aber ethisch führt es dazu, dass die Trennung in einigermaßen gelenkten Bahnen verläuft. Obwohl wir also in der Trennungsphase persönlich stark verunsichert sind, verhalten wir uns nach einer ethischen Orientierung.

Ich habe an anderer Stelle gezeigt[372], dass auch das christliche Abendmahl genau darin seine orientierende und barmherzige Kraft gewinnt: Gerade weil in ihm mehrere Geister kollidieren, wird dadurch ein Übergang der Trennung in befriedeten Bahnen geführt. Das Abendmahl ist in seiner biblischen Überlieferung bekanntlich ein Trennungsritual gewesen: Jesus isst ein letztes Mal mit seinen Jüngern und teilt ihnen das auch kurz vorher mit. Er kündigt außerdem an, von einem von ihnen verraten zu werden. Der Geist der Freundschaft kollidiert hier also mit einem Geist des Vertrauensbruchs. Die synoptischen Evangelien beschreiben alle, dass der Verräter Judas das letzte Abendmahl ebenso empfing. Das ist alles nicht verständlich, weil es eben auf einer Kollision von Geistern beruht: Der Verräter, der durchschaut wird, isst zugleich mit beim Freundschaftsmahl. Und auch die anderen, denen Jesus ankündigt, dass sie ihm untreu werden, essen dennoch mit. Sehr festlich wird es bei diesem Essen vermutlich nicht zugegangen sein. Aber es kommt auch nicht zum Eklat. Das Mahl ist geprägt von zwei Polen: Freundschaft und Untreue. Aber kein Pol dominiert hier. Vielmehr entschärfen sich beide Geister gegenseitig. Ihre Pflichten treten zugleich zutage, wie sie sich auch schon gegenseitig wieder aufheben. Am Ende vollzieht sich eine friedliche Trennung – zumindest vorerst.

Es ist interessant, dass die Kirche in der Abendmahlsgemeinschaft gründet – also in einem Ritual der Trennung. Das Abendmahl ist ein völlig uneindeutiges Geschehen, das vielmehr alle Ansprüche auf der Schwebe hält. Die Mitfeiernden

---

372 Zum Folgenden L. Ohly: Anwesenheit und Anerkennung, a.a.O., 165–168.

werden nicht deshalb orientiert, weil sie dabei manifestieren, wie man sich richtig verhält. Das Abendmahl orientiert vielmehr deshalb, weil darin manifestiert wird, *wie Menschen zusammen leben können, auch wenn alles falsch oder unsicher erscheint*. Deswegen hat es paradigmatischen Charakter für die Kirche, die sich nicht einfach als eine Heilsgemeinschaft versteht, sondern als eine paradoxe Gemeinschaft der Sünder. Vielleicht sollten Freunde miteinander Abendmahl halten, wenn sie sich trennen. Es wäre zumindest moralisch nicht anstößig.

7.2 »Lass uns Freunde bleiben« – Zur Trennung von Liebespaaren

Im dritten Kapitel habe ich gezeigt, dass Liebesbeziehungen auf Ewigkeit geschlossen werden, dass es aber doch legitim sein kann, sich zu trennen. Auch dort habe ich mit der Ablösung vom Geist der Liebe argumentiert: Wenn die positive Freiheit in der Beziehung unterdrückt wird, die doch eigentlich den Grund der Bindung bildete, dann darf man sich trennen, um die positive Freiheit zu wahren oder unter anderen Umständen wiederzugewinnen. Ich hatte im zweiten Kapitel gezeigt, dass Trennungen auch legitim sind, wenn sie die Anwesenheit des Ex-Partners anerkennen. Der Ex-Partner ist auch dann noch »bei mir«, wenn er abwesend ist. Diese Paradoxie prägt überhaupt das Getrenntsein – nicht nur nach einer bewussten Trennung, sondern auch nach dem Tod des Partners.[373] Der Geist der Beziehung überlappt das aktuelle

373 L. Ohly: Was Jesus mit uns verbindet. Eine Christologie; Leipzig 2013, 113–117.

Abwesendsein. Aus dieser Überlappung ergeben sich dauerhafte Pflichten der ehemaligen Liebespartner: Die Verletzbarkeit der Partner wird geachtet. Werden Schlammschlachten geführt, merkt man schnell, dass hier ethisch etwas Falsches geschieht.

Die Ewigkeitsklausel der Liebe widerspricht also nicht einer Ethik der Trennung. Hier besteht kein Unterschied zwischen Liebesbeziehung und Freundschaft. Trennungen sind Übergänge, die im Geist der Liebe und der Freundschaft nicht vorgesehen sind, die sich aber trotzdem ereignen können, sobald dieser Geist mit einem anderen kollidiert.

Gibt es dann überhaupt einen Unterschied zwischen der Ethik der Trennung bei einer Liebesbeziehung und bei einer Freundschaft? Ich beschränke mich auch hier nur auf die Regeln einer Trennung: Worauf müssen wir achten, um eine Trennung ethisch zu vollziehen? Meine These ist, dass die ethischen Ressourcen für eine Trennung ebenfalls aus der Überlappung von Geistern hervorgehen. Von der Trennung einer Freundschaft unterscheidet sich allerdings der Ewigkeitscharakter von Liebesbeziehungen. Liebespartner bleiben auch dann von einem gemeinsamen Geist gehalten, wenn sie sich getrennt haben. Das unterscheidet sie von Freundschaften. Bei Freundschaften kann die Trennungsphase irgendwann abgeschlossen sein. Die Trennungsphase dauert zwar unbestimmt lang. Und trotzdem kann sie enden. Sie endet dann, wenn der Geist der Freundschaft kaum noch spürbar ist – außer über die überlappenden Pflichten, die aber ebenfalls kaum noch spürbar sind.

Dagegen ist fraglich, ob bei Liebesbeziehungen die Trennungsphase überhaupt enden kann, wenn doch Beziehungen auf die Ewigkeit angelegt sind. Kann die Phase überhaupt enden, in der sich der Geist der Liebe mit einem anderen Geist überlappt? Wenn Johannes Fischer Recht hat, dass ein Geist nicht von den Interaktionspartnern abhängt, dann hält er sie auch gegen ihren Willen zusammen. Sie mögen sich zwar lieblos verhalten, werden aber intuitiv spüren, dass etwas dabei nicht stimmt. Der zwingende Charakter des Geistes bleibt. Er bildet die Anwesenheit des ehemaligen Liebespartners, der wir auch dann nicht entkommen, wenn wir ihn vergessen wollen und ein neues Leben anfangen.

Nehmen wir folgenden Fall an: Ein Paar trennt sich. Beide ehemaligen Liebespartner finden neue Beziehungen. Sie sind beide glücklich in ihren neuen Beziehungen. Gibt es dann noch etwas, was sie aneinander hält? Wie genau äußert sich der Geist der Liebe der alten Beziehung? Ich erinnere noch einmal daran, dass ein Geist eher unbestimmte Pflichten generiert. Wenn nun beide ehemaligen Liebespartner eine neue Beziehung haben und weder Gewissenskonflikte damit haben noch den ehemaligen Partner dafür hassen, steht ihr derzeitiges Verhalten in Einklang mit dem Geist der Liebe. Die unbestimmten Pflichten bleiben unbestimmt und werden nicht erregt. Der Geist der alten Liebe hat sich beruhigt. Er behält zwar seine Anwesenheit, aber er fordert auch jetzt nichts Genaues.

Ich hatte in diesem Buch die ethischen Probleme der Polyamorie dargestellt: Die Anwesenheit des anderen kollidiert mit der Anwesenheit eines anderen anderen. Bei der polyamorösen Beziehung führt das deshalb zu einer fatalen Kollision, weil hier Pflichten gegenüber einem Partner konkret werden, die als Widerspruch zu den konkret werdenden Pflichten des zweiten Partners ausbrechen. Die Kollision von gegensätzlichen Geistern kennzeichnet Trennungssituationen. Deshalb befinden sich polyamoröse Partnerschaften dauerhaft in einer Trennungssituation. Sie stehen in der Doppeldeutigkeit von Konkretion und Unsicherheit. Polyamoröse Beziehungen können nur dann stabil sein, wenn man lernen kann, mit ihrer Unsicherheit zu leben.

Auch eine gescheiterte Beziehung von zwei Menschen, die beide wieder einen neuen Partner haben und mit ihm glücklich sind, ist eine dauerhafte Trennungssituation. Aber hier haben (vielleicht) beide gelernt, damit umzugehen. Der Geist der alten Liebe widerspricht nicht mehr dem Geist der neuen Liebe. Die unbestimmten Pflichten, die aus der alten Liebe immer noch gültig sind, bleiben verborgen, weil sie unbestimmt sind. Ab und zu brechen sie wieder aus – etwa wenn aus der ersten Beziehung Kinder hervorgegangen sind und man das gemeinsame Sorgerecht hat. Manchmal fürchten Brautpaare den Moment, in dem sich die geschiedenen Eltern der Braut bei der Trauung begegnen, obwohl beide wieder glücklich verheiratet sind. In solchen Situationen meldet sich der Geist der alten Liebe wieder mit konkreten Pflichten: Er kollidiert auf einmal mit dem Geist der neuen Liebe so, dass man in der Begegnung etwas Fürchterliches wittert: einen zwingenden Charakter, den die alte Beziehung wieder aufwirft, obwohl man ihr das Recht versagt. Das zeigt, dass der Geist der alten Liebe präsent bleibt, auch wenn man inzwischen schon wieder eine neue Beziehung hat.

Meine These lautet also: Menschen aus gescheiterten Liebesbeziehungen stehen in einer dauerhaften Trennungssituation, in der auf Dauer verschiedene Geister kollidieren – übrigens auch wenn einer der Partner nach der Trennung Single geblieben ist. Diese dauerhafte Trennungssituation muss nicht zur permanenten Unsicherheit führen. Und sie tut es so lange nicht, solange der Geist der alten Liebe keine konkreten Pflichten aufwirft. So ruhig im Hintergrund bleibt er aber nur, wenn seine Grenzen von beiden Ex-Partnern anerkannt werden, wenn also die Pflichten unbestimmt bleiben. Der Geist einer Beziehung hält seine Grenzen variabel. Ihre Konkretion (und damit die drohende Grenzüberschreitung) entsteht immer nur in Situationen. Deshalb ist es möglich, dass der Geist der alten Liebe sich nach dem Ende der Beziehung nicht regt, wenn beide inzwischen neue Intimpartner haben – während das in früheren Situationen intuitiv als Pflichtverletzung aufgefallen wäre. Eine dauerhafte Trennungssituation tariert die Geister miteinander aus, dass die Konflikte auf der Schwebe bleiben. Sie sind nicht endgültig lösbar, aber sie lassen sich tragen.

Hierin besteht der Unterschied zwischen Trennungen bei Freundschaften und Trennungen bei Liebesbeziehungen. Beide sind darin gleich, dass sich die ethischen Ressourcen zur Trennung gerade aus der Kollision der Geister entwickeln. Sie unterscheiden sich allerdings darin, dass bei Freundschaften die Trennungssituation irgendwann enden kann. Sie ist dort immerhin unbestimmt lang und kann uns auch wieder in Situationen einholen, während wir angenommen haben, dass wir die Trennung längst schon überwunden haben. Bei Liebesbeziehungen dagegen ist die Trennungssituation grundsätzlich nicht überwunden – einfach weil Liebe auf Ewigkeit angelegt ist. Der Geist der alten Liebe kann uns immer wieder einholen – nicht unbestimmt lang wie bei gescheiterten Freundschaften, sondern eben bestimmt dauerhaft.

Nehmen wir den Fall, in dem zwei Menschen ihre Ehepartner verlassen haben, um miteinander zu leben. Die Frau ist ins Haus des Mannes gezogen. Dessen Ehefrau wiederum musste ausziehen und zog eine Straße weiter. Nun wohnt das neue Paar mit seinen verlassenen Partnern im selben Ort. Sie können sich permanent begegnen. Vor allem sind sie mit ihren Fantasien aneinandergekettet. Hier wird eine krasse Kollision von Geistern spürbar. Für die Ehefrau, die ausziehen musste und nun eine Straße weitergezogen ist, muss die neue Beziehung ihres Mannes körperlich so dicht werden, dass man den schnellen Einzug der neuen Partnerin als konkrete Pflichtverletzung gegen den alten Geist der Ehe bewerten muss. Zugleich fällt einem aber auch keine Alternative ein, wie es anders besser wäre. Denn wenn die Ehefrau wieder zurückkäme und die Liebhaberin aus dem Haus geworfen würde, wäre das ein schmutziger Umgang mit der Geliebten. Das heißt also, dass die Pflichtverletzung zwar konkret auffällt, aber gleichzeitig unsicher wird, ob die Pflicht überhaupt Geltung verdient.

In dieser Kollision befinden sich jetzt alle vier Betroffenen. Vielleicht hat es das Paar besser, weil beide immerhin einen neuen Partner gefunden haben und miteinander glücklich sind. Und doch sind sie in einer ethisch höchst unsicheren Situation, in der sie sich nur stochernd orientieren können oder durch übertriebene Ignoranz. Ich sehe diese Kollision aber als eine Ressource – nicht für die Beziehungen; wie es für die vier weitergeht, scheint mir ebenso unsicher zu sein. Aber die Kollision ist eine Ressource für einen ethischen Umgang mit der Trennung.

Die beiden gegensätzlichen Geister helfen nämlich, auf alle Betroffenen zugleich zu achten. Zwar kann man dabei keinem gerecht werden. Aber das ist gerade eine Chance. Wenn der Ehemann händchenhaltend mit seiner Freundin seiner Frau auf der Straße begegnet, dann erzeugt das für den

Ehemann einen doppelten Druck: Soll er die Hand loslassen aus Rücksicht zu seiner Frau? Oder soll er jetzt erst recht die Hand festhalten als Treuebekenntnis zu seiner neuen Freundin? Und wie wird sich die Ehefrau verhalten? Wird sie ihrem Mann eine Szene machen? Oder wird sie beiden umgehend aus dem Weg gehen? Ein entsprechendes Dilemma hat die Freundin. Vielleicht will sie die Hand loslassen, während er sie festhält. Darüber können sich beide ärgern und später streiten. Dann kollidieren hier auch Geister im neuen Liebespaar. Die Kollision der Geister erzeugt eine gewisse Lähmung, weil man in den Pflichten überlastet ist.

Für jeden persönlich ist diese Situation ausgesprochen anstrengend. Und im Miteinander findet man keine natürliche Form. Und trotzdem bindet gerade diese Kollision der Pflichten die Aggressionen aller Betroffenen. Vielleicht würde die Ehefrau der Rivalin gerne die Augen auskratzen, aber sie wird es vermutlich nicht tun, weil sie mit der Situation überfordert ist. Der Geist des neuen Liebespaares demütigt sie zwar, aber er fordert von der Ehefrau auch, die neuen Grenzen zu wahren. Sie muss sie nicht anerkennen und sie mag sie für ungerechtfertigt halten – aber sie wird sie aller Wahrscheinlichkeit nach wahren! Und umgekehrt wird sich das neue Paar überlegen, ob es im Ort noch händchenhaltend durch die Straßen geht. Vermutlich werden beide vorsichtiger mit der öffentlichen Darstellung ihrer Liebe sein. Die Überschneidung der Geister zwingt beiden ein Taktgefühl auf, und zwar obwohl sie am liebsten Arm in Arm durch den Ort gehen würden. Hier entscheidet nicht der Wille, sondern die Pflichten, die in der Kollision der Geister entstehen.

Natürlich kann man sich über solche Pflichten hinwegsetzen. Das neue Paar kann gerade jetzt die verlassene Ehefrau und den verlassenen Ehemann provozieren, wenn beide auf der Straße gehen. Vielleicht hat die Freundin richtig Lust dazu, ihrem Ehemann vorzuführen, wie glücklich sie jetzt mit ihrem neuen Freund ist. Und vielleicht genießt es der neue Liebhaber zu demonstrieren, dass der Ehemann keinen Anspruch mehr auf seine Frau hat. Man kann nach solchen Trennungen schmutzige Wäsche waschen, Rache üben und sich gegenseitig in der Öffentlichkeit bloßstellen. Die Kollision der Geister legt zwar massiv Zurückhaltung nahe, aber sie kann sie nicht erzwingen. Auch Judas hat Jesus verraten, nachdem Jesus mit ihm Abendmahl gefeiert hat. Die Kollision der Geister hat zwar ein gewisses Befriedungspotenzial. Aber man kann sich über dieses Befriedungspotenzial auch hinwegsetzen.

Mir kommt es allerdings auf folgenden Punkt an: Um sich darüber hinwegzusetzen, muss man einen enormen Aufwand leisten. Es kostet Kraft, Hand in Hand durch den Ort zu laufen, wenn der und die Ex-Partner hinter jeder Ecke lauern könnten. Es kostet mehr Kraft, das zu tun, als wenn man es unterlässt. Rache ist zwar eine ganz natürliche Regung, die zunächst Spannungen entlädt. Aber sie baut dabei neue Spannungen auf, die gerade dadurch anwachsen, dass man sich dabei über die Pflichten hinwegsetzen muss, die durch die Kollision der Geister entstehen. Damit wird die Macht gerade unterstrichen, die diese Situation auf der Schwebe hat. Nicht alles, was man jetzt am liebsten tun würde, und nicht alles, wozu wir aufgrund unserer Wut in der Lage sind, ist auch wahrscheinlich. Denn die Kosten sind hoch, mit denen uns die Pflichtenkollisionen fühlbar bedrohen.

Fordert nun die Kollision der Geister, dass wir nach der Beendigung einer Liebesbeziehung Freunde bleiben müssen?

Diese Kollision macht es vielmehr unwahrscheinlich. Um das zu zeigen, möchte ich noch einmal zwischen Freundschaft und Liebe unterscheiden. Dazu greife ich nochmals den Vorschlag von Conlon[374] auf und führe ihn mit Fischers Geistbegriff weiter. Eine Freundschaft ist eine andere Beziehung persönlicher Nähe. Sie hat einen anderen Geist. Ihr fehlt zum Beispiel die Ewigkeitsklausel. Selbst wenn wir uns hoch und heilig versprechen, »immer« Freunde zu bleiben, ist der Geist dieses Versprechens von anderer Art als die Ewigkeit einer Liebesbeziehung: Deren Geist ist auch ewig, wenn man sie sich nicht verspricht – und ist deshalb auch dem Willen beider Partner entzogen. Der Geist eines Versprechens entsteht dagegen gerade *durch* die Willensbekundung der Partner. Er wächst zwar auch über sie hinaus, aber er wird durch das Versprechen konstituiert.

Im Normalfall wird eine Freundschaft aber nicht durch ein Versprechen konstituiert, sondern das Versprechen folgt allenfalls dem Geist der Freundschaft nach. Dann ist das Versprechen eigentlich eine Bezeugung, sich von dem Geist binden zu lassen, der zwei Menschen ohnehin bindet. Dasselbe kann man auch vom Eheversprechen sagen: Es verspricht eigentlich nichts Neues, sondern neu ist allenfalls, dass die Bindung jetzt auch wechselseitig anerkannt und bezeugt wird. Allerdings ist der Geist einer Freundschaft ein anderer Geist als der Geist einer Liebesbeziehung. Die Ewigkeitsklausel scheint ihm weithin zu fehlen. Dafür ist er frei von vielen Pflichten, die sich aus dem Geist der Liebe ergeben: Es gibt zum Beispiel keine Pflicht, zärtlich zu sein, miteinander Sex zu haben oder möglichst viel Zeit zu verbringen. (Das sind immerhin un-

374 Sektion 6.1.1.

bestimmte Pflichten in einer Liebesbeziehung, die konkret fühlbar werden können, wenn sie dauerhaft verletzt werden.)

Umgekehrt können Freunde oft viel vertrauensvoller miteinander reden, weil sie unabhängiger voneinander sind und daher bei ihren Problemen seltener gemeinsam betroffen sind. Intuitiv spricht einiges für Conlons These, dass zwischen Freundschaft und Liebe kein Steigerungsverhältnis besteht, sondern ein unvergleichbares Verhältnis: Liebespartner müssen nicht die besten Freunde sein. Und vielleicht sind sie nicht einmal Freunde. Conlons These würde ich aber um Fischers Geisttheorie erweitern: Es ist nicht einfach so, dass Liebende die Welt in den Augen des anderen sehen[375], Freunde dagegen mit je unabhängigen Augen. Conlon unterscheidet Liebe und Freundschaft ausschließlich durch das Verhältnis der beiden Partner; seine phänomenologische Darstellung kennt nur die Relation zwischen zwei Partnern. Bei Fischer dagegen sind Liebe und Freundschaft eine Relation von drei Elementen: Die zwei Partner erleben sich im Hinblick auf etwas Drittes, den Geist. Selbst wenn die Relation zwischen beiden brüchig wird, können sie im Hinblick auf das Dritte aneinander gebunden bleiben.

Warum fällt es so vielen Paaren nach einer Trennung schwer, noch Freunde zu bleiben? Offenbar sind sie bereits jetzt überfordert mit der Kollision der Geister. Der Geist der Liebe kollidiert mit einem anderen Geist – vielleicht mit dem Geist einer anderen Liebe oder mit dem Geist der Selbstverwirklichung oder einem anderen Geist. Diese Kollision befriedet die Situation, indem sie die Aggression lähmt. Aber sie löst eben nicht grundsätzlich den Konflikt. Lähmung ist

---

[375] J. Conlon: Why Lovers Can't Be Friends, a.a.O., 5.

anstrengend, weil sie einen davor zurückhält, was man am liebsten tun würde. Die Kollision der Geister ist daher für Betroffene kein wünschenswerter Zustand. Sie gehört zur Trennungssituation unvermeidbar dazu und besitzt sogar ethische Ressourcen, aber sie ist dennoch zu anstrengend, als dass man sich wünschen könnte, dauerhaft in einem solchen Schwebezustand zu sein.

Wenn sich die Partner nach der Trennung außerdem wünschen: »Lass uns Freunde bleiben!«, so wünschen sie sich damit etwas, was sie eigentlich noch weniger wünschen können, nämlich dass noch ein *dritter* Geist mit den beiden Geistern kollidiert, die bereits kollidiert sind. Wenn wir nun Freunde bleiben wollen, dann wollen wir einen Geist der Freundschaft haben, während uns bereits der Geist der Liebe aufgrund seiner Ewigkeitsklausel nicht mehr loslässt. Diese Anstrengung werden sich ehemalige Liebespaare nur selten zumuten. Deshalb wird der Geist der Freundschaft kaum entstehen.

Nach meiner Prognose können Liebespaare nach der Trennung nur dann Freunde werden, wenn die Pflichten im Geist der Liebe möglichst unbestimmt bleiben. Das wäre etwa dort der Fall, wo die Liebesbeziehung immer schon auch Freundschaft war. Dann haben beide Partner also immer schon auch eine Unabhängigkeit voneinander besessen und eine gewisse Distanz gewahrt. Und dann bestätigt eher der Wechsel zur Freundschaft eine Beziehung, die vorher bereits Bestand hatte. Ein anderer günstiger Fall ist dann gegeben, wenn beide Liebespartner zusammen mit der Trennung keine konkreten Übertretungen von Pflichten wahrnehmen. Ich halte das für einen sehr seltenen Fall, aber er kommt vor: Keiner von beiden muss es schlimm finden, wenn sie sich sexuell nicht mehr anziehend finden, aber andere schon. Es muss keine

Alarmglocke läuten, wenn der Partner immer wieder abends spät nach Hause kommt. Wenn die Atmosphäre nicht so hitzig gewesen ist, dass man das Abkühlen nicht gemerkt hat, dann wird man auch klare Pflichten in der Liebesbeziehung kaum beschreiben. Trotzdem kann die Partnerschaft sehr wertvoll sein – vielleicht dann nicht als Liebe, aber als Freundschaft.

Dieser Fall ist aber dann nicht mehr erfüllt, sobald man vom ehemaligen Partner konkret verletzt worden ist. Sobald konkrete Grenzüberschreitungen gegen den Geist der Liebe empfunden werden, muss man eine große Fähigkeit besitzen, sich zu verzeihen oder auszusöhnen. Wenn einem jedoch gelingt, sich auszusöhnen, bleibt man ein Liebespaar, und es kommt nicht zur Freundschaft. Trennt sich dagegen das Paar nach der großen Verletzung, hat es sich auch nicht ausgesöhnt. In solchen Konstellationen ist es deutlich schwerer, befreundet zu sein.

Ich fasse zusammen: Der Wunsch »Lass uns Freunde bleiben« ist in mindestens zweifacher Hinsicht naiv:

1. Liebespaare sind nicht immer auch schon Freunde. Sie werden nach der Trennung nicht einfach Freunde bleiben, sondern sie müssten in fast allen Fällen überhaupt erst Freunde werden.
2. Es ist für sie aber fast immer zu anstrengend, Freunde zu werden, weil der Geist der Freundschaft mit dem Geist der Liebe kollidiert, der ohnehin bereits in der Trennungssituation mit einem gegensätzlichen Geist kollidiert. Die Kollision von zwei Geistern ist unumgänglich, wenn man sich trennt. Die Kollision von *drei* Geistern aber kann man sich sparen, wenn man will. Deshalb wollen die wenigsten Menschen nach einer Liebesbeziehung miteinander befreundet sein.

7.3 Ergebnis

In diesem Kapitel ging es um die Frage: Gibt es Regeln für die Trennung? Bereits im vorherigen Kapitel habe ich gezeigt, dass wir weiterhin denjenigen Personen verpflichtet sind, von denen wir uns trennen. Was uns im Geist der Freundschaft anvertraut worden ist, dürfen wir nicht veruntreuen. Diese Pflichten überlappen den Geist der Freundschaft. Bei Liebesbeziehungen besteht sogar eine Ewigkeitsklausel: Selbst wenn wir uns trennen, bleibt der Geist der Liebe um uns und bindet uns. Dementsprechend bleiben wir auch da einander verpflichtet, auch wenn wir am liebsten nichts mehr miteinander zu tun haben wollen.

In diesem Kapitel dagegen ging es ausschließlich um die Frage, *wie* wir uns trennen dürfen. Eine Trennung wird ethisch vollzogen in Anerkennung der gegensätzlichen Geister, die sich bei einer Trennung überlappen. Hierfür habe ich das Phänomen der Schwebe beschrieben. Gegensätzliche Geister kollidieren miteinander und erzeugen eine Situation der Desorientierung. Aber gerade diese Desorientierung besitzt eine ethische Ressource. Sie führt nämlich dazu, dass die Spannungen sich nicht ausagieren können, sondern von Pflichten gegensätzlicher Geister umklammert bleiben, die sich gegensätzlich in Schach halten.

Die Anerkennung eines solchen Schwebezustandes vollzieht sich weitgehend intuitiv. Versagen die Betroffenen ihm die Anerkennung, bringen sich die Geister machtvoll in Erinnerung, indem die Kosten steigen: Ich wasche schmutzige Wäsche und bekomme dabei zu spüren, wie sehr mich das schwächt. Es ist anstrengend, Rache zu üben. Die Ethik kann darauf rechtzeitig hinweisen, damit es nicht dazu kommt.

8 Der theologische Charakter der Ethik der Intimität. Eine Zusammenfassung

In diesem Buch habe ich scheinbar nur wenig von Gott gesprochen. Leser konnten den Eindruck haben, dass genauso gut ein Philosoph dieses Buch hätte halten können. Auf manche Argumente trifft das auch zu und ebenfalls auf manche Schlussfolgerungen. Ich habe nicht biblizistisch argumentiert. Deshalb habe ich die Position vertreten, dass zwischen Liebe, Sex und der Ehe oder intimen Partnerschaft zu nur einer Person kein zwingender ethischer Zusammenhang besteht. Es ist erlaubt, Sex aus anderen Gründen zu haben als nur, um damit seine Liebe zum Partner auszudrücken. Sex zu wechselnden Partnern, die man nicht liebt, kann vertrauensvoller sein als zu Liebespartnern.

Das alles spricht aber nicht dagegen, dass ich eine theologisch-ethische Position entwickelt habe. Zwischen einer biblischen Ethik und einer theologischen Ethik ist nämlich zu unterscheiden. Die biblische Ethik ist eine Disziplin der Bibelhermeneutik: Dabei werden die ethischen Maßstäbe in den biblischen Zeiten rekonstruiert. Das heißt aber nicht, dass diese Maßstäbe auch ethisch richtig sind. Zumindest würde jemand einem logischen Zirkel erliegen, der aus biblizistischen Gründen behauptet, dass alles Ethische, was in der Bibel steht, auch ethisch richtig ist. Denn dann lässt man keine anderen ethischen Prüfungen zu als den Maßstab der Bibel. Somit überprüft man die Behauptung, dass die Bibel Recht hat, an der Bibel und damit den Maßstab der ethischen

Überprüfung daran, dass dieser Maßstab bereits vorausgesetzt wird. Ein logischer Zirkel erklärt gar nichts. Und damit weiß man schließlich nicht, ob die Bibel wirklich der Maßstab für ethische Aussagen ist.

Theologische Ethik dagegen überprüft ethische Maßstäbe. Sie überprüft Argumente auf ihre Stichhaltigkeit. Darin macht sie nichts anderes als die philosophische Ethik. Bei den Argumenten, die ich allerdings vorgestellt und entwickelt habe, habe ich Phänomene entdeckt, die theologisch bedeutsam sind. Diese Phänomene können zwar auch von der philosophischen Ethik eingesehen, verstanden und auch geteilt werden. Dennoch sind sie nicht originär philosophisch, sondern theologisch.

Es sind letztendlich drei Maßstäbe, die uns bei der Ethik der Intimität leiten. Diese drei Maßstäbe haben zu tun mit der Art und Weise, wie Christen Gotteserfahrungen beschreiben, nämlich trinitarisch, als Erfahrung von Gott Vater, Sohn und Heiligen Geist. Diese Maßstäbe möchte ich hier noch einmal ausdrücklich nennen.

8.1 Gott der Vater

Menschen verlieben sich, weil ihnen Liebe widerfährt. Sie finden sich in Liebe vor, wenn es schon zu spät ist, nämlich wenn sie sich bereits verliebt haben. Zwar können sich Menschen dazu entscheiden, jemanden zu lieben. Und sie können auch sich vornehmen, sich in jemanden zu verlieben. (Dann ist es erst einmal gleichgültig, in wen man sich verliebt. Man will sich nur in dem Status befinden, verliebt zu sein.) Aber selbst sie können sich doch nicht dazu entscheiden, dass es zu dem

Ereignis kommt, in dem sie sich in jemanden Bestimmten verlieben. Verliebtsein ist ein Geschehen, das uns entzogen ist.

Man muss es nicht lieben, verliebt zu sein. Viele Menschen haben Angst vor diesem Zustand und fühlen sich darin unwohl. Das bestätigt noch einmal, dass Verliebtsein ein Widerfahrnis ist. Aber sie fangen oft an, dabei religiöse Gefühle zu entwickeln: Sie vergöttern die geliebte Person, sie empfinden ihre Beziehung als Gottesgeschenk oder als höhere Bestimmung. Oder sie beten um Orientierung in ihrem Zustand, der sie verwirrt und ihnen Angst macht. Sie richten sich in allen diesen Beispielen an den Widerfahrenscharakter des Verliebtseins.

An dieser Stelle sind ethische Vorsichtsmaßnahmen kaum realisierbar. Es bringt also nichts, wenn der biblische Jesus fordert, Auge oder Hand auszureißen. Die Wahrnehmung abzuschneiden, kommt zu spät, und vorher konnte man nicht erkennen, wie sie auftritt.

Ethisch müssen wir vielmehr anerkennen, dass das Widerfahren des Verliebens einen zwingenden Charakter hat. Wer verliebt ist, muss sich damit beschäftigen. Verliebtsein fordert von uns Entscheidungen. Es legt uns aber nicht fest, wie wir uns entscheiden. Das Widerfahren des Verliebens stellt uns also in eine ethische Situation. Es löst diese Situation aus, aber es löst sie nicht schon selbst. Das wäre nur dann der Fall, wenn der zwingende Charakter des Verliebens erzwingen würde, wie wir uns entscheiden. Manche Menschen fliehen aber vor ihren Gefühlen des Verliebtseins. Andere lassen sich bedenkenlos auf das Abenteuer ein, das ihnen widerfahren wird. Wie wir uns entscheiden, ist also offen. Aber wir haben keine Wahl mehr, uns überhaupt entscheiden zu müssen.

8.2 Gott der Sohn

Wir verlieben uns in konkrete Menschen. Wir können uns zwar täuschen in diesen Menschen, indem wir sie idealisieren und ihnen Stärken andichten, die sie gar nicht haben. Dennoch widerfährt das Verlieben im Hinblick auf konkrete Menschen. Wäre das anders, so würden wir einfach nur in das Widerfahrnis des Verliebtseins verliebt sein. Es wäre dann gleichgültig, in wen wir uns verlieben. Wir würden nur das Abenteuer als solches lieben, die Schmetterlinge im Bauch, gleichgültig, weswegen wir sie haben. An dieser Stelle würde der zwingende Charakter des Verliebtseins wieder verlorengehen, der durch sein Widerfahren aufgetreten ist. Es würde ja um niemanden Bestimmten gehen. Das Abenteuer als Selbstzweck wäre haltlose Lust – hätte aber mit Verliebtsein nichts mehr zu tun.

Der Widerfahrenscharakter der Liebe wird uns nur wichtig, weil er sich auf bestimmte Menschen richtet. Ohne sie würde er auch nicht auftreten. Theologisch liegt hier eine christologische Struktur zugrunde: Gott widerfährt im Menschen, so wie Jesus im Johannesevangelium sagt: »Ich und der Vater sind eins« (Joh 10,30). Er sagt nicht: »Ich und der Vater sind *einer*.« *Das* eine, was beide verbindet, ist also zugleich etwas, das beide unterscheidet. Der menschgewordene Gott ist nicht selbst der göttliche Widerfahrenscharakter. Aber der göttliche Widerfahrenscharakter tritt am menschgewordenen Gott auf. Und gerade darin besteht der menschgewordene Gott. Das Widerfahren tritt immer an einem konkreten Gegenstand oder an einer Tatsache auf, die einen gegenständlichen Charakter hat. Dass diese Struktur nicht exklusiv nur bei Jesus auftritt, sondern auch bei anderen Menschen, ist eine Pointe der christlichen Inkarnationstheologie.[376] Darum begegnet dieses christologische Moment auch bei Menschen, in die man verliebt ist.

Ethisch bedeutet das, dass zwischen dem Widerfahrenscharakter und dem Gegenstand zu unterscheiden ist, aber nicht getrennt werden darf. Der zwingende Charakter tritt beim Verlieben in eine bestimmte Person auf. Dadurch tritt auch die ethische Situation ein. Das heißt einerseits, dass Liebe zu anderen Menschen eine Situation mit einem »unbedingten Ernst«[377] schafft. Sie hat zu Recht einen theologischen Charakter, weil in ihr der göttliche Widerfahrenscharakter auftritt. Damit droht aber zweitens, dass Liebende manchmal Menschen vergöttern, aber nicht deshalb, weil sie Gott sind, sondern weil sich in ihnen Gott zeigt, nämlich im Widerfahrenscharakter, der auch ihnen entzogen ist. Denn die geliebten Personen können nicht mit ihren Eigenschaften beeinflussen, dass man sich in sie verliebt. Denn ansonsten müssten sich alle Menschen in sie verlieben. Es ist vielmehr so, dass das Liebenswerte der Person widerfährt – sowohl ihr selbst als auch derjenigen, die sich in sie verliebt. Solche Widerfahrnisse lassen sich weder willkürlich reproduzieren noch vervielfachen. Der Widerfahrenscharakter bleibt entzogen – sogar für denjenigen, der sich bereits in die betreffende Person verliebt hat. Diese Person kann selbst dann nicht beeinflussen, dass man sich erneut in sie verliebt oder auch in sie verliebt bleibt.

Deshalb ist es zwar gerechtfertigt, den göttlichen Ernst in der Liebe zu einem Menschen zu respektieren. Aber es wäre verfehlt, Idolatrie zu betreiben.

---

[376] L. Ohly: Was Jesus mit uns verbindet, a.a.O., 31.

[377] H. Schmitz: Der unerschöpfliche Gegenstand, a.a.O., 333.

8.3 Gott der Heilige Geist

Gerade in den letzten Kapiteln habe ich zunehmend pneumatologisch argumentiert. Liebessituationen erzeugen Anwesenheitskonstellationen, denen wir nicht entkommen können, selbst wenn wir uns gegen die Liebe entscheiden. Der Heilige Geist erzeugt dabei die inhaltliche Bestimmung der Ethik. Durch die bleibende Anwesenheit des Geistes entsteht bei uns die Anforderung, uns angemessen zu verhalten. Meistens bleibt die inhaltliche Bestimmung undeutlich und zurückhaltend. Aufdringlich wird sie dagegen, wenn wir Grenzen überschreiten. Das hatte ich am Beispiel der Trennung von Beziehungen aufgezeigt: Trennungen widersprechen dem Geist der Liebe, sobald sie unfair vonstattengehen. Und oft wird die Trennung selbst als unfair erlebt. Der Geist der Anwesenheit hält Beziehungen aufrecht, die wir schon beendet haben. Er gibt uns damit Orientierung und sorgt oft dafür, dass sich Paare und Freunde nicht trennen, selbst wenn sie es gerne würden. Oder er gibt uns Orientierung in der Art und Weise, wie wir uns trennen. Vor allem hält er die Pflichten präsent, denen wir in einer Beziehung unterliegen. Diese Pflichten bleiben präsent, ob sie aufdringlich werden oder zurückhaltend bleiben.

Es ist diese Kraft des Geistes, die uns Menschen in der Liebe inhaltlich bestimmt und dabei auch über die Situation des Verliebtseins hinausgeht. Der zwingende Charakter entsteht mit dem Verlieben. Aber er bleibt präsent in den Pflichten, mit denen wir auch dann noch konfrontiert sind, wenn das Verliebtsein verblasst und wir am liebsten der Beziehung entkommen wollen.

8.4 Der trinitarische Charakter der Ethik der Intimität

Alle drei Charaktere treten gemeinsam auf. Wir verlieben (1) uns in konkrete Menschen (2), und zwar so, dass die Anwesenheit des Geistes (3) uns bleibend orientiert. Das Widerfahren des Verliebtseins kann ein kurzer Moment sein oder eine Episode in einer Beziehung. Die ethische Situation dagegen überdauert diese Episode, und zwar spürbar! Wir sind gezwungen, uns mit der Anwesenheit des Geistes der Liebe zu befassen, selbst wenn bei uns die Gefühle von früher verflogen sind. Das ist vielleicht ein Grund, warum sich Menschen vor dem Verlieben fürchten. Aber in jedem Fall ist es auch ein Grund dafür, warum es uns leichter gemacht wird, uns ethisch richtig in Beziehungen zu verhalten. Wir können zwar immer noch falsch handeln und uns sogar mutwillig über den Geist der Liebe hinwegsetzen. Aber es ist mit höheren Kosten verbunden, als wenn wir uns in Respekt vor diesem Geist verhalten. Und auch falsche Handlungen lassen sich aus Respekt vor diesem Geist aushalten – und leichter verzeihen, als wenn wir respektlos mit diesem Geist umgehen.